55 STEPS of LITIGATION AGENCY

Case Process Management

诉讼代理55步

案件流程管理

张群力 著

法律出版社
LAW PRESS·CHINA

法律必须被信仰，否则它将形同虚设。

——［美］哈罗德·伯尔曼

Love never ends.

——1 *Corinthians* 13:8

序 言

几天前，群力律师来到我办公室，谈起诉讼专业化、诉讼团队化和诉讼流程管理。他以略带激动的语气告诉我，他历时2年写成的《诉讼代理55步——案件流程管理》一书已经完稿，并邀请我作序。

盈科律师事务所经过20年的发展，在规模化、专业化和国际化等方面都取得了长足的进步，截至2021年，国内执业律师人数已经突破了1万人，业已成为全球规模最大的律师事务所之一。盈科律师事务所这个平台上涌现出了一大批优秀律师，群力律师就是其中的代表之一。

群力律师长期专注于商事诉讼、仲裁，在最高人民法院、中国国际经济贸易仲裁委员会和北京仲裁委员会办理了大量复杂疑难案件。他带领团队在商事再审、商事仲裁、证据、法律文书和庭审等诉讼、仲裁专业化领域做了大量研究和探索，先后出版了《最后的诉讼：民商事再审实务与技巧》《最高人民法院新证据规定与证据实务——民事证据制度的完善与阐释》等专业书籍。群力律师现担任盈科北京商事诉讼与仲裁法律事务部主任和盈科北京第四届合伙人管理委员会主任，同时也担任了中国国际经济贸易仲裁委员会等二十多家仲裁机构的仲裁员。

最初了解到群力律师的诉讼代理55步是他的两次演讲交流。第一次是2020年11月，在盈科江苏区的高级合伙人研修班上。当时盈科江苏区10多家分所的200多位高级合伙人齐聚苏州阳澄湖畔，进行了为期2天的专业培训和交流，群力律师受邀进行了诉讼代理55步的分享。会后盈科江苏区的同事给我反映，说群力律师的演讲非常精彩，有理论深度，也很实用，非常有益于诉讼专业化建设。第二次是 2021 年 1 月，在盈科首届百名大律师论坛上。群力律师作为盈科北京的代表，同盈科深圳的肖才元律师、盈科贵阳的汪晓迅律师通过网络联袂进行了商事诉讼专业化分享。虽然每人限时 30 分钟，但群力律师从流程管理的理论和案件代理的步骤进行了非常精彩的分享，获得了线上、线下的广泛好评。

仔细阅读群力律师的这部书稿，确实要为群力律师和他的团队在诉讼专业化上的努力“点赞”。这本书的每一部分都凝聚了他们在专业上的追求，都凝聚了他们的心血和汗水，都是他们切实的经验之谈。全书共 8 章，结构严谨，系统全面，不仅有很强的理论性、实用性，而且还体现了鲜明的创新性。

本书不仅从流程管理理论的角度来思考传统的诉讼代理，思考诉讼代理中的 PDCA 循环工具，思考诉讼代理中的主体关系，思考诉讼代理中的证据和法律文书，而且结合证据理论、法律文书理论、诉讼理论思考每一个案件的代理阶段，思考每一个案件的代理步骤。有了理论的指导，作者对案件代理工作的探讨自然更加系统、更加全面、更有深度。

本书将诉讼代理划分为 4 个阶段、55 个步骤，在每个步骤中又对相应的工作内容、工作程序、工作标准和注意事项进行了探讨。依据这种方法，任何一起复杂案件的代理工作都可以被简单化、标准化和流程化。这种方法对每一个诉讼律师、每一起诉讼案件都有实际参考价值。另外，在这些步骤中，本书还系统地介绍了案件洽谈实务、法律文书实务、证据实务、庭审实务和团队管理实务，实用性强，对读者提高诉讼专业技能非常有益。

将流程管理和传统的诉讼代理相结合，本身就是一种创新，不仅如此，本书还吸收和探讨了最新的诉讼专业化成果，如关注了法律检索，关注了法律关系图、时间轴和案件事实一览表等诉讼可视化工具，关注了思维导图、庭审提纲和模拟法庭在庭审准备中的应用，关注了知识管理在团队专业化建设中的作用。无论是年长的律师，还是年轻的律师，阅读后都会耳目一新。

诉讼专业化是一种趋势，是一种潮流，也是今后每一位诉讼律师的必然选择。这 10 多年来，诉讼专业化取得了很多可喜的成果，但对中国律师行业的发展宏图来说，这些进步只是一个开始。

感谢群力律师和他团队的付出。期待本书的出版对诉讼专业化的建设和交流有所益处，也对青年律师和法务人员的成长有所益处。

期待群力律师和他的团队能在诉讼专业化的建设中贡献更多更好的作品。

盈科全球董事局主任　梅向荣

2021 年 3 月

自　序

和 10 年前相比，如今的诉讼业务已经大不相同，它正在加速朝着专业化和团队化的方向发展。

促成这种变化的一个重要原因是互联网时代的来临。互联网深刻地改变了律师和法务人员的工作内容和工作方式。法律检索可以使复杂的案件简单化；任何复杂的案件，通过互联网检索都能找到相似的案例，法律检索已经成为诉讼代理的必经步骤。网上庭审直播及网络传媒和自媒体的发达又使诉讼专业化的比较优势十倍、百倍地放大。

促成这种变化的另一个重要原因是空间概念的颠覆性改变。网络缩短了客户和律师的距离，客户足不出户就可以联系大量律师。客户从以前的自行寻找律师转变为通过网络比较和选择专业的律师。高铁时代的来临，又大幅度降低了律师异地办案的成本，使律师异地办案变得非常便捷。

互联网的影响和空间概念的改变，使全国范围内的诉讼业务，尤其是高端民商事诉讼业务越来越集中，诉讼业务越来越朝着专业化和团队化的方向发展。

诉讼专业化使诉讼更加精细化。这 10 年来，法律服务行业在法律检索、诉讼可视化、诉讼证据、诉讼文书、庭审和法律思维等方面都取得了长足的进步，出现了很多专业化成果。对律师和法务人员来说，无论其从事法律工作时间的长短，接受诉讼专业化训练之前和接受诉讼专业化训练之后都将是两个完全不同的状态。

诉讼团队化的发展改变了律师单兵作战的状况，促进了律师行业内的分工和律师团队内部的分工。诉讼律师的案源从客户联系为主，转变为律师同行相互介绍、相互推荐和相互合作为主。

随着诉讼专业化和诉讼团队化的发展，有必要从管理的角度，尤其是从流程管理的角度来进一步思考我们的传统诉讼业务。

一方面，可以从管理的角度来直接思考诉讼专业化的提升，思考诉讼团队的分工，思考如何提高案件的代理质量，思考如何提高案件的代理效率。另一方面，将每一个诉讼案件的代理程序进行步骤分解，将已有的诉讼专业化成果细化和落实到每个细分的步骤当中，使诉讼专业化成果在案件代理中发挥实实在在的作用。

法律行业是一个终生学习的行业。年轻的法律人需要通过专业化训练尽快提高自身的专业技能；年长的法律人需要通过学习了解法律行业的变化，了解诉讼专业化的变化。

为此，我们花了近两年的时间对民商事诉讼案件的流程管理进行了较为系统的探讨，并撰写了本书。我们期望本书的出版能对诉讼专业化的交流、对律师和法务人员专业化的提升有所裨益。

本书共两部分、八章，前四章为第一部分，从流程管理理论的角度探讨民商事诉讼代理；后四章为第二部分，从案件代理的4个阶段探讨民商事诉讼代理。

第一章从流程管理的基本概念及基本原理探讨诉讼代理，主要包括流程管理的基本要求、流程管理的作用和诉讼代理步骤的划分。我们将民商事诉讼代理划分为4个阶段55个步骤，就是要在诉讼代理过程中将复杂的事情简单化，将简单的事情标准化，将标准的事情流程化，将流程的事情实现可复制化；就是要提高诉讼代理的服务质量，提高诉讼代理的服务效率。

第二章从案件流程管理的重要工具即PDCA循环工具探讨诉讼代理，主要包括PDCA循环的内容、PDCA循环的特点和PDCA循环在案件流程管理中的运用。PDCA循环是一个工具，也是一种思维方式。我们可以发挥好PDCA循环在案件流程管理中的作用，不断提高个案的诉讼代理效果，不断提升团队的专业化水平。

第三章从案件流程管理中的主体关系探讨诉讼代理，主要包括律师团队与客户的关系、律师团队与裁判组织的联系、律师团队内部的分工。在流程管理中，律师团队不仅要为客户提供专业高效的服务，而且要使客户感受到这种专业高效的服务，实现从客户到客户的循环。在流程管理中，律师团队要说服裁判组织，流程管理的所有步骤都要服务于这个目的。在流程管理中，律师团队要处理好内部分工。因为没有分工就没有效率，没有分工就没有真正的团队，没有分工就不可能实现真正的专业化。

第四章从案件流程管理中物流和信息流的角度探讨诉讼代理中的证据和文书，主要包括举证的步骤和要求、质证的步骤和要求、法律文书的步骤和要求。流程管理就是要结合证据收集、整理、提交和阐释的程序和步骤，结合举证和质证的程序和步骤，做好与证据有关的代理工作。流程管理就是要实现法律文书的标准化和规范化、提高法律文书的说服力、提高法律文书的质量。

第五章探讨案件委托阶段的诉讼代理。案件委托阶段共 8 个步骤，以会谈交流和办理委托为中心环节。案件委托代理阶段就是客户和律师团队之间相互联系、相互了解，彼此之间建立信任，签订恰当的委托代理合同，律师团队进而启动案件代理工作。

第六章探讨前期代理阶段的诉讼代理。前期代理阶段共 16 个步骤，以确定诉讼代理方案为中心环节。诉讼代理方案的确定是最为重要的工作内容之一。从流程管理的角度，为确保诉讼代理方案的最优化，我们探讨了三个重要的措施，即事实准备、法律准备和团队讨论。事实准备包括收集证据和可视图表 2 个步骤；法律准备包括法律检索、案例检索和论文检索 3 个步骤；团队讨论包括分析报告、团队讨论和专家论证 3 个步骤。通过加强这 3 个措施，制定出的诉讼代理方案自然更加科学、合理和完善。其后，律师可以在诉讼代理方案的指引下，起草法律文书、整理证据并办理立案。

第七章探讨庭审代理阶段的诉讼代理。庭审工作非常重要，庭审代理阶段共 23 个步骤，又可细分为庭前推进、庭审准备、参加庭审和庭后跟进 4 个小阶段，以参加庭审为中心环节。充分而透彻的准备是庭审工作的重中之重，庭审工作更多地表现为庭审准备工作。结合诉讼专业化的成果，我们从流程管理的角度探讨了 3 个重要的庭审准备工具，即思维导图、庭审提纲和模拟法庭。有了这 3 个工具的帮助，庭审准备工作自然会方便得多，庭审工作自然会更有保证。

第八章探讨案件总结阶段的诉讼代理。案件总结阶段共 8 个步骤。团队评析是对案件代理工作的评估和总结，对个案代理来说，它是案件总结阶段的中心环节。知识管理是对个案专业化成果的积累、整合和提升，对团队专业化建设来说，它是案件总结阶段的中心环节。正是在一个个案件的总结和归纳中，正是在 PDCA 循环的不断改进和提升中，团队的专业化才不断向前发展。

从流程管理的角度来探讨诉讼案件代理是一个全新的挑战，加之本人水平有限，本书错误和遗漏之处定然不少，敬请各位读者不吝指教。如方便，劳请通过邮件（zhangqunli@yingkelawyer.com）或微信（17801026232）回复我们，以方便我们及时改进。在此提前向各位读者表示感谢！

本书的出版得到了法律出版社林蕊老师的大力支持和鼓励，在此谨向法律出版社和林蕊老师表示诚挚的感谢！我还要特别感谢工作团队中的每一位成员，感谢他们在工作中的努力和付出！感谢苏艳律师和知识主管孙健对本书图表与文书样本的编辑和整理，感谢王晓霞律师、刘旭旭律师、朱雅琦实习律师和张隼翼对书稿的校对。衷心地祝愿每一位青年律师在工作中都能快速成长！

法律人追求的终极目标就是法律的公平和正义。正是一个个具体鲜活的案例，将法律的公平和正义带到了我们的面前；正是无数个个案的公平和正义，最终汇聚成了我们这个时代法治进步的大潮！

面对时代的大潮，让我们彼此交流、相互鼓励，在各自的岗位上尽我们当尽的本分！

张群力

2021 年 3 月 12 日

盈科北京总部办公室

目　录

第七章　庭审代理阶段的流程管理

第一章　案件流程管理概述

关键词

流程　流程的要素　流程管理　流程管理的要求　流程管理的作用
诉讼案件流程管理　诉讼案件流程管理的作用
诉讼代理阶段　诉讼代理步骤

思考

流程管理的本质是什么?
流程管理对管理者和员工有什么作用?
流程管理对降低成本和提升业绩有什么作用?
为什么说案件流程管理是诉讼专业化的基础?
诉讼代理阶段如何划分?
诉讼代理步骤如何设定?

第一节　流程的概念

一、流程的定义

流程又称过程，是工作流转过程的简称。流程对应的英文表述为“process”。在《牛津英汉双解小词典》中，“process”被解析为以下几种含义：“（1）course of action or proceeding, esp.series of stages in manufacture etc. 步骤、方法、程序、工序，尤其指制造业等领域的系列工序；（2）progress or course，过程、进程；（3）natural or involuntary course of change，变化过程；（4）action at law，诉讼程序、法律手续；（5）summons, writ，传票、命令。”[①]

流程通常被定义为：一个或一系列连续有规律的行动，这些行动以确定的方式发生或执行，导致特定的结果实现。

国际标准化组织认证 ISO9000 对流程的定义是：业务流程是一组将输入转化为输出的相互关联或相互作用的活动。

其他对流程的定义也大同小异。王玉荣老师等在《流程管理》一书中还列举了流程管理理论界对流程所作的其他定义。比如，迈克尔·哈默认为，业务流程是把一个或多个输入转化为对顾客有价值的输出活动；H.J. 约翰逊认为，业务流程是把输入转化为输出的一系列相关活动的结合，它增加输入的价值并创造出对接受者更为有效的输出；A.W. 谢尔认为，业务流程是公司以产出产品和服务为目标的一系列连贯的、有序的活动的组合，业务流程的输出结果是为内部或外部的“客户”所需的，并为“客户”所接受的产品或服务。[②]

① ［英］莫里斯·韦特主编:《牛津英汉双解小词典》（新版），郑荣成、马秉义等译，外语教学与研究出版社、牛津大学出版社 2002 年版，第 821 页。

② 参见王玉荣、葛新红:《流程管理》，北京大学出版社 2016 年版。

二、流程的要素及流程管理的本质要求

从以上 5 种流程的定义来看，虽然它们对流程定义的角度并不完全相同，侧重点也并不完全相同，但定义的本质却是一致的。在这 5 个流程定义中，我们可以抽象出流程所共有的六要素，即输入、活动、相互作用、输出、客户、价值。流程的六要素如图 1.1 所示：

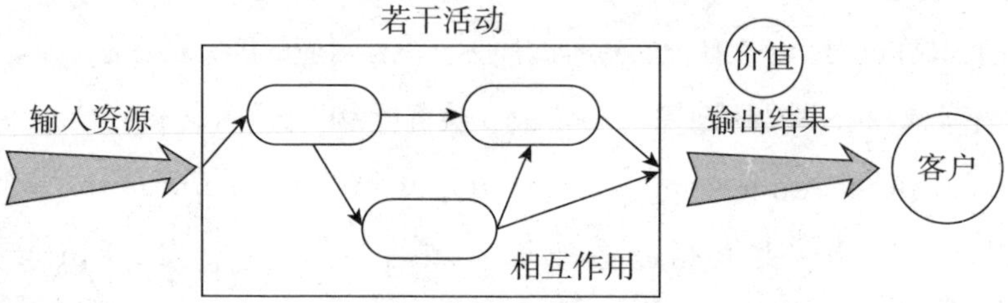

图 1.1 流程的六要素

流程中设立若干程序、若干活动，程序的流转及相互作用将输入转变为满足客户的输出结果，为客户创造价值。上述过程中的“输入”、“活动”、“相互作用”、“输出”、“客户”和“价值”就组成了流程的六要素。因此，从流程的六要素来看，流程管理中除需要关注程序的设立及相互作用外，还应当关注流程的资源输入及流程对客户的结果输出，关注流程为客户创造的价值。

服务客户并为客户创造价值才是流程管理的最终目的。因此，任何一个流程的设立和管理都应以客户为中心，以为客户创造价值为中心，即以结果导向，反向设立、优化和管理前面的程序。结果导向，反向推导，以终为始，是流程管理的本质要求。

三、标准作业程序

除理解“流程”的概念外，我们还可以关注“标准作业程序”这一概念。“标准作业程序”对应的英文是“Standard Operating Procedure”，英文缩写为 SOP。

标准作业程序就是将某一事件的标准操作步骤和要求以统一的格式描述出来，用来指导和规范日常的工作。标准作业程序的精髓就是将细节进行量化，用更通俗的话来说，标准作业程序就是对某一程序中的关键控制点进行细化和量化。

第二节　流程管理的要求

成功的流程管理有四个方面的要求：复杂的事情简单化、简单的事情标准化、标准的事情流程化、流程的事情可复制化（见图 1.2）。现在分别加以讨论：

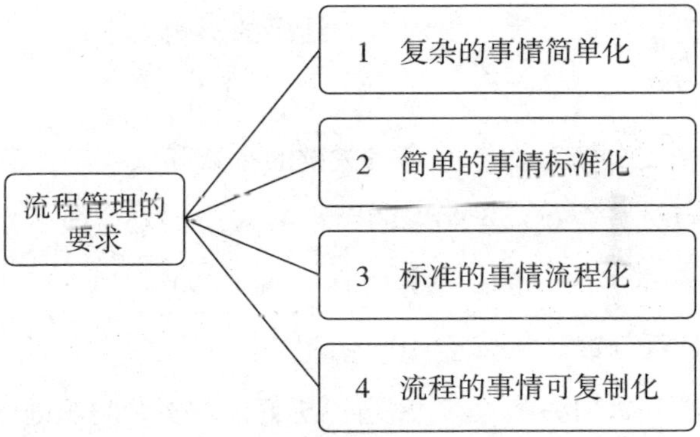

图 1.2　流程管理的要求

一、复杂的事情简单化

将复杂的事情简单化是流程管理的前提和基础。如果一项工作对操作者或承办人员来说，仍处于非常复杂的状态，仍无法理出清晰的思路，则自然谈不上流程管理。

将复杂的事情况简单化，实际上是对该项工作进行解构和剖析，寻找原因，理顺逻辑，分清主次。

因果图法是寻找原因和理顺逻辑关系的常用方法。因果图又称鱼刺图或特性要因图。它是对影响结果的一些较为重要的因素加以分析和分类，并在一张图上把它们的关系用箭头表示出来，以便对因果关系作系统的整理。

因果图由结果（问题）和影响因素两部分组成。在图 1.1 中，用主干箭头指向结果（问题），主干上的大枝表示引发结果的大原因，中枝和小枝、细枝表示原因依次展开。通过因果图分析方法，就能系统地分析和寻找导致结果或问题发生的各类原因，了解它们内部的逻辑关系。

排列图法是分清主次的常用方法。排列图又称帕累托图（Pareto Chart），以意大利经济学家 Pareto 的名字命名，它是将各类影响因素按大小顺序排序而绘制的一种图。

排列图用双直角坐标系表示，左边纵坐标表示频数，右边纵坐标表示频率。横坐标表示各类影响因素，按影响程度的大小（或出现频数多少）从左到右排列，每个直方形的高度表示该因素对结果的影响大小，分析曲线表示各因素的累计百分数。

绘制排列图要分清主次。即寻找关键的小数和次要的多数。在各类影响因素中，累计百分数在 0% 至 80% 的因素为 A 类因素，即主要因素，就是关键的小数，要重点关注；累计百分数在 80% 至 90% 的因素为 B 类因素，即次要因素；累计百分数在 90% 至 100% 的因素为 C 类因素，即一般因素。

应用因果图和排列图等工具，就可以更好地对复杂问题进行剖析和解构，使复杂的事情简单化。

二、简单的事情标准化

将简单的事情标准化同样是流程管理的前提和基础。

简单化和标准化不可分。没有标准化的简单化，不是真正的简单化。缺少标准化的衡量尺度则不好把握简单化，很难让操作者或承办人员易于操作和掌控，很难让他们真正感受到简单。标准化实际是简单化成果的总结、固化和延伸。

标准化一方面可以最大限度地扩大内部劳动成果的重复利用，有效减少人力成本，成倍地提高工作效率；另一方面可以培养员工规范而统一的操作习惯，大幅度提高普通员工的工作质量，大幅度提升整个团队的工作质量。

麦当劳、肯德基等企业都是标准化管理成功的典范。它们每一种餐品都有严格的生产、存储和销售标准，员工的每一项服务甚至每一个动作都有详细的标准。这几年在海外红火的中餐厅“熊猫快餐”，在标准化管理方面也同样非常突出。

三、标准的事情流程化

在简单化和标准化的基础上，接下来就是实现流程化。

流程化强调以流程为导向，对组织模式进行构建、修改和重组，从而实现结构和事务上的简单化与高效化。流程化实际上是程序上的标准化，是标准化在工作程序上的应用。

流程化一方面注意过程的效率，它以时间为尺度来运行，对每一个事件、每一种过程在效率和质量两个方面进行分解考虑，把不必要的程序、因素排除掉，使时间成本得到充分的发挥，使质量把控更加有效。

流程化另一方面强调团队内部活动的连续性，用它取代各个部门各自为战的固有习惯，取代各个部门各自活动的固有习惯，从而提升整体工作质量，为团队和客户创造价值。

四、流程的事情可复制化

流程的事情可复制化是流程管理的最高要求，也是流程管理发挥更大作用和取得更大成功的保证。

流程管理的可复制化不仅包括在一个团队内对同一种产品或同一种服务的流程的复制，也包括在一个团队内对相似的另一种产品或另一类服务采取类似的流程。

流程管理的可复制化还包括在不同团队之间的流程复制，在不同地域对同一类业务的流程复制。

地产行业中流程管理可复制化的典范是万科集团。万科集团在地产开发业务中不仅有非常强的流程管理，而且将这一流程在全国范围内进行了复制。在全国一线城市和大部分二线城市，都能看到万科地产的身影。

盈科律师事务所的总所和分所模式同样是流程复制化的成功典范。盈科律师事务所实现职业经理人制度，每一家分所均实行执行主任、管委会、监事会管理制度，快速地在全国范围内进行复制化，短短 10 年即完成了规模化，跃升为了亚太地区规模最大的律师事务所。

第三节　流程管理的作用

流程管理是企业管理的主要内容之一。流程管理的作用包括四个方面，即解放团队领导、方便团队员工、降低团队工作成本、提高团队工作业绩（见图 1.3）。前两个方面是对团队人员的作用，后两个方面是对团队工作方面的作用。现在逐一进行分析。

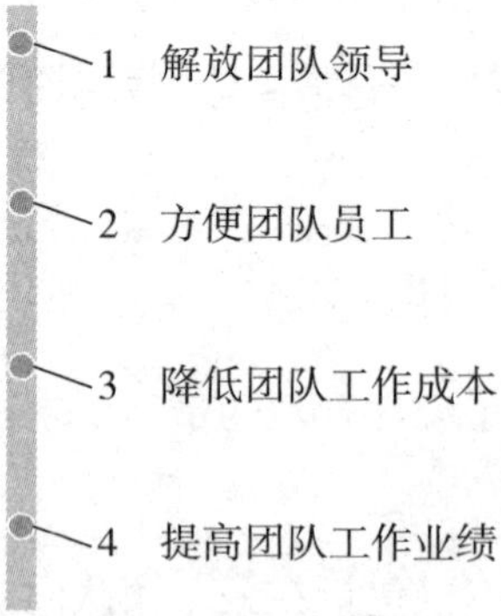

图 1.3　流程管理的作用

一、解放团队领导

流程管理的最直接受益者是团队的管理者，即团队的领导。实施流程管理后，工作程序及工作标准、各岗位的分工明确了，可以方便团队领导对员工实施充分的授权。管理者给员工充分授权后，可以避免员工事事请示，可以避免管理者事必躬亲。

管理者事必躬亲是一个团队发展的大忌。管理者事必躬亲，一方面，使管理者、决策者过多地忙于烦琐事务，以至于不堪重负；另一方面，管理者很难抽出时间或有更多的精力从事团队管理和战略决策，这对团队长远发展极为不利。

在流程管理的基础上，管理者方便对下实施授权，就可以从烦琐的日常事务中解脱出来，更好地从事管理工作。

授权与人才管理不可分。在流程管理的基础上，授权就是发现合适的人员，培养合适的人员，选拔合适的人员，让合适的人员在流程管理程序中担任相应的职位，行使好授权。

授权与激励、管理不可分。在流程管理的基础上，实施授权后，应对在流程中辛勤付出的员工进行激励和肯定。激励不仅包括物质层面的奖励和酬劳，而且也包括在团队内外精神层面的褒奖和肯定。实施授权后，还应对在流程中未达到要求的情况进行管理和考核，当然管理和考核的主要方法应是帮助、引导和规范。

授权不仅是一种管理方式的转变，更是一种思维方式的转变。在流程管理的基础上实施授权，就是要改变管理者过于以自我中心的思维方式。在流程管理中，对团队成员稍有瑕疵就横加指责，总是不放心，总喜欢管理者个人的模式，总是纵向向下越权等，实际还是领导者过于以自我中心的思维方式在作祟。授权就是要改变这种陈旧的思维方式，让管理者从全局的角度兼收并蓄，强调流程管理的作用，强调团队的作用。

二、方便团队员工

工作流程和标准的确定，可以方便员工更好地熟悉业务、更好地掌握本职岗位的专业技术要求。尤其对新员工来说，这一方面的作用更为凸显。

确定了工作流程和标准后，员工被要求对其分管的工作负责、对其经办的程序负责，避免了员工事事向上请示，在没有得到指示的情况下无所适从情况的发生。员工拥有更多的自主空间，就可以更好地发挥主观能动性，员工也能够获得更多的满足感和成就感，更好地体会工作的价值。

流程管理也利于员工的成长。让员工对其分管的工作负责，对其经办的程序负责，就能更好引导员工成长，尤其是引导青年员工成长。

三、降低团队工作成本

团队的工作成本包括人力成本、时间成本和材料成本。流程管理能有效地降低团队的工作成本。

流程管理一方面通过流程的优化，删减了大量不必要的工作程序或低效的工作程序，从而节省了工作成本；另一方面，流程管理的程序化、模板化和标准化避免了许多重复的工作，也节省了大量工作成本。同时，流程管理还保证各程序有效对接，避免各联系连接不畅，加速程序流转，避免人力、时间和材料浪费，从而大幅度降低团队的人力成本、时间成本和材料成本。

四、提高团队工作业绩

流程管理对团队工作业绩的提升包括两个方面。一方面是量的方面。即流程化、标准化后，团队的工作效率大幅度提升，在人力成本和时间成本相同的情况下，团队整体工作量将飞跃式地得到增加和提升，业绩大幅度增长。另一方面是质的方面。即流程化和标准化后，有效避免工作的偏差或失误，大幅度提升产品和服务的品质，从而在质的方面有大的提升。

业绩的提升这两方面中的任何一方面都不可偏废。事实上，品质的保证是基础。只有通过流程化管理，强化流程化管理，在确保产品和服务品质的基础上，才能追求数量方面的提升。事实上，流程管理下量的提升，反过来又为质的稳定及提升创造了更好的条件。流程管理对团队工作业绩的提升是量和质两个方面综合的提升。

第四节　诉讼案件流程管理的概念

一、法律服务流程管理的概念与特点

将流程管理的方法应用到法律服务领域就形成了法律服务流程管理。

基于法律服务的特殊性，法律服务流程管理和其他类型的流程管理相比，有以下几方面的特点：第一，它是一种针对服务的流程管理。为客户提供服务的流程管理更强调客户的体验和参与，更强调客户对提供服务的法律人员的信任和选择。第二，法律服务因服务对象不同，服务的同一性相对较低。第三，法律服务是法律人员用其经验和知识为客户提供服务，传统的观点认为，这类服务和其他类型的服务相比，更强调法律工作人员在服务过程中发挥其个性作用。第四，法律服务更强调为客户预防和规避风险，常常侧重于风险防控。

二、法律服务流程管理的分类

依据法律服务类型的不同，法律服务流程管理包括非诉法律服务流程管理和诉讼法律服务流程管理。诉讼法律服务流程管理又包括刑事案件流程管理、行政诉讼案件流程管理和民商事诉讼案件流程管理。民商事诉讼是最常见的诉讼，本书主要讨论民商事诉讼案件流程管理。本书此后所述的诉讼案件的流程管理除特别说明外，一般指民商事诉讼案件的流程管理。

商事仲裁案件属于非诉案件，但商业仲裁案件的代理与民商事诉讼案件的代理非常相似，民商事诉讼团队一般会同时开展民商事诉讼业务和商事仲裁业务，因此，本书将民商事诉讼案件流程管理和商事仲裁案件流程管理合并起来探讨。

三、诉讼案件流程管理的前提

诉讼案件流程管理的前提之一是诉讼团队的建立。没有团队、没有团队分工，只是单兵作战，就很难进行流程管理。诉讼案件流程管理不仅依赖诉讼团队的建立，而且还依赖团队的紧密合作。即诉讼案件流程管理更适合紧密型合作团队。

紧密型律师团队更多采取授薪制或计点制的组织和管理方式，这样的管理方式比提成制的律师团队合作起来更紧密，更有利于律师工作的分工和衔接，也更有利于案件流程管理的实施。

诉讼案件流程管理的前提之二是团队经办案件的相通性或相似性。基于案件的相通性或相似性，才可以更好地将该部分相通或相似的法律服务简单化和标准化，更好地实施案件的流程管理。

比如，拆迁法律服务团队代理的征地拆迁案件的相似性，股权赔偿诉讼团队所代理的股权赔偿诉讼的相似性。又如，商事仲裁案件的相通性，申请再审案件的相通性，建设工程诉讼案件的相通性。一个团队如果业务相对固定在一类或几类诉讼案件上，则可以比较方便对这一类或几类案件实施流程管理。

诉讼案件流程管理的前提之三是团队服务以客户为中心。团队服务以客户为中心，将每一起诉讼案件的代理都视为向客户交付一个产品或一项成果，用流程管理的方式来提升服务的效率和质量。

第五节　诉讼案件流程管理的要求

诉讼案件流程管理同样要满足简单化、标准化、流程化和可复制化这四个方面的要求。现在我们结合诉讼案件的特点对这四个方面的要求分别进行探讨。

一、诉讼案件代理的简单化

要代理好任何一个复杂案件，都需要有一个从复杂到简单的过程。这个从复杂到简单的过程包括两个方面：一是案件方面，二是代理程序方面。

（一）案件方面的简单化

诉讼代理案件方面的简单化指在案件本身对案件有一个清晰透彻的把握，厘清其中的逻辑关系，分析、判断和把握好案件的关键点、核心点，然后围绕关键点组织证据及法律文书，展开相关代理工作。

一审案件中，无论案情多么复杂，对其关键点的把握都必须立足于案件的基本法律关系，通过请求权基础分析、要件事实分析、证据分析、法律风险分析，寻找和把握案件的关键点。

二审上诉案件中，关键点是分析一审判决错误，在事实认定、法律适用和程序方面找到案件的突破口，然后围绕这一突破口展开上诉代理工作。

申请再审案件中，关键点是以《民事诉讼法》规定的法定再审事由为切入点，寻找和确定申请再审的法定再审事由，然后围绕这一项或几项再审事由展开申请再审工作。

如果在案件方面不能实现从复杂到简单、从繁到简，就不可能把握好案件的关键，也就很难开展好案件的相应代理工作。

案件事实一览表、时间轴、法律关系图、法律逻辑图、思维导图等工具，可以辅助我们把握案件事实，使我们更好地在案件方面实现从繁到简。

（二）代理程序方面的简单化

诉讼代理程序专业而又复杂。诉讼团队同样可以将代理程序进行分解，逐一简单化。如受理案件方面，将与当事人的会谈工作分解；在庭审代理方面，将庭审准备工作分解；等等。

二、诉讼案件代理的标准化

诉讼案件流程管理标准化主要表现在文书的标准化、法律服务程序的标准化。

文书的标准化、模板化，不仅能大幅度减少重复的工作，大幅度提高团队工作的效率，而且可以使团队工作更专业。

模板化的文书，不仅应当包括提交给裁判组织的法律文书，如民事起诉状、民事上诉状、再审申请书、代理词、答辩状等，而且也包括与当事人联系的文书如不同阶段的律师工作函，还包括团队内部的交流文件如案件分析报告，检索报告等。

为更好地发挥文书标准化和模板化的作用，文书应尽可能结合团队承办案件的特点，结合团队承办案件的类型进行细化；同时在工作过程中对模板不断进行完善和更新，并在团队内部及时共享。

除文书的标准化外，还有法律服务程序的标准化。比如，会谈程序的标准化包括即如何进行会谈前准备，会谈的常规程序有哪些，会谈中团队负责人与承办律师、案件秘书如何分工，会谈后的联系和跟踪程序等问题。又如，庭审工作结束后，如何进行庭审总结、如何给当事人通报庭审情况、如何提交庭后材料等问题。

三、诉讼案件代理的流程化

在简单化和标准化之后，接下来是实现诉讼案件代理工作的流程化。

流程化首先体现在团队依据程序专业地推进案件的代理工作、检查案件的代理工作、提高服务的品质、预防代理工作的风险。

流程化还体现在律师团队内部的分工和合作，包括市场辅助人员与律师之间的分工和衔接、案件秘书与承办律师之间的分工、主办律师和辅办律师之间的分工、知识管理人员与承办律师的衔接等。团队成员遵循分工，按照程序，使案件代理工作及时流转。

四、诉讼案件代理的可复制化

可复制化首先指的是同一律师团队对同一类案件的代理工作可复制化。简单化、标准化、流程化保证了代理工作的专业规范，下一步就是在此基础上实现可复制化，进一步实现量的增长。

全国范围内交通通信的进一步便捷以及互联网时代的到来，使同一类案源向专业的律师团队进一步汇聚，这样专业突出的律师团队就可以选择和承办更多同一种类型的案件，在简单化、标准化和流程化的基础上实现代理工作的复制化。同一类型案件的累积促进代理工作的可复制化，同时又进一步促进了代理工作专业化、标准化的提升，从而在简单化、标准化、流程化和可复制化之间形成良性循环。

可复制化还表现为同一律师团队将已成熟的业务复制到相似的另一类业务中，以及不同团队之间的业务复制、不同地域之间的业务复制。

第六节　诉讼案件流程管理的作用

对诉讼团队来说，案件流程管理的作用显而易见。我们现从提升案件代理效果和提高团队服务效率这两个方面来探讨。

一、大幅度提升案件代理效果

（一）有效预防诉讼风险

诉讼代理本身作用是处理和化解当事人的法律纠纷和风险。诉讼代理过程中，律师需要重视诉讼风险的化解。比如，诉讼请求选择不当、诉讼理由选择不当或诉讼方案选择不当，都可能给当事人的利益造成损失。又如，诉讼时效的丧失或申请调查取证的耽误，都可能给当事人的程序权利或实体权利造成损失。有了流程管理，有了团队对流程的审查，就可以最大限度地预防和化解这方面的诉讼风险。

（二）服务更专业

流程管理实现了诉讼代理工作的标准化和流程化，使代理工作更加规范。

标准化的文书和标准化的程序更好地保证了专业的服务。团队的分工和合作、诉讼工具的应用、法律检索的应用、团队讨论的制度化、庭审准备的强化等，都同样使代理工作更加专业。另外，通过流程管理，案件代理工作实现了可复制化，团队代理同类型案件的数量大幅度增加。数量的增加反过来又进一步促进了专业化的提升。

（三）服务更全面

流程管理是以为客户创造价值为导向，流程管理在程序的计划和执行上更注重客户对代理工作的了解、参与和互动，流程管理会使客户对法律服务本身有更多的体验感。团队和客户的互动，有利于双方信息的交流、证据的准备以及代理方案的优化。另外，团队和客户在结案阶段的互动，也有利于客户从纠纷的处理中吸取经验和教训，从而使其预防和避免今后在经营中可能遇到的风险。

二、大幅度提升团队服务效率

诉讼服务的标准化和流程化能大幅提升团队案件代理的效率，相同的人员可以代理更多的案件，律师的人均业绩自然大幅度增长。

流程管理可以通过团队内部的分工，发挥团队成员集体的作用，将一个人的优秀或团队几个人的优秀，最终转变为一个团队的优秀。

流程管理可以让更多的律师参与案件的代理工作，让团队成员，尤其是青年成员在流程中快速成长。

第七节　诉讼代理的 4 个阶段及 55 个步骤

案件流程管理的要求包括简单化、标准化和流程化。因此，案件流程管理的重要表现就是将案件代理工作进行阶段分解和步骤分解，即将代理工作程序分解为若干步骤，分阶段、分步骤地推进代理工作。

基于不同的角度、不同的侧重点，或针对不同的诉讼业务，不同的团队对案件代理阶段或代理步骤的划分并不完全相同。为了便于阐述，笔者试图将代理程序划分为4个阶段，并进而细分为五十五个步骤。现在作一个总的介绍。

一、设定代理阶段和代理步骤的参考因素

如前所述，从不同的角度，或在不同的业务中，不同的团队对案件代理阶段和代理步骤划分标准并不完全相同。这里并没有完全正确或完全错误的划分标准。但笔者认为，划分代理阶段，设定代理步骤，应当尽可能考虑如图1.4所示的4个因素：

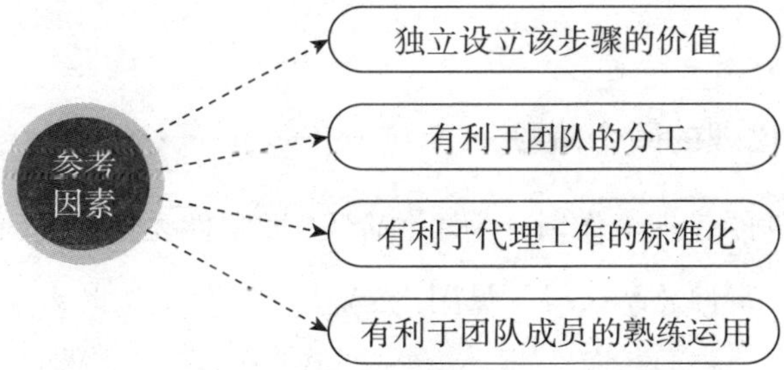

图1.4　设定步骤的参考因素

第一，单独设立该阶段或该步骤的价值，即该阶段或该步骤是否在整个代理工作中起到相对独立的作用，是否发挥相对重要的作用或不可缺少的作用。比如，考虑到检索工作在案件代理中的突出作用，笔者将检索划分为三个步骤，即法律检索、案例检索和论文检索。又如，庭审代理是案件代理工作的重心，因此，笔者在庭审代理阶段设定了23个步骤，详细列出了各种庭前准备步骤。

第二，独立设立该阶段或该步骤是否有利于团队的分工。流程管理的关键之一是代理工作必须在团队成员之间分工和流转，因此，阶段和步骤的划

分应当有利于团队成员的分工。比如，在案件委托阶段区分了会谈准备和会谈交流这 2 个步骤，主要是方便团队成员之间的分工，因为前期的会谈准备主要由团队中的律师助理或客服人员完成，而会谈交流主要由主办律师或团队负责人主导。

第三，独立设立该阶段或该步骤是否有利于代理工作的标准化，尤其是文书的标准化。笔者对需要出具主要法律文书的步骤一般单独设定为一个独立的步骤，以利于推动法律文书的规范化和标准化。

第四，独立设立该阶段或该步骤是否有利于团队成员熟练地运用。流程管理的目的是实实在在地推代理工作的开展，因此任何一个步骤的设立都应当考虑到该步骤的设立是否有利于团队成员熟练地掌握、运用。

当然，划分阶段或设定步骤需要结合团队业务的特点以及团队自身的条件，以方便流程管理的需要为原则，以方便业务的开展为原则，以方便为客户服务为原则。

二、案件代理的四个阶段

一般将案件的代理工作划分为 4 个阶段，即案件委托阶段、前期代理阶段、庭审代理阶段、案件总结阶段（见图 1.5）。

图 1.5　案件代理的 4 个阶段

对任何一个案件的流程管理来说，案件委托阶段和案件总结阶段都必不可少。对诉讼案件来说，庭审永远是律师工作的主战场，因此庭审及庭前准备自然也是必不可少的阶段。对原告主动提起诉讼的案件，一般在提起诉讼前有案件方案的讨论和确定、法律文书的准备及立案工作，所以一般也有前期代理阶段。

三、案件委托阶段的 8 个步骤

案件委托阶段划分为 8 个步骤，如图 1.6 所示：

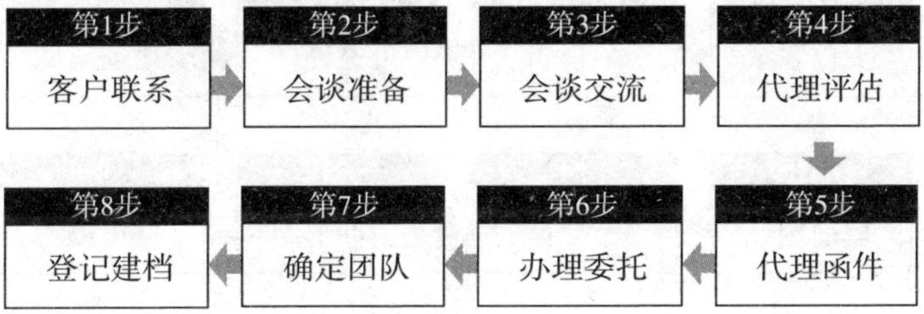

图 1.6　案件委托阶段的 8 个步骤

四、前期代理阶段的 16 个步骤

前期代理阶段划分为 16 个步骤，如图 1.7 所示：

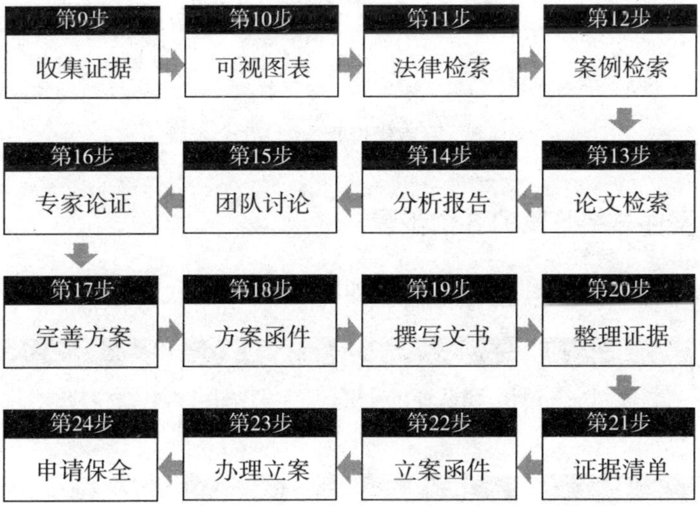

图 1.7　前期代理阶段的 16 个步骤

五、庭审代理阶段的 23 个步骤

庭审代理阶段划分为 23 个步骤，如图 1.8 所示：

图 1.8　庭审代理阶段的 23 个步骤

六、案件总结阶段的 8 个步骤

案件总结阶段划分为 8 个步骤，如图 1.9 所示：

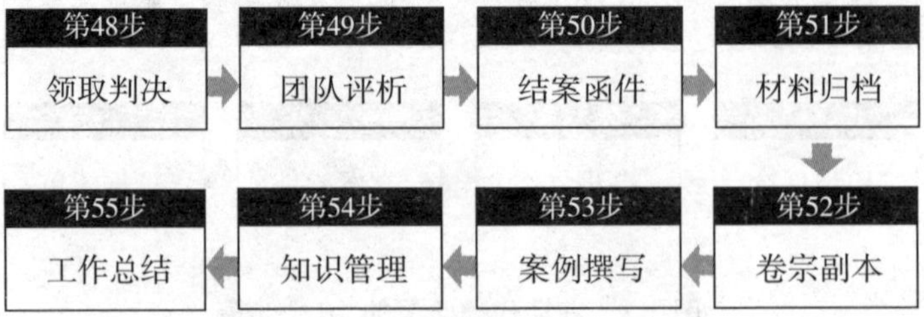

图 1.9　案件总结阶段的 8 个步骤

第二章　案件流程管理中的 PDCA 循环

关键词

PDCA 循环　ACT 优化阶段

思考

为什么说 PDCA 循环是一个工具，也是一种思维方式？

流程设计的以终为始与 PDCA 循环中的以终为始有什么区别？

PDCA 循环在单个案件代理中有哪些作用？

PDCA 循环在团队专业化提升中有哪些作用？

第一节 PDCA循环的内容

一、PDCA循环的由来

讨论流程管理一般会探讨PDCA循环及PDCA循环在流程管理中的应用。我们讨论案件流程管理，同样有必要探讨PDCA循环及PDCA循环在案件流程管理中的应用。

PDCA循环最初由美国质量管理专家休哈特博士提出，在第二次世界大战后，由美国另一位质量管理专家戴明博士带到日本，并进行宣传和普及，所以PDCA循环也被称为戴明环。PDCA循环是全面质量管理的基础理论之一，除被应用于企业质量管理领域外，还被广泛应用于管理的其他领域。实际上，PDCA循环可以成为一种通用的工具，一种常见的工作方法，一种有效的思维方式。它使我们处理事情的程序更加条理化、系统化、图像化和科学化。

PDCA循环将运行和管理的程序分为4个阶段、8个步骤。4个阶段分别为计划阶段（Plan）、执行阶段（Do）、检查阶段（Check）和处理阶段（Act），这四个阶段循环往复，不断将管理工作向前推进（见图2.1）。

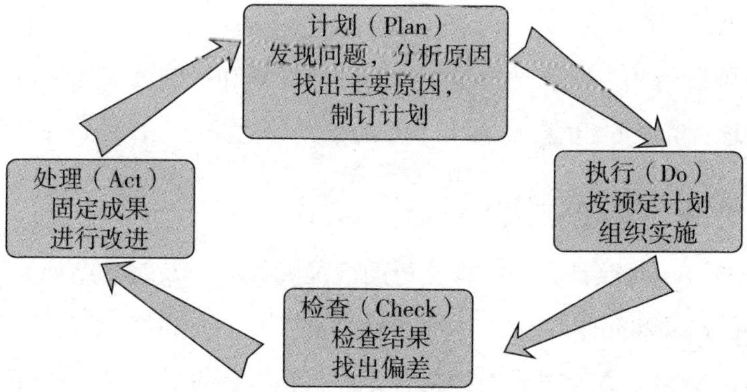

图2.1 PDCA循环

二、计划阶段（P 阶段）

计划阶段应根据顾客的要求，通过调查、分析、设计、试制，制定经济指标和目标，以及达到这些目标的具体措施和方法。计划阶段的实质是了解问题、分析问题、设计对策、制订计划。

在全面质量管理中，PDCA 循环的 P 阶段又被细分为 4 个有代表性的步骤。

第一个步骤是分析现状、找出问题。只有找出问题，才会有的放矢地去解决问题，所以发现问题是工作提升的起点，也是 PDCA 循环的起点。

第二个步骤是分析产生问题的原因。分析原因时，可以采取因果分析法或鱼刺图等工具，尽可能地将引起问题的所有原因都找出来，然后理顺它们之间的逻辑关系。

第三个步骤是分清主次，找出主要原因以及问题的关键。

第四个步骤是在前述分析的基础上，制定解决问题的对策，制定解决问题的具体计划。对策应当有针对性且合理可行。计划应当具体，方便下阶段的实施和检查。对策和计划中至少要明确落实“5W1H”，即落实为什么制定该措施（Why）、达到什么目标（What）、在何处执行（Where）、由谁负责完成（Who）、什么时间完成（When）、如何完成（How）。

三、执行阶段（D 阶段）

执行阶段是 PDCA 循环的中心环节，从时间长短来看，可能占据整个循环程序很大比例。

执行阶段的基本要求是按照预先制订的计划和措施去实施，包括人员的分工和管理、资源的调配、进度和节点的推进与把控、工作的跟踪和记录等。

四、检查阶段（C 阶段）

检查阶段应对照计划，检查执行的情况和效果，及时总结和发现计划实施过程中的经验和问题。

检查阶段主要有两个方面的内容，一是检查验证，二是效果评估。前者主要对照原来拟定的计划和对策、原来设定的目标，检查执行时是否按原计划和对策实施；后者主要是评估实施的效果。

五、处理阶段（A阶段）

处理阶段又称优化阶段，是实现PDCA循环管理理念的关键环节，主要根据检查的结果采取措施，巩固成绩，吸取教训，以利再干。

处理阶段又被划分为2个步骤。步骤之一是标准化和固定成绩的步骤，这也是整个PDCA循环中第7个步骤。标准化是维持管理现状不下滑、积累和沉淀经验的最好方法，也是管理水平不断提升的基础。步骤之二是总结问题和处理遗留问题，这也是整个PDCA循环中第8个步骤，即最后一个步骤。

所有问题不可能在一个PDCA循环中全部解决，遗留的问题应转入下一个PDCA循环，如此周而复始，螺旋上升。

第二节　PDCA循环的特点

了解PDCA循环的特点，可以让我们更好地把握PDCA循环的本质，在工作中更好地应用PDCA循环。一般认为，PDCA循环有如下3个突出的特点。

一、大环套小环、互相促进

如前所述，PDCA循环实际是一种工具，一种方法，一种思维方式，因此它被广泛应用于不同层级单位和个人。一个单位或一个大团队有单位或大团队的总目标及大PDCA循环。单位或大团队内部的工作组或部门，根据单位或大团队的总目标又可以制定本工作组或本部门的小目标，它们制定的小目标统一服务于单位或大团队的大目标。工作组或部门根据其小目标又有自己的小PDCA循环。工作组或部门中的工作人员个人，又可能有进一步细分的小目标，他们同样也有可能有更小的 PDCA 循环。这样，大环套小环，上一级 PCDA 循环是下一级 PDCA 循环的依据，下一级 PDCA 循环又是上一级 PDCA 循环的贯彻和具体化。

除了在单位层级上的大环套小环外，在 PDCA 循环的四个不同阶段也可以大环套小环。即对在计划阶段、执行阶段、检查阶段和处理阶段的具体工作，也可以按 PDCA 四个阶段进一步划分，在单独的一个大阶段内形成更小的 PDCA 循环（见图 2.2）。

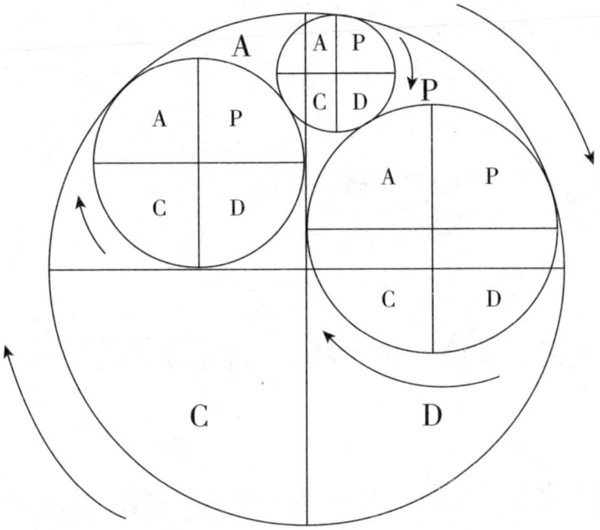

图 2.2　大环套小环、互相促进

二、循环上升、不断提高

PDCA 循环就像爬楼梯一样，一个循环运转结束，新一个循环又开始了。前一个循环是后一个循环是基础，后一个循环在前一个循环的基础上继续向前。如此循环往复，以终为始，不断向上（见图 2.3）。

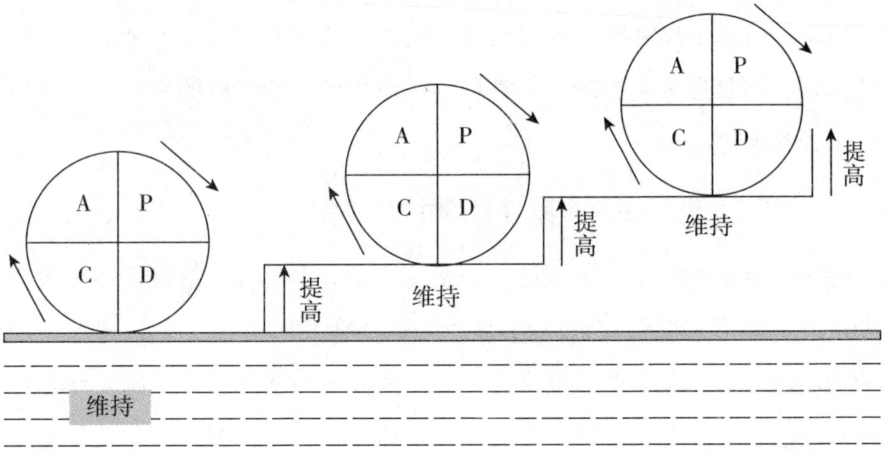

图 2.3　循环上升

三、推动 PDCA 循环的关键在 A 阶段

PDCA 循环的核心是循环往复、不断提升。因此，在计划、执行、检查和处理这四个阶段中，处理阶段显得最为关键。因为只有发挥好处理阶段的作用，才能更好地总结经验、固定经验，才能将已有的成果标准化、制度化，让这些已经取得的经验和成果在今后的循环中更好地发挥作用。同样，也只有发挥处理阶段的作用，才能不放过仍然存在的问题，对这些问题采取对策，在下一个循环中设法解决这些问题，使下一个循环有进一步的提升。因此，相比较而言，推动 PDCA 循环的关键在 A 阶段。

第三节　案件流程管理中的 PDCA 循环

PDCA 循环是常用的工具和方法，而案件代理工作的程序性非常强，同时诉讼专业化很大程度上依赖知识和经验的积累，这几点共同决定了 PDCA

循环在案件流程管理中能起到非常重要的作用。

PDCA 循环不仅可以被应用到单个案件的代理中，指导单个案件代理工作的开展，而且更为重要的是，其可以被应用到每个团队的专业化建设以及案件流程管理中。

一、PDCA 循环在单个案件代理中的应用

在第一章第七节中，笔者已经分析，大部分案件都包括案件委托阶段、前期代理阶段、庭审代理阶段和案件总结阶段这 4 个阶段。在这 4 个阶段中，从律师团队与客户关系的角度来看，案件委托阶段实际是律师团队和客户共同的计划阶段，前期代理阶段和庭审代理阶段实际是执行阶段，案件总结阶段实际就是检查阶段和处理阶段。

在客户委托后，就律师团队对案件的代理工作本身而言，前期代理阶段中代理方案的确定部分就是案件代理工作的计划阶段。即第 9 步至第 18 步是案件代理工作的计划阶段，包括收集证据、可视图表、法律检索、案例检索、论文检索、分析报告、团队讨论、专家论证、完善方案、方案函件步骤。案件代理方案确定后，后续的执行阶段包括 3 个小阶段。第一个小阶段为第 19 步至第 24 步，主要为立案及保全前的代理工作，包括撰写文书、整理证据、证据清单、立案函件、办理立案、申请保全步骤；第二个小阶段为第 25 步至第 31 步，主要为庭审前证据完善方面的代理工作，包括取证申请、证人申请、应对答辩、应对证据、质证意见、补充证据、举证意见步骤；第三个小阶段，即以庭审为中心的代理工作，为第 32 步至第 47 步。案件总结阶段的第 48 步至第 50 步为代理工作的检查阶段，包括领取判决、团阶评析、结案函件步骤。案件总结阶段的第 51 步至第 55 步为代理工作的处理阶段，包括材料归档、卷宗副本、案例撰写、知识管理、工作总结步骤。

就庭审工作而言，庭审前的准备工作可视为庭审的计划阶段，从第 32 步至第 41 步，包括庭前联系、庭前函件、思维导图、发问提纲、庭审提纲、庭前会议、辅导证人、辅导当事人、模拟法庭、庭前优化 10 个步骤。第 42 步

参加庭审可视为庭审的执行阶段。第43步庭审总结可视为庭审的检查阶段。第44步至第47步即庭审的后续完善工作可视为庭审的处理阶段，包括庭后函件、庭后证据、代理意见、庭后跟踪等步骤。

事实上，基于PDCA循环大环套小环的特点，我们在诉讼代理的每一个阶段中，甚至每一个步骤中，也都可以继续用PDCA循环来细化和指导，使每一阶段的代理工作更加精细化、每一个步骤的代理工作取得更好的效果。

当然，就单个案件而言，在PDCA这四个阶段中，案件的计划阶段和执行阶段，尤其是案件的计划阶段就显得更加重要。因为代理方案的确定往往在很大程度上直接决定了代理工作的成败。

二、PDCA循环在团队专业化建设中的应用

诉讼团队的专业化表现在两个方面。表现之一为，诉讼团队专注于某一领域或某一类相同或相似案件的诉讼，对该类案件有熟悉而透彻的把握。表现之二为，诉讼团队在诉讼技能等专业化建设方面有突出提升，如证据方面、庭审方面、法律文书方面、法律检索方面和可视化方面，等等。

基于PDCA循环中处理阶段的作用，基于PDCA循环对处理阶段的重视，也基于PDCA循环特有的循环上升的特点，PDCA循环在诉讼团队的专业化建设中自然会发挥非常重要的作用。

不断的总结、处理和优化，一方面将团队在每一个案件中的成果加以固定，标准化、模板化，成为后续案件代理工作推进的专业化基础；另一方面不断发现代理工作中存在的问题和不足，不放过每一个细节，让后续的案件代理工作更加精益求精。在PDCA循环的不断推进中，团队专业化建设不断地提升，在证据方面、庭审方面、在法律文书方面和在法律检索方面更加标准化、规范化，诉讼专业技能更加精进和完美。

第三章　案件流程管理中的主体关系

关键词

律师团队与客户的关系　律师团队与裁判组织的联系　律师团队内部的分工

思考

如何理解在律师团队与客户的关系中客户处于中心位置？

为什么说案件流程管理的最大成功表现为“从客户到客户”的循环？

在团队与裁判组织的联系中团队的主要职责是什么？

主办律师与辅办律师如何分工？

流程的六要素中包括了相互作用的要素，即流程中包括了若干活动、若干程序的相互作用，当然也包括流程中相关主体的相互分工、配合、联系和相互作用。

诉讼代理是一种服务，而服务的本身就表现为主体之间的一种特定关联。从某种程度上说，诉讼代理就是在处理各种关系。当然，这里所说的关系，不是所谓影响诉讼的不正当关系，而是从程序上讲，处理律师团队与客户之间的关系，开展律师团队与裁判组织之间的联系，履行律师团队内部的分工。

因此，对案件流程管理，除了从 PDCA 循环的角度思考外，还应当从主体之间关系的角度思考。事实上，从诉讼步骤的设立来看，大部分步骤是在处理或回应主体之间的这些关系。下面笔者分别从律师团队与客户之间的关系、律师团队与裁判组织之间的联系、律师团队内部的分工这三个方面来探讨案件流程管理中的主体关系。

第一节 律师团队和客户的关系

律师团队与客户的关系包括客户对律师团队的委托、客户与律师团队的协同、律师团队对客户的反馈、客户到客户的循环（见图 3.1）。

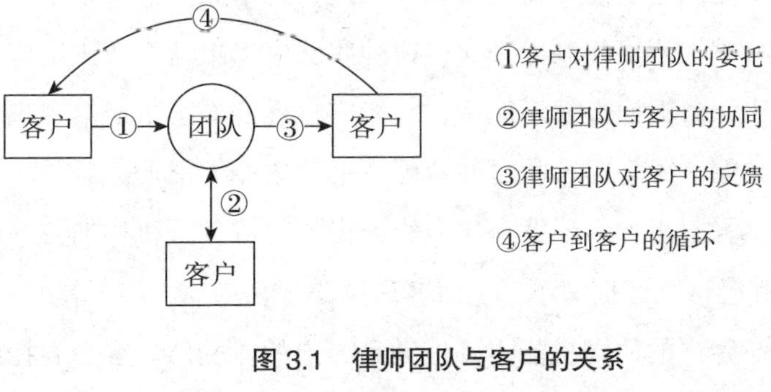

图 3.1 律师团队与客户的关系

一、客户对律师团队的委托

在案件委托阶段，律师团队与客户的关系主要表现为客户对律师团队的委托。即客户寻找、选择律师团队，并与律师团队签订委托代理合同，办理委托手续，主要包括第 1 步客户联系、第 3 步会谈交流、第 6 步办理委托。

客户对律师团队的选择和委托是建立在客户对律师团队信任的基础上的。客户只有对律师团队专业能力认可、对律师团队责任心和敬业精神认可，才有可能最终选择和委托律师团队。

在客户到律师团队的委托过程中，律师团队不应消极等待。相反地，律师团队一方面要积极地、实事求是地做好介绍，展示律师团队的业绩和专业能力，让客户更好地了解团队，了解团队负责人和主办律师；另一方面，律师团队也要更多地倾听客户的介绍，了解案情、了解客户的需求，对案件形成初步的分析判断，评估参与代理的价值。在案件委托阶段的步骤中，第 2 步会谈准备、第 3 步会谈交流、第 4 步代理评估、第 5 步代理函件，都需要律师团队积极主动参与。

二、律师团队与客户的协同

在案件代理阶段，律师团队与客户的关系更多地表现为相互协同关系。

律师团队与客户的协同是由律师团队与客户之间委托代理关系的性质决定的。即使客户对律师团队完全信任，代理律师的权限也来自客户的授权，律师团队与客户之间也仍然是委托关系。因此，在重大事务决策中，在涉及重大实体权利和重大程序权利处理时，律师团队应当报请客户决定或者与客户共同决定。比如，诉讼方案形成后，一般应将诉讼方案报送给客户，征询客户的意见。又如，民事起诉状、仲裁申请书等法律文书形成后，一般应由当事人审查和签署。再如，证据在递交给人民法院或仲裁机构前，一般应由客户全面审查和确认，证据清单一般由客户签署。

律师团队与客户的协同也能更好地满足客户的体验感。客户委托律师团队后，不仅需要律师团队提供专业、勤勉和尽责的服务，而且还需要感知和体会律师团队在提供专业、勤勉和尽责的服务。因此，律师团队在开展代理工作时，尤其在关键的工作节点上，应当主动将相关情况及时告知客户。如第18步方案函件，即在代理方案初步确定后，给客户报送方案函件，总结前阶段的工作，建议具体的诉讼方案。又如第22步立案函件，即在法律文书和证据准备好后，在立案前，给当事人发送立案函件，总结前阶段的工作，报请当事人确定具体的法律文书和证据。再如，第33步庭前函件、第44步庭后函件，等等。

律师团队与客户的协同也是保证案件代理质量和更好地开展代理工作的要求。代理工作离不开客户的支持和配合，只有律师团队和客户相互配合才能更好地保证案件的代理质量。比如，第9步收集证据，实际上更多的是律师团队和客户的互动，律师团队指导客户收集和完善相关证据材料。又如，第27步应对答辩、第28步应对证据，这两步都必须有客户自己的参与。再如，第37步庭前会议、第38步辅导证人、第39步辅导当事人，都离不开客户的参与和支持。

三、律师团队对客户的反馈

在案件总结阶段，律师团队与客户的关系更多地表现为律师团队对客户的反馈。如第50步结案函件，即律师团队在取得裁判文书并对裁判文书进行评析后，给当事人出具书面函件，一方面通报和评估案件的裁判结果，另一方面也可以结合案件的代理情况和裁决结果，给客户提出相应的建议，如法律风险预防的建议、合同完善的建议、证据保存的建议。又如第52步卷宗副本，即律师团队将代理过程中的相关文件及卷宗备份给客户，一方面方便客户对诉讼材料存档备查，另一方面也方便客户更好地了解律师团队的工作。

四、客户到客户的循环

律师团队与客户的关系中，还有一个重要的环节，即客户到客户的循环。客户到客户的循环是流程管理追求的目标，是流程管理真正成功的标志。

客户到客户的循环前提是客户接受律师团队的服务后，满意律师团队的工作，认可律师团队的专业能力以及律师团队的责任心和敬业精神。一方面，客户将律师团队作为今后的合作伙伴，今后有相关法律需求时，主动选择原律师团队提供相应的服务；另一方面，经过案件代理，客户对律师团队建立了信任，客户会将律师团队推荐给自己的同行、合作伙伴，使更多的新客户主动与律师团队联系，从而完成客户到客户的闭合循环。

五、流程管理应以客户为中心

要实现客户到客户的循环，必须坚持流程管理的基本理念，即坚持为客户创造价值的理念，坚持以终为始的理念。在案件流程管理中，始终重视和维护客户的利益，以客户为中心。

流程管理以客户为中心，始终重视客户的利益，并不是在代理过程中，所有的事情都必须满足客户的要求，更不是对客户无原则的迁就。相互尊重、相互信任、相互合作才是律师团队与客户之间的应有定位。

律师团队为客户提供服务必须依法进行。因此，律师团队需要对客户的要求进行分辨，只有在确保合法的基础上才可以开展相关工作。另外，律师团队的专业性在某种程度上表现在律师团队对客户的引导上，当律师团队认为客户的要求或安排与律师团队的专业判断相偏离时，律师团队应当提示客户或说服客户。事实上，客户委托律师团队，也正是基于客户对律师团队在专业上的信任和依赖。因此，在案件代理过程中以客户为中心并不是律师团队对客户无原则的迁就，更不是律师团队对客户俯首帖耳。律师团队与客户之间应当相互尊重、相互信任和相互合作。

第二节　律师团队与裁判组织的联系

一、律师团队负责与裁判组织联系

在案件的流程管理中，律师团队与裁判组织的联系贯穿了代理工作的大部分时间。与裁判组织保持及时有效的联系是律师团队的职责所在，也是律师团队开展代理工作的主要内容之一。当然这里所说的联系，不是违反法律规定、违反职业道德的不正当关系。

律师团队接受客户委托后，在律师团队和客户的分工中，一般要避免客户直接单独与裁判组织联系，即避免客户直接单独与人民法院或仲裁机构联系，包括电话联系，文件签收与递交等。原因如下：第一，与裁判组织联系是律师团队的职责。如果将这部分工作由客户自己来承担，会增加客户不必要的负担。第二，与裁判组织联系是非常专业的工作，由律师团队负责更为恰当。事实上，一般来说，基于法律职业共同体内部的习惯，在有律师担任代理人的案件中，裁判组织一般会优先与代理律师联系，而不是直接与当事人本人或当事人单位的员工联系。第三，由律师团队统一与裁判组织联系能保证联系工作的连续性和稳定性，便于律师团队对案件代理工作的整体把握。这样做同时可避免客户对裁判组织信息的误解，避免客户向裁判组织传递不全面的信息或容易引起裁判组织误会的信息。

律师团队与裁判组织的联系包括前期对裁判组织的选择、前期对裁判组织进一步了解、庭前联系、庭审参与、庭后跟踪（见图 3.2）。

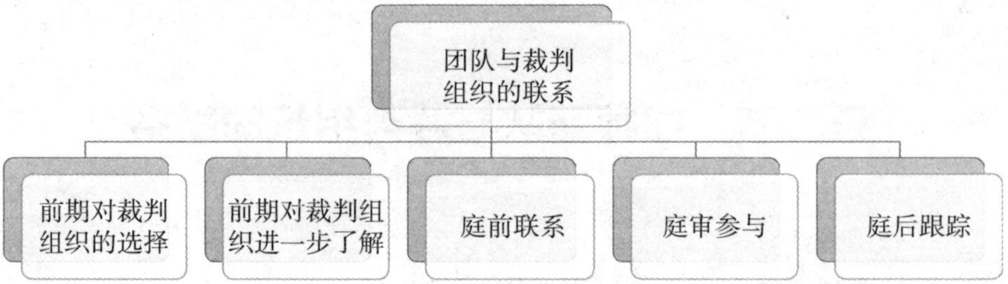

图 3.2 团队与裁判组织的联系

二、前期对裁判组织的选择

（一）诉讼中对裁判组织的选择

诉讼中对裁判组织的选择主要包括两个方面，即原告对管辖人民法院的主动选择和被告对受理人民法院提出管辖权异议。

在多个人民法院均有管辖权时，原告应尽可能选择合适的人民法院。对管辖法院的选择应是代理方案的主要内容之一，在流程管理的第 17 步完善方案的步骤中应加以考虑。在有些案件的代理中，选择人民法院的思路可以更宽广一些。比如，票据纠纷案件中，持票人可以向出票人、承兑人、背书人等票据债务人主张票据权利，可以向其中一人追索，也可以向其中数人或全部票据债务人追索。在确定被告主体时，可以考虑对人民法院的选择因素。又如，在连带责任保证纠纷案件中，债权人可以对债务人主张债权，也可以向任何一个连带责任保证人主张债权。但在一起案件中，同时向债务人和保证人主张债权时，该纠纷就应当依据主合同法律关系来确定管辖。但如果只起诉保证人，而不起诉主债务人，则可以依据保证合同法律关系来确定管辖法院。

律师作为被告的代理人进行应诉时，同样应当审查人民法院对案件是否拥有管辖权，充分考虑审查人民法院对案件的受理是否违背级别管辖的规定、是否违背地域管辖的规定、是否违背专属管辖的规定等问题。在有些案件中，有效提出管辖权异议，一方面可以降低诉讼风险，有效排除狭隘的地方保护主义等非法律因素的干扰；另一方面也可以控制诉讼的节奏，争取更充分的应诉时间。但提出管辖权异议时，应避免毫无理由的管辖权异议，还应避免提出明显不能成立的管辖权异议。

除原告对管辖法院的主动选择和被告对受理法院提出管辖权异议外，诉讼中对裁判组织的选择还包括对审判人员提出回避申请等情况。法律对审判人员的回避作了非常明确的规定。一般情况下，对审判人员的回避申请应当非常慎重，除法定情形外，不要轻易提出回避申请。

（二）仲裁中对裁判组织的选择

仲裁中对裁判组织的选择包括：对仲裁机构受理案件的管辖权异议、共同选定仲裁庭的组成方式、本方选定仲裁员、共同选定首席仲裁员、对仲裁庭成员提出回避申请等。对仲裁机构受理案件的管辖权异议、仲裁员的选定等内容同样应当成为案件代理方案的主要内容之一，在流程管理的第 17 步完善方案的步骤中应当加以考虑。

如果认为仲裁机构对案件没有管辖权或仲裁协议无效，则应当在接到仲裁应诉通知后的答辩期内及时提出。对仲裁协议的异议，可以选择向仲裁机构提出，也可以选择向有管辖权的人民法院提出。

在双方可以协商一致的情况下，可以约定仲裁庭的组成方式，即约定由 1 名仲裁员独任仲裁，还是由 3 名仲裁员组成仲裁庭仲裁。如果双方没有协商一致，则会依据仲裁规则确定仲裁庭的组成方式。

在普通仲裁程序中，参与选定本方仲裁员非常重要。选定本方仲裁员时，一方面要选择充分了解、信任的仲裁员，另一方面要考虑该仲裁员对本案专业问题的熟悉，以及该仲裁员对仲裁庭和首席仲裁员的影响。

在双方当事人协商或配合的情况下，可以共同选定首席仲裁员，或者共同要求仲裁机构提供首席仲裁员候选名单，由双方按排序法或排除法等方法共同选定首席仲裁员。在有些案件中，双方共同选定首席仲裁员会对案件的推进起到非常好的效果。

相比诉讼而言，仲裁代理时更应当关注仲裁员回避的问题，包括是否申请首席仲裁员回避、是否申请对方仲裁员回避。和法院相比，仲裁机构也更重视对仲裁员回避的审查。除《仲裁法》规定的几类法定回避情形外，出现可能影响仲裁公正性或一方或双方当事人对仲裁公正性产生怀疑的情况时，仲裁机构可能会说服仲裁员主动回避，以此来提高仲裁的公信力。

三、前期对裁判组织的了解

在案件的流程管理中，对裁判组织的了解也非常重要。事实上，现在可以借助检索工具、互联网和大数据，对裁判组织和裁判人员作全面的了解。在流程管理第 11 步法律检索、第 12 步案例检索和第 13 步论文检索中，应当包括该部分相应的内容。

在诉讼案件中，通过检索，团队至少要了解受案人民法院对这类案件的裁判思路，受案人民法院的上级人民法院对这类案件的裁判思路，受案人民法院对该类案件已有的判决，承办法官对这类案件的裁判思路，承办法官对该类案件已经作出的判决，承办法官的工作经历、学术专长、对某一领域或某一专门问题已经发表过的观点、论文或著作。

在仲裁案件中，通过检索，团队至少要了解受案仲裁机构对该类案件已经作出的裁决。仲裁员、首席仲裁员对该类案件的裁判思路，仲裁员、首席仲裁员的工作经历、学习经历、学术专长、对某一领域或某一专门问题已经发表过的观点、论文或著作。

四、庭前联系、庭审参与和庭后跟踪

律师团队与裁判组织的联系主要集中在案件代理过程中，包括庭前联系、庭审参与和庭后跟踪，包括案件流程管理的第 32 步庭前联系、第 42 步参加庭审、第 47 步庭后跟踪。后面的流程管理章节再对此逐一分析和探讨。

五、律师团队与裁判组织联系的原则

律师团队与裁判组织联系的主要目的是说服裁判组织。无论是材料的提交，还是庭审的陈述，律师团队的目的就是要依法说服裁判组织了解本方的

观点，重视本方的观点，接受本方的观点，从而维护本方当事人的合法权益。

律师团队与裁判组织联系的基本原则是尊重的原则，即尊重司法的权威、尊重仲裁的权威。但作为法律共同体的一员，尊重并不是唯唯诺诺，也不是无原则的迁就。

律师团队与裁判组织联系的另一原则是合法的原则，即律师团队与裁判组织的联系中，必须始终遵守律师职业道德和律师执业纪律。

上述目的和原则，应当贯穿律师团队与裁判组织的所有联系过程。

第三节　律师团队内部的分工

律师团队内部的分工非常重要。在某种程度上说，实施案件流程管理，就是要明确每一个流程步骤中团队成员的分工，包括团队负责人与承办律师之间的分工、主办律师和辅办律师之间的分工、承办律师与案件秘书之间的分工、律师团队与合作律师及其他合作伙伴之间的分工（见图 3.3）。

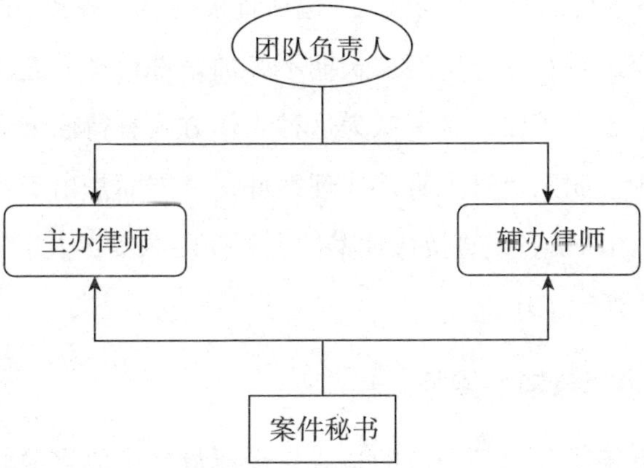

图 3.3　团队内部的分工

一、团队负责人

团队负责人一般是律师事务所的高级合伙人，也可能是律师事务所的负责人或律师事务所某一部门的负责人。团队负责人对整个团队的全部业务负责，应开展以下几方面的工作：

团队管理方面的工作。明确团队宗旨，确立团队目标。选拔和招募合适的人员，着力带领和培养团队成员。建设诚信、友爱、专业、责任的团队文化。建立良好的内部激励机制。

专业研究方面的工作。带领团队提升诉讼仲裁方面的专业技能，开发本团队的法律服务产品。做好团队的长远发展规划。

案件管理方面的工作。发挥案件流程管理的作用，对团队的全部案件进行管理。

业务拓展方面的工作。团队可以有专门的市场拓展或服务人员，这部分成员不一定是法律专业方面的人员。团队的市场管理应当接受团队负责人的领导。

参与重大案件的代理。团队负责人是团队的专业标杆，相当部分当事人选择团队代理案件是基于对团队负责人的信任。对团队代理的重大案件，笔者认为团队负责人应当直接参与代理，包括直接参与重要文书的起草和定稿、参加案件的庭审。现在部分负责人长期不参加案件代理，连续一年甚至几年都不参加案件的庭审工作；笔者认为这种工作方式有待商榷。律师团队适合采用扁平式管理。团队负责人直接代理案件，一方面是出于扁平式管理的需要，另一方面，团队负责人直接代理案件也方便团队负责人了解业务的变化，更好地做好团队管理工作。

二、主办律师与辅办律师

案件的承办律师是律师团队的核心骨干成员，一般由他们担任案件的代理人。

在案件的流程管理中，一起案件一般只安排一位主办律师，由其对案件的具体代理工作负责。在团队之外，主办律师负责与当事人进行案件代理工作的联系，负责与裁判组织进行联系。在团队之内，主办律师接受团队负责人的领导，负责推动承办案件的代理流程，带领案件秘书和律师助理，就承办案件与市场主管和知识主管进行衔接。主办律师还负责整理证据、起草文书，提出办案思路并提请团队集体讨论决定。

主办律师和辅办律师在业务上并不是领导和被领导的关系，而是基于案件代理的分工合作关系。一般一起案件只安排一位辅办律师。辅办律师的主要职责是：配合主办律师参与案件的讨论、提出案件的代理思路、审核主办律师定稿的法律文书、审核主办律师整理的证据。在普通案件中，辅办律师可以不担任案件的代理人，只提供讨论和审核方面的配合，由主办律师带领秘书组的案件秘书或律师助理担任代理人；但在重大案件中，辅办律师应和主办律师一起担任代理人，共同参加案件的庭审。

主办律师和辅办律师的设立并不是固定的。承办律师在这起案件里担任主办律师，在另一起案件中可能担任辅办律师。主办律师和辅办律师在专业能力方面的要求并没有太多的差异。之所以在一起案件里同时设立主办律师和辅办律师，就是要保证律师团队代理案件的效果，即保证在任何一起案件中，至少有两位专业能力强的承办律师一起参与案件的讨论、审核和把关。这样直接将团队负责人的一部分审核职能下放到承办律师，使律师团队的管理更加扁平化。

三、案件秘书

案件秘书包括暂不能独立担任承办律师职务的执业律师，团队的实习律师和其他辅助办理案件的秘书人员。

每一起案件至少应配备一位案件秘书。在普通诉讼案件中，秘书组的执业律师或实习律师可以配合主办律师，一起担任案件的代理人，参加案件的庭审。但在重大的诉讼案件中，案件秘书不应当担任代理人。在仲裁案件中，一般可以有两个以上代理人，因此，除主办律师和辅办律师外，案件秘书也可以列为案件代理人。但在重大仲裁案件中，案件秘书即使是案件的代理人，也只能参加案件的辅助代理工作。

案件秘书的主要职责是协助主办律师开展案件的具体代理工作，包括配合主办律师与当事人联系，负责会谈前的准备工作，协助参与会谈，起草给当事人的函件，协助签订代理合同，负责案件的建档工作，负责代理工作记录，协助进行调查取证，负责制作可视图表，负责法律检索、案例检索和论文检索，负责起草团队内部讨论的分析报告，协助参与团队讨论和专家论证，协助起草法律文书，协助整理证据，协助办理其他代理工作，负责或与知识主管对接材料归档、案例撰写和知识管理等。

四、客户主管

客户主管接受团队负责人的领导，负责团队的业务宣传推广，负责客户和市场开拓。

五、知识主管

知识主管负责团队的知识管理。

六、团队的合作伙伴

团队的合作伙伴包括律师事务所内团队的合作律师，律师事务所外本地的合作律师，外地的合作律师，境外的合作律师，团队外聘的专家、顾问，以及团队的其他合作伙伴。

第四章　案件流程管理中的证据及文书

关键词

证据种类　证据能力　举证责任　证明标准　举证期限

证据裁判原则　自由心证原则　举证　质证

律师工作函　法律文书

思考

证据裁判原则对举证、质证及案件流程管理有什么指导意义？

自由心证原则对举证、质证及案件流程管理有什么指导意义？

系统性提交证据的原则体现在哪些流程步骤上？

在哪些关键节点需要给客户发送律师工作函？

法律文书的模板化有哪些要求？

律师团队有哪些常见的内部工作文件？

第一节　案件流程管理中的物流和信息流

除从主体关系的角度探讨案件流程管理外，还可以从物流和信息流的角度探讨案件流程管理。

一、物流的概念

《中华人民共和国国家物流标准术语》（GB/T 18354—2006）对物流的相关概念进行了定义。第 3.1 条对物品（goods）的定义是：经济活动中实体流动的物质资料，包括原材料、半成品、产成品、回收品以及废弃物等。第 3.2 条对物流 (logistics) 的定义是：物品从供应地向接收地的实体流动过程。根据实际需要，将运输、储存、装卸、搬运、包装、流通加工、配送、回收、信息处理等基本功能实施有机结合。第 3.3 条对物流活动 (logistics activity) 的定义是：物流过程中的运输、储存、装卸、搬运、包装、流通加工、配送、回收等功能的具体运作。第 3.4 条对物流管理（logistics management）的定义是：为了以合适的物流成本达到用户满意的服务水平，对正向及反向的物流活动过程及相关信息进行的计划、组织、协调与控制。

百度词汇中，对物流的另一种通俗的理解是分别从“物”“流”及其二者的组合展开的。物流中的“物”，是指物质资料世界中同时具备物质实体特点和可以进行物理性位移的那一部分物质资料。物流中的“流”，是指物理性运动，被称为“位移”，流的范围可以是地理性的大范围，也可以是在同一地域、同一环境中的小范围。“物”和“流”的组合，是指一种建立在自然运动基础上的高级运动形式，其互相联系是在经济目的和实物之间、在军事目的和实物之间，甚至在某种社会目的和实物之间，寻找运动的规律。因此，物流不仅是上述限定条件下的“物”和“流”的组合，而更重要的在于，它是限定于军事、经济、社会条件下的组合，是从军事、经济、社会角度来观察物的运输，达到某种军事、经济、社会的要求。

二、案件流程管理中的物流

关注案件流程管理中的物流，就是一方面要关注案件流程管理中的“物质资料”，关注这些“物质资料”的生成、存储及其在各主体之间的流转；另一方面也是更重要的，是要关注这些“物质资料”在案件流程管理中进行流转的作用及要达到的目的。

案件流程管理中的“物质资料”主要包括证据和文书。

证据是能够证明案件事实的材料，是当事人提起诉讼及应对诉讼的基础，也是人民法院或仲裁机构裁判的基础。案件流程管理中，当事人举证的过程实际上就是证据这一“物质资料”被收集、整理、确认、提交和阐释的过程，案件审理的过程在很大程度上表现为举证、质证和认证的过程。

文书不仅包括律师团队向人民法院或仲裁机构提交的法律文书、律师团队向客户提交的函件，还包括律师团队内部的工作文件。在案件流程管理中，相当一部分工作或步骤是在准备这些文书，是在让这些文书、“物质资料”在相应的主体之间流转，从而达到相应的诉讼目的。

因此，从一定程度上说，案件流程管理就是对证据和文书这些物质资料的管理，是对证据和文书这些物质资料在各主体之间的流转进行管理，就是要通过证据和文书这些物质资料的生成和传递达到特定的诉讼目的。

三、信息流的概念

信息流，是指人们采用各种方式实现信息交流，从面对面的直接交谈直到采用各种现代化的传递媒介，包括信息的收集、传递、处理、储存、检索、分析等渠道和过程。信息流的主要功能包括沟通连接功能、引导调控功能和决策功能。信息流过程主要包括信息收集、信息处理和信息传递。

信息收集是信息流运行的起点，它是指分散的信息向收集者集中的过程。

信息的收集者成为信息的信宿，其按照自己的目的和需要来集中有关信息。收集信息的质量，即信息的真实性、可靠性、准确性、及时性，决定能否达到预定的目的和能否满足需要。

信息处理是信息的必经程序。收集来的信息往往是零乱的，有时甚至是片面的、虚假的，必须经过信息处理才能去伪存真，归纳出结果，提高信息的使用价值。信息处理具体包括对信息的分类及汇总，也包括对信息的分析、判断及形成结果，还包括对信息的存储和更新。

信息传递是信息流的目的，是指信息从信息源发出，通过一定的媒介和信息渠道传输给接收者的过程。

四、案件流程管理中的信息流

案件流程管理中的信息流，不仅包括律师团队和客户之间的信息交流，也包括律师团队内部的信息交流，更为重要的是，它还包括律师团队与裁判组织之间的信息交流。

从信息流的角度来分析，案件流程管理实质在很大程度上是对信息收集的管理、对信息处理的管理以及对信息传递的管理。

从信息流的角度来分析，律师团队的主要任务是：首先，通过与当事人的交流，从当事人处了解和收集相关信息，从书面材料中分析和获取相关信息，通过法律检索、案例检索等方式检索到相关信息，从其他单位或个人处了解和调查相关信息；其次，律师团队成员相互交流、相互讨论，对收集到的信息进行分类、取舍、整理、分析、判断，形成一定的结果；最后，通过证据和文书等有形方式或者通过庭审陈述、庭审辩论等无形方式，向裁判组织阐释和传递这些信息，从而达到对本方有利的诉讼目的。

第二节　案件流程管理中的证据

一、案件流程管理中的证据

如前所述，从物流的角度来看，证据是案件流程管理中物流的主要内容；从信息流的角度来看，证据是案件流程管理中信息流的主要载体。事实上，在案件流程管理中，相当一部分步骤直接与证据相关联，或直接围绕证据展开，或本身是完成举证或质证的代理工作。比如，第 9 步收集证据、第 25 步取证申请、第 26 步证人申请，这三步均属于举证中收集证据方面的工作；第 20 步整理证据、第 21 步证据清单，这两步属于举证中证据整理方面的工作；第 38 步辅导证人、第 39 步辅导当事人，这两步属于举证中庭前人证准备方面的工作；第 30 步补充证据、第 45 步庭后证据，这两步属于举证中证据完善方面的工作；第 31 步举证意见，这一步属于举证中证据阐释方面的工作；第 28 步应对证据、第 29 步质证意见，这两步属于质证方面的工作。

除上述步骤外，其他许多步骤的代理工作也可能包括证据方面的内容。比如，第 2 步会谈准备，就需要对当事人先前提交的主要材料和证据进行研究；第 3 步会议交流，可能包括会议后双方对材料和证据的初步移交；第 24 步申请保全，可能需要申请证据保全；第 35 步发问提纲，可能需要准备对证人的发问提纲，也可能需要准备对对方证据的发问提纲；第 36 步庭审提纲，需要对举证和质证的相关工作进行充分的准备；等等。

做好上述步骤中证据方面的工作，不仅需要了解和熟悉上述各个步骤，而且需要在整体上对证据的基本理论有较为深刻的理解和把握，对举证和质证的实务有深刻的理解和把握。下面笔者结合案件流程管理，概要地对证据理论和证据实务进行一定的探讨。

二、证据论中的两组概念

证据的基本理论包括证据论和证明论。笔者首先想从案件流程管理的角度来简要探讨证据论中的两组基本概念。

（一）证据种类和证据分类

1. 证据种类

证据种类，是指证据的法定形式或法定表现形式，是一个立法概念，是立法上对证据的划分。即立法者根据证据的存在和表现形式所作的法律划分。

因为是立法上对证据的划分，所以证据种类具有法律规范的特性，如具有法的效力性，即证据必须符合法定的表现形式才能作为定案依据；又如具有法的稳定性，即非经立法不能随意变动证据的法定形式。

我国《民事诉讼法》规定了民事诉讼中证据的八种法定形式。即“证据包括：（一）当事人陈述；（二）书证；（三）物证；（四）视听资料；（五）电子数据；（六）证人证言；（七）鉴定意见；（八）勘验笔录”。

证据种类在案件的流程管理中，在举证和质证的程序中有重要的作用：

第一，不同证据的生成方式并不相同，因此，举证时提出的方法也并不相同。比如，证人证言的生成基于证人对于案件事实的亲身感知，因此，证人证言的提出需要采用口头的方法；书证的生成基于民事、经济流转活动的报道与处分，因此，需要采用书面宣读的方法；物证的生成基于特定物在民事案件中的作用，因此，物证的提出需要采用原物或照片展示的方法；鉴定意见的生成基于专家对案件中专业问题的解答，因此鉴定意见的提出需要采用专家报告的方法；等等。

第二，对于不同的证据，举证时提出的方法不同，因此，对它们的质证规则也并不相同。如证人证言的质证询问规则，书证形式要件是否齐备的审查规则，书证与待证事实内容是否关联的审查规则，等等。

第三，举证时，应确保证据具备法定形式；质证时，对不具备法定形式的证据的合法性应当不予认可。

2. 证据分类

（1）证据分类

证据分类是在对证据进行理论研究的过程中对证据进行的学理划分。对证据的分类有助于对司法实践中出现的各种证据进行专门化、理论化的研究，寻找共同的特征和规律，有利于司法实践中对证据的收集、审查和判断。

证据的分类一般采用二分法。常见的分类方式有：言词证据与实物证据、原始证据和传来证据、直接证据与间接证据、本证与反证等。

（2）言词证据和实物证据

言词证据和实物证据是根据证据的表现形式进行的分类。当事人陈述、证人证言和鉴定意见三种证据属于言词证据。书证、物证、视听资料、电子数据和勘验笔录五种证据属于实物证据。言词证据和实物证据的区别的主要表现在：第一，二者的表现形式不同。前者的表现形式是言词，具有人的主观性；后者的表现形式是物质，具有物的客观性，不因诉讼时人的表述而发生改变。第二，二者的形成过程不同。前者经过主体的感知、记忆和表达等过程；后者经过发现、提取、保存等阶段。第三，二者与待证事实的关联性表现不同。前者与案件待证事实的关联性一般较为明显，可以是全面地、动态地、直接地证明，后者与待证事实的关联性不一定明显，有可能是局部地、静态地或间接地证明，部分实物证据与待证事实的关联性及其在该案的证明作用有待举证方或裁判人员进一步说明、推理或认定。

（3）原始证据和传来证据

原始证据和传来证据是根据证据是否直接来自案件事实而进行的分类。原始证据又称原生证据，是指直接来源于案件事实或从原始出处获得的第一手证明材料。传来证据又称派生证据，是指经过复制、转抄、转述等中间环节形成的证据。

原始证据的证据效力一般强于传来证据的证据效力，这就是我们通常所说的最佳证据规则。

《民事诉讼法》规定，书证应提交原件，物证应提交原物。提交原件或原物确有困难的，可以提交复制品、照片、副本、节录本。《最高人民法院关于适用〈中华人民共和国民事诉讼法〉的解释》（以下简称《民诉法司法解释》）第 111 条第 1 款进一步规定，《民事诉讼法》规定的提交书证原件确有困难，包括下列情形：①书证原件遗失、灭失或者毁损的；②原件在对方当事人控制之下，经合法通知提交而拒不提交的；③原件在他人控制之下，而其有权不提交的；④原件因篇幅或体积过大而不便提交的；⑤承担举证证明责任的当事人通过申请人民法院收集或其他方式无法获得书证原件的。该条第 2 款进一步规定，前款规定情形，人民法院应当结合其他证据和案件具体情况，审查判断书证复制品是否作为认定案件事实的根据。

基于上述规定，在案件流程管理中，在举证质证过程中，我们一方面一定要注意对证据原件的核对和出示，在原件由对方持有或第三方持有的情况下，不应忽略申请裁判机构责令对方披露的措施或申请裁判机构调查取证的措施；另一方面也不应忽视在特定情况下复印件的证明效力。有合理理由，且能说明证据原件的来源或保存处所的，裁判机构也可以结合其他证据或案件具体情况认定该复制品的证明效力。

流程管理中，运用传来证据需要注意几个基本要求：第一，必要性原则，只有《民诉法司法解释》第 111 条第 1 款规定的特殊情况下，才可以不提交证据原件；第二，追溯来源原则，所有传来证据都必须有证据的来源；第三，严格查证原则，必须查证属实且确定不是误传的传来证据才能作为认定案件的依据；第四，减少环节的原则，在同等条件下，尽量采用流转环节少的传来证据。

（4）直接证据和间接证据

直接证据和间接证据是根据证据与案件事实的关联性进行的分类。直接证据，是指能够单独地、直接地证明案件主要事实的证据；间接证据，是指不能够单独地、直接地证明，而需要与其他证据相结合才能证明案件主要事实的证据。

民商诉讼流程管理中更强调直接证据的作用。第一，直接证据具有直观性，能够直接证明案件事实，不需要借助其他证据进行逻辑推理。对相同种类的直接证据和间接证据来说，直接证据的证明效力一般强于间接证据的证明效力。第二，不同于刑事诉讼，民商诉讼中，相当一部分证据是直接证据，如合同纠纷中的合同、侵权纠纷中的权属凭证等。

在民商事诉讼流程管理中，同样应当注意间接证据的作用。运用间接证据时，应注意以下几点：第一，间接证据所证明的事实与案件本身应当有关联性，否则就构不成有效的间接证据；第二，每一个间接证据都应当查证属实；第三，间接证据相互印证，且形成一个完整的、闭合的证据链，在逻辑上具有严密性和排他性。

（5）本证与反证

本证和反证是根据证据与当事人主张的事实的关系进行的划分。本证是能够证明当事人主张的事实存在的证据；反证是能够证明对方当事人主张的事实不存在的证据。

原告提交的证据并非都是本证，被告提交的证据也并非都是反证。原告在后续阶段反驳被告主张事实的证据，同样是反证。被告证明其事实主张的证据同样可以是本证。

在案件流程管理中区分本证和反证的主要目的是明确双方当事人的举证责任。对自己主张的事实提供本证进行证明是当事人的举证责任。当事人不能提出本证证明其事实主张的，负有举证责任的当事人就应当承担不利的法律后果。

案件流程管理中区分本证和反证的另一个目标是要更好地明确案件中的证明标准。负有举证责任的当事人，应当提交本证，使其主张的事实达到高度盖然性或排除合理怀疑性的证明标准，如果其提交的本证不能达到这一证明标准，待证的事实仍处于真伪不明的状态，则应当推定其主张的事实不成立。相反地，对提交反证一方的当事人来说，只要他提交的反证使对方主张的事实陷于真伪不明的状态或恢复到真伪不明的状态，则可以认定其达到了反驳的证明标准，可以推定对方主张的事实不成立。

（二）证据能力和证明力

1. 证据能力

证据能力又称证据资格，或证据的可采性，或证据的适格性，是指裁判组织认定事实根据的证据所应具备的属性、要件或资格。即缺少这种属性的证据不能作为认定案件事实的依据，不能成为一个有效证据被采信。

证据的属性包括证据的真实性、证据的合法性和证据的关联性，这三种属性常常被简称为证据的“三性”。证据缺少上述任何一种属性，均不能成为一种有效证据，该证据就缺少基本的证据能力。

2. 证明力

证明力又称证据力、证据价值，是指证据对案件事实证明的价值大小或影响程度。证明力实际上是证据在裁判者心中产生相信与否的力量或程度。

证明力的大小取决于证据真实性的高低、违法性的大小、关联性的强弱。这三种影响因素中，在证据具备证据能力的情况下，一般重点关注证据关联性的强弱。证据关联性越强，证据的证明力一般就越大。因此，在证据具备证据能力的情况下，关联性强弱是影响证明力大小的最常见因素或最关键因素。

通常情况下，国家机关、社会团体依职权制作的公文书证的证明力一般大于其他书证；物证、档案、鉴定意见、勘验笔录或者经过公证、登记的书证，其证明力一般大于其他书证、视听资料或证人证言；原始证据的证明力一般大于传来证据的证明力；直接证据的证明力一般大于间接证据的证明力；证人提供的对与其有亲属关系或其他密切关系的对当事人有利的证言，其证明力一般小于其他证人证言。

3. 证据能力和证明力的区别和联系

（1）证据能力只存在有无的问题，不存在大小的问题，因此，证据能力是证据在质方面的要求，是一个定性的概念；而证明力就存在大小之别，因此，证明力对证明来说是一个量的概念。

（2）证明力大小、证据的可信程度，由裁判者根据良心和理性来进行内心判断，属于自由心证的范围；而证据能力的有无由证据规则来规范，是证据法的法律规范范围。

（3）对证据的审查，先是判断证据是否具有证据能力，只有具备证据能力的证据，才存在对其证明力进行判断和认定。

（4）确定证据能力的证据规则很多是由证明力大小问题转化而来的。如传闻证据的可靠性差，证明力很低，因此，证据规则中有传闻证据排除规则，排除了传闻证据的证明能力。

（5）判断证明力大小离不开经验规则，如果某一证据的采信违背了经验规则，一般也认为该证据不具有证据的真实性等属性，不具备证据能力。

三、证明论中的三个概念

在案件流程管理中，除关注证据论中的基本概念外，同样应当关注证明论中举证责任、证明标准和举证期限等基本概念。

（一）举证责任

1. 举证责任的概念

案件流程管理中，当事人的举证实际是围绕完成举证责任展开的。

举证责任又称举证证明责任或证明责任，对应的英文为 burden of proof。举证责任包括行为意义上的举证责任，也包括结果意义上的举证责任。

行为意义上的举证责任又称用证据促进诉讼的责任、形式证明责任、主观证明责任、提供证据责任。我国《民事诉讼法》规定，“当事人对自己提出的主张，有责任提供证据”。实际上，这就指行为意义上的举证责任。《民诉法司法解释》第 90 条第 1 款规定，“当事人对自己提出的诉讼请求所依据的事实或反驳对方诉讼请求所依据的事实，应当提供证据加以证明，但法律另有规定的除外”。这同样是行为意义上的举证责任。

结果意义上的举证责任又称实质证明责任、客观证明责任、说服责任，是指在案件审理终结时，法律所许可的证据或证明手段已经穷尽，要件事实真伪不明的，裁判者判决一方当事人败诉。我国《民诉法司法解释》第 90 条第 2 款规定，“在作出判决前，当事人未能提供证据或者证据不足以证明其事实主张的，由负有举证责任的当事人承担不利的后果”。这其实是结果意义上的举证责任。

行为意义上的举证责任和结果意义上的举证责任相互关联。第一，结果意义上的举证责任是一种潜在的不利后果，促使承担该方面责任的当事人积极履行行为意义上的举证责任；第二，当事人充分履行了行为意义上的举证责任，则自然解除了其结果意义上的举证责任；第三，当事人没有充分履行行为意义上的举证责任，在待证事实真伪不明时，自然应当承担结果意义上的举证责任。

2. 举证责任的一般分配原则

举证责任的分配，是指按照一定的标准，将事实真伪不明时承受不利裁判后果的风险，预先在双方当事人之间进行分配，使各方当事人分别承担一些真伪不明的风险。

举证责任的基本分配原则是“谁主张，谁举证”的原则，即举证责任正置的原则。具体表现为：原告对权利产生事实承担举证责任、被告对抗辩事实承担举证责任。

《民诉法司法解释》第 91 条对举证责任的分配作了进一步的规定，“（一）主张法律关系存在的当事人，应当对产生该法律关系的基本事实承担举证责任；（二）主张法律关系变更、消灭或者权利受到妨害的当事人，应当对该法律关系变更、消灭或者权利受到妨害的基本事实承担举证责任”。

3. 举证责任的减轻

举证责任的减轻，是指对难以证明的事项，采取合理法律技术或替代方法，适当减轻当事人的证明难度，以满足个案的妥当性要求和实质正义。举证责任的减轻常见于侵权损害赔偿案件中，包括：（1）对损害事实及损失举证责任的减轻，如著作权、商标权、专利权等侵权案件中，当权利人的损失和侵权人的所得均难以证明时，可以适用法定赔偿。（2）对因果关系举证责任的减轻，如环境污染侵权案件中，举证责任的倒置，由相关企业承担无因果关系的举证责任。（3）对被告过错的举证责任，如医疗纠纷案件中，举证责任倒置，由医疗机构对其没有过错承担举证责任。

4. 举证责任的倒置

举证责任的倒置是举证责任一般原则的例外，是举证责任减轻的主要方式之一。举证责任倒置又称举证责任转换，是指一方当事人对自己提出的利己要件事实，并不负举证责任，而由对方当事人负担证伪责任。若对方当事人未能证伪该事实，则裁判者认定该事实是真实的。

5. 举证责任的转移

举证责任的难点是举证责任的转移。举证责任的转移实际是行为意义上的举证责任转移。

一般来说，一方当事人提出的证据达到高度盖然性后，可以认定其已经完成了相应的举证责任。如果对方当事人要反驳，对方当事人就应当提出证据来反驳，使待证事实重新回到真伪不明的状态。因此，从行为意义上举证责任的角度来看，可以认定举证责任已经发生了转移。反驳方应承担相应的举证责任，否则应承担反驳不能的不利后果。

在案件诉讼过程中，一方是否已经完成了举证责任、举证责任是否已经转移到了反驳一方，往往是案件的难点和关键点。

6. 举证责任在案件流程管理中的应用

在案件流程管理中应特别关注举证责任。重点关注以下两个方面：第一，所有的举证步骤，实际上都是围绕完成举证责任这一中心任务展开的，包括起诉前的证据收集和整理、立案后的证据完善、庭审后的证据补充，这些流程步骤都是为确保完成举证责任服务；第二，案件的评估方面、诉讼方案的确定方面、诉讼结果的评析方面，始终离不开对举证责任的关注及评估。综上所述，在案件流程管理中始终应当关注举证责任这一概念。

（二）证明标准

1. 证明标准的概念

与举证责任相关联的另一概念是证明标准。即如何衡量或认定当事人是否已经完成了举证责任，这一衡量的概念就是证明标准。

证明标准又称证明要求，是指当事人或证明主体运用证据证明待证事实时需要达到的标准或尺度。

证明标准具有如下特性：第一，主观性。证明标准由人来认识和把握，具有较强的主观性。第二，客观性。虽然证明标准具有较强的主观性，但同时证明标准也是在长期的司法实践中形成的普遍性标准，也具有客观特性。该特性反映了人们对诉讼活动证明规律的认识，对裁判者和其他诉讼主体具有指导作用和约束力。第三，模糊性。证明标准虽然是一种衡量的标准或尺度，但整体来说比较模糊，难以完全精准确定。第四，下限性。即证明标准是证明应该达到的最低标准或最低要求，只有满足这一标准，才能认定待证的事实成立。第五，多元性。刑事证明标准和民事证明标准明显不同；同样是民事证明标准，不同法系的证明标准也不相同。另外，对不同类型的事实，证明标准也可能不一致。

2. 证明标准的类别

证明标准的多元性表明证明标准有不同的类别。常见的证明标准有优势证据证明标准、盖然性证明标准、高度盖然性证明标准、排除合理怀疑证明标准。我们可以借助数学模型对它们进行比较分析。

（1）优势证据证明标准

优势证据证明标准是英美法系民事诉讼中通常要求的证明标准。它的要求是某事实发生较其不发生更为可能。

在数学模型中，我们可以将事实真伪完全不明定为 50%，即是与不是的概率完全相同，各占 50%，优势比是一比一；将事实绝对确定定为 100%，即是的概率是 100%，不是的概率是 0%。那么在上述数学模型中，一般认为优势证据证明标准要达到 65%。

（2）盖然性证明标准

比优势证据证明标准更高一级的证明标准是盖然性证明标准。通俗的说法是“大概是这样”。在上述数学模型中，一般认为盖然性证明标准要达到75%。即是的概率是75%，不是的概率是25%，是和不是的优势比是3 ：1。

（3）高度盖然性证明标准

高度盖然性证明标准是在盖然性证明标准的基础上更进一步的证明标准。通俗的说法是“应该是这样”“应该可以确认”“可以形成内心确信”。在上述数学模型中，一般认为高度盖然性证明标准要达到85%。大陆法系国家的民事诉讼中，一般采用高度盖然性证明标准。

（4）排除合理怀疑证明标准

排除合理怀疑证明标准是更高的证明标准。它要求对事实的认定排除合理的怀疑。通俗的表述是“应该不可能不是这样”。在上述数学模型中，一般认为排除合理怀疑证明标准应在95%~98%甚至更高。在刑事案件中，一般要求达到排除合理怀疑证明标准，即我们通常所说的疑罪从无标准。

3. 我国民事诉讼中的证明标准

我国《民诉法司法解释》第108条第1款规定了民商事案件的高度盖然性证明标准，即“对负有举证责任的当事人提供的证据，人民法院经审查并结合相关事实，确信待证事实的存在具有高度可能性的，应当认定该事实存在”。这里的“高度可能性”就是高度盖然性证明标准的清楚表述。

民事诉讼中，除一般采取的高度盖然性证明标准外，还有三种补充证明标准。

第一种补充证明标准是对特殊待证事实的排除合理怀疑证明标准。《民诉法司法解释》第109条规定，“当事人对欺诈、胁迫、恶意串通事实的证明，以及对口头遗嘱或者赠与事实的证明，人民法院确信该待证事实存在的可能性能够排除合理怀疑的，应当认定该事实存在”。依据该条规定，对以下五种待证事实的证明要达到排除合理怀疑证明标准：欺诈、胁迫、恶意串通、口头遗嘱、赠与。这一规定是对高度盖然性证明标准的补充。

第二种补充证明标准是真伪不明的证明标准。这其实是一种反驳证明标准。《民诉法司法解释》第108条第2款规定，“对一方当事人为反驳负有举证责任的当事人所主张事实而提供的证据，人民法院经审查并结合相关事实，认为待证事实真伪不明的，应当认定该事实不存在”。真伪不明的证明标准实际是从反驳方的角度对高度盖然性证明标准的补充。即如果反驳方能举出证据，证明负有举证责任一方当事人证明的事实，重新回到了真伪不明的状态，没有达到高度盖然性的证明要求，就可以认定反驳方达到了真伪不明的反驳证明标准，进而不能认定负有举证责任一方所主张的事实成立。

第三种补充证明标准是优势证据证明标准。2019年《最高人民法院关于民事诉讼证据的若干规定》（以下简称《最高院证据规定》）第86条第2款规定：“与诉讼保全、回避等程序事项有关的事实，人民法院结合当事人的说明及相关证据，认为有关事实存在的可能性较大的，可以认定该事实存在。”

4. 我国商事仲裁案件中的证明标准

相比民事诉讼中的高度盖然性证明标准，我国商事仲裁中的证明标准明显要宽松一些。商事仲裁中，一般采取优势证据证明标准。而且，对证据的采信、对事实的认定，相比法院的合议庭，仲裁庭有更大的自由裁量权。

2015年《中国国际经济贸易仲裁委员会证据指引》公布。当事人约定适用该指引时，其对当事人及案件的审理和裁决有直接约束力。当事人没有约定适用该指引时，其同样对案件的事实认定有很强的指引作用。基于中国国际经济贸易仲裁委员会在我国仲裁界的特殊地位，该指引事实上也对其他仲裁机构有较大的影响。该指引第24条特别规定了仲裁案件的证明标准。其中，该指引第24条第1款规定了一般仲裁案件的优势证据证明标准，即“针对某一事实，双方当事人分别举出相反证据的，仲裁庭可依据优势证据原则加以认定”。这一标准明显低于《民诉法司法解释》第108条第1款规定的高度盖然性证明标准。该指引第24条第2款规定涉及欺诈案件的证明标准，即“对涉及欺诈的事实，仲裁庭应根据有充分说明力的证据加以认定”。这一证明标准明显低于《民诉法司法解释》第109条的排除合理怀疑证明标准，基本上相当于高度盖然性证明标准。

5. 证明标准在案件流程管理中的应用

如前所述，证明标准与举证责任是紧密关联的两个概念。在案件流程管理中不仅要关注举证责任，同样也应关注证明标准。和举证责任一样，对证明标准也应重点关注以下两个方面：第一，举证的要求，实际上就是要完成举证责任，达到证明标准。证据的收集和整理步骤，立案后的证据完善步骤，庭审后的证据补充步骤，这些流程步骤都是为完成举证责任、达到证明标准服务的。第二，案件的评估方面、诉讼方案的确定方面、诉讼结果的评析方面，始终离不开对证明标准的关注及评估。

（三）举证期限

1. 举证期限的概念

在流程管理中，除重点关注举证责任和证明标准这两个概念外，还应当重点关注举证期限这一概念。

举证期限，是指人民法院或仲裁庭指定当事人提交证据的期限。举证期限是一种期间。期间包括法定期间和指定期间。法定期间又称不变期间，是法律规定的期间，如上诉期间、申请再审期间、申请执行期间等。举证期限明显属于指定期间，依据不同的案情，由人民法院和仲裁庭指定或确定。

确定举证期限有两种方式。一种方式是由人民法院或仲裁庭直接确定，如人民法院在送达立案通知书时或送达起诉状副本时指定该案的举证期限；另一种方式是由双方当事人协商，在双方当事人协商一致后，由人民法院或仲裁庭确定。

举证期限有时也被表述为举证时限，但举证时限更强调制度层面的内涵。即举证时限强调当事人应当在举证期限内提交证据，当事在举证期限不提交证据或逾期提交证据，应当承担相应的法律责任。

举证期限制度在民事诉讼中有重要的作用。一方面，它促使当事人积极举证，方便裁判人员庭前了解案情，方便当事人对证据的质证，减少开庭的次数，大幅度提高审理和裁判的效率；另一方面，在程序上平衡保护双方当事人的诉讼权利，预防出现“证据突袭”。

2. 举证期限的一般规定

《民事诉讼法》规定，“当事人对自己提出的主张应当及时提供证据。人民法院根据当事人的主张和案件审理情况，确定当事人应当提供的证据及期限。当事人在该期限内提供证据确有困难的，可以向人民法院申请延长期限，人民法院根据当事人的申请适当延长。当事人逾期提供证据的，人民法院应当责令其说明理由；拒不说明理由或理由不成立的，人民法院根据不同情形可以不予采纳该证据，或者采纳该证据但予以训诫、罚款”。

《民诉法司法解释》第 101 条进一步规定，“当事人逾期提供证据的，人民法院应当责令其说明理由，必要时可以要求其提供相应的证据。当事人因客观原因逾期提供证据，或者对方当事人对逾期提供证据未提出异议的，视为未逾期”。第 102 条进一步规定，“当事人因故意或重大过失逾期提供的证据，人民法院不予采纳。但该证据与案件基本事实有关的，人民法院应当采纳，并依照民事诉讼法第六十五条、第一百一十五条第一款的规定予以训诫、罚款。当事人非因故意或重大过失逾期提供的证据，人民法院应当采纳，并对当事人予以训诫。当事人一方要求另一方赔偿因逾期提供证据致使其增加的交通、住宿、就餐、误工、证人出庭作证等必要费用的，人民法院可予支持”。

从上述规定来看，我国民事诉讼中对逾期提交的证据分五种情况进行处理：（1）逾期提交证据，如果有正当的理由，则该逾期行为视为未逾期；（2）逾期提交证据，如果对方当事人认可，则该逾期行为同样被视为未逾期；（3）逾期提交证据，如不是当事人的故意或重大过失，而是一般或轻微的过失，则该逾期提交的证所同样应当被采纳，只是对当事人进行训诫；（4）逾期提交证据，如果是当事人的故意或重大过失造成的，但该证据涉及案件的基本事实，人民法院仍然应当采纳，只是对当事人予以训诫、罚款；（5）逾期提交证据，如果是当事人的故意或重大过失造成的，该证据不涉及案件的基本事实，则该证据失权，人民法院不再采纳该证据。

3. 举证期限的其他具体规定

（1）一审普通程序案件的举证期限

《民诉法司法解释》第99条规定，一审普通程序的举证期限不得少于15日。这里只规定了一个最短的期限，具体的举证期限由人民法院根据案件情况在审理前的准备阶段确定，或由当事人协商后经人民法院准许。

（2）二审程序案件的举证期限

《民诉法司法解释》第99条规定，当事人提供新的证据的第二审案件举证期限不得少于10日。这同样是一个最短的期限，具体举证期限同样应当根据案件情况确定。

（3）一审简易程序案件的举证期限

《民诉法司法解释》第266条规定，适用简易程序案件的举证期限不得超过15日。这里只规定了最长期限。具体的举证期限由人民法院确定，或由当事人协商后经人民法院准许。

（4）小额诉讼案件的举证期限

《民诉法司法解释》第277条规定，小额诉讼案件的举证期限不得超过7日。这里也同样只规定了最长期限。具体的举证期限同样由人民法院确定，或由当事人协商后经人民法院准许。

（5）再次确定举证期限

举证期限届满后，当事人申请再次确定举证期限有两种情况：第一种情况是，对对方当事人提交的证据需要提交反驳证据；第二种情况是，对本方提交的证据需要在证据来源、证据形式等方面的瑕疵进行补正。在上述两种情况下，当事人可以申请再次确定举证期限，是否准许及准许的期限由人民法院决定。

（6）举证期限的延长

当事人在举证期限内难以提交全部证据，可以申请延长举证期限，但当事人应当在举证期限届满前提出书面申请。理由成立的，人民法院应当准许，适当延长举证期限，并通知其他当事人。延长的举证期限适用于其他当事人。

（7）重审案件的举证期限

对发回重审的案件，第一审人民法院可以结合案件具体情况和发回重审的原因，酌情确定举证期限。《民诉法司法解释》第 251 条规定，重审案件中，当事人申请变更、增加诉讼请求或者提出反诉，第三人提出与本案有关的诉讼请求可以合并审理。在当事人变更或增加诉讼请求的情况下，在有新的诉讼主体参加诉讼的情况下，人民法院应当给当事人举证期限。

（8）申请调查收集证据、申请保全证据、申请鉴定、申请证人出庭作证与举证期限

《民诉法司法解释》第 94 条第 2 款规定，申请人民法调查收集证据应当在举证期限届满前申请；第 98 条规定，申请保全应在举证期限届满前申请；第 112 条第 1 款规定，申请责令对方提交其控制的书证应在举证期限届满前书面申请；第 117 条第 1 款规定，申请证人出庭作证应当在举证期限届满前申请；第 121 条规定，申请鉴定应当在举证期限届满前申请；第 122 条规定，申请专家辅助人出庭同样应当在举证期限届满前申请。

4. 举证期限在案件流程管理中的应用

举证期限在案件流程管理中也非常重要。凡是有证据提交的步骤均必须遵守人民法院或仲裁机构确定的举证期限。如第 25 步取证申请；第 26 步证人申请，均应在举证期限内提出书面申请；第 30 步补充证据，应在举证期限或再次确定的举证期限内补充提交证据；第 45 步庭后证据，应当按照庭审确定的期限提交补充证据。

四、证明论中的两个原则

（一）证据裁判原则

1. 证据裁判原则的内容

证据裁判原则不仅是民事诉讼的基本原则，也是司法的基本原则。证据裁判原则要求司法判决必须建立在证据的基础之上，主要包括以下三个方面的内容：（1）人民法院认定的事实，除免证事实外，必须是有证据加以证明

的事实；没有证据证明的事实，人民法院不能认定。（2）人民法院认定案件事实的证据必须是有证据能力的证据；不具有证据能力的证据，不具备证据资格的证据，不能作为有效证据予以采信。（3）人民法院认定案件事实的证据必须经过法定的调查程序来调查和确定。即认定事实的证据应当当庭出示，经过举证、质证、认证的程序。人民法院对证据的采信应当保证双方当事人的举证权、质证权和辩论权。

2. 证据裁决原则在案件流程管理中的应用

证据裁判原则是基本的原则，违背证据裁判原则的裁判就是错误的裁判，成为二审上诉理由或申请再审的法定事由。比如，认定事实缺乏证据证明是认定事实错误或认定事实不清的上诉理由；认定的基本事实缺乏证据证明是申请再审的法定事由。又如，证据没有质证是程序错误的上诉理由；认定事实的主要证据未经质证是申请再审的法定事由。

证据裁判原则在案件流程管理中有重要的意义。证据裁决原则表现为我们通常所说的"证据为王"，即证据成为我们诉讼工作的基础和核心，很多诉讼代理工作、案件流程步骤都是围绕证据展开或与证据相关联的，如举证方面的各步骤、质证方面的各步骤等。又如，在案件评估方面、方案确定方面、裁决结果评析方面，都应当始终考虑这一原则。

（二）自由心证原则

1. 自由心证原则的概念

自由心证原则又称自由心证主义，是指法律不预先设定机械的规则来指示或约束法官，而由法官针对具体案情，根据证据规则、证明规则、经验法则、逻辑规则和良知理性等，独立自由地判断证据并据此认定事实。

自由心证有两个基本要求。第一个基本要求是，对证据的证据能力和证明力，由法官根据证据规则、证明规则、经验法则、逻辑规则和理性良知作出自由判断。在理性和良知的基础上作出自由的判断就要求裁判者不受物质诱惑的干扰，不受个人情感的干扰，不受其他非法律因素的干扰，同时也不受固定框架的束缚，本着客观公正的原则作出独立自由的判断。当然，法官作出自由判断时，应当尊重基本的证据规则、证明规则、经验法则和逻辑规则。第二个基本要求是，法官形成内心确信。即裁判者对案件事实的真实性形成确信，心证程度满足证明标准的要求。

《民诉法司法解释》第105条规定了我国民商事诉讼中的自由心证原则，即“人民法院应当按照法定程序，全面、客观地审核证据，依据法律的规定，运用逻辑推理和日常生活经验法则，对证据有无证明力和证明力大小进行判断，并公开判断的理由和结果”。

2. 自由心证的范围及依据

自由心证的范围包括对证据的认定和对事实的认定。对证据的认定包括对证据证明能力的认定和对证据证明力的认定。由于对证据能力的认定很大程度上依赖于证据规则，受限于证据规则，因此，自由心证的范围更多集中在对证据证明力的认定方面。对证据证明力进行认定、判断、取舍后，自然而然地形成了对案件事实的认定。

自由心证的依据或促成法官形成心证的原因包括两个方面。一是证据调查结果，这是最主要的。即通过合法证据调查程序所获得的所有证据材料。这些证据材料包括双方当事人的证据材料。法官依据证据相通性原则，综合双方证据，对涉案证据和事实进行认定。二是辩论全意旨。即法庭辩论过程中出现的，除证据材料外的其他信息，包括当事人或证人的肢体语言、当事人或证人的当庭陈述或对质等。辩论全意旨也很重要，它同样方便或促使法官形成心证。我国西周的“五声听狱讼”能很好地解释辩论全意旨的作用。《尚书·吕刑》中说，“两造具备，师听五辞”。即裁判者审理案件时，双方当事人都应当到庭对质，裁判者从五个方面观察和听取当事人的陈述。《周礼·秋官·小司寇》规定：“以五声听狱讼，求民情：一曰辞听，二曰色听，三曰气听，四曰耳听，五曰目听。”即从言辞、神情、呼吸、听觉、目光等五个方面，了解当事人的心理活动，判断当事人的陈述。

3. 自由心证原则在案件流程管理中的应用

在案件流程管理中要始终关注自由心证原则。举证和质证的目的是要使裁判者形成对本方有利的心证，因此，举证和质证的每一个流程步骤均是为这一目的服务的，以形成有利于本方的“证据调查结果”。另外，庭审是案件审理和代理工作的核心。庭审的目的也是要形成对本方有利的心证。庭审前的准备工作、庭审中的言辞等，主要目的之一也是要发挥庭审“辩论全旨意”的作用，促使形成对本方有利的心证。

五、举证的原则及步骤

（一）举证的原则

举证实务方面应遵循四个基本原则。

1. 完全举证责任、达到证明标准的原则

这是举证的最基本原则，也是举证的基本目的。对任何一个案件来说，都要全面收集证据，提交证据，完成本方行为意义上的举证责任，达到该案的证明标准，即达到民事诉讼中的高度盖然性证明标准或排除合理怀疑证明标准，达到仲裁案件中的优势证据证明标准或高度盖然性证明标准。

如果案件证据充分，根据本方判断，该案只要提交部分证据就已经达到了证明标准，已经完成了举证责任，其他证据是否还应当提交？一般情况下，在案件的前期代理阶段，即在立案准备阶段或答辩阶段，只要这些证据没有负面影响，只要这些证据是关于案件基本事实的证据，这些证据就应当尽可能提交。因为，是否已经达到了证明标准、是否已经完成了举证责任，还只是本方的单方判断，还没有得到裁判组织的认定。提交充分的证据，能更有利于案件事实的证明，能更加确保本方的胜诉，就应当一并提交这些证据。

2. 在举证期限内提交证据的原则

这也是举证的基本要求。一方面，及时举证是当事人及代理人配合人民法院审理案件的基本司法礼仪，及时举证方便人民法院对案件的审理，方便法官及早地了解本方的证据，有利于法官形成对本方有利的心证；另一方面，逾期举证存在风险，如逾期提交证据有证据不被采纳的风险；又如逾期提交证据有被人民法院训诫或罚款的风险。

在商事仲裁案件中，虽然举证期限更加灵活一些，仲裁庭对证据和事实的认定有更大的自由裁量权，但及时举证却更加重要。因为，仲裁一裁终局，如果当事人逾期举证，该证据不被仲裁庭采纳，在仲裁庭作出裁决后，该方当事人今后再依据该部分证据寻求权利救济的可能性基本上不再存在。因此，仲裁举证期限的风险实际上比民事诉讼中举证期限的风险要大得多。对仲裁案件，更应当在举证期限内提交证据。

另外，仲裁员不同于法官。仲裁员基本上都是兼职的，他们一般都比较繁忙，如果前期不让仲裁员提前阅看或了解本方证据，仲裁员只看到对方证据，只片面了解本案的证据，很难让仲裁员形成对本方有利的判断。另外，仲裁的程序与民事诉讼的程序也不完全相同。仲裁庭一般重视庭前会议，在庭前会议中，仲裁庭会对案件进行前期分析，确定庭审的重点，如果仲裁员不能在庭前会议前阅看和了解本方的证据，会严重影响庭前会议的质量，会给本方接下来的庭审带来隐患或不利影响。还有，仲裁还注重庭前的证据交换，庭前的书面质证，庭前相互答辩及回应，逾期提交证据，不仅影响仲裁程序的推进，而且也会使本方非常被动。因此，对商事仲裁案件，更应当在举证期限内提交证据。在大多数案件中，一般要尽可能早地提交证据。

3. 系统提交证据的原则

系统提交证据的原则表现在内容和形式两个方面。

在内容方面，系统性提交证据的原则要求：（1）证据应全面。即对本方的诉讼请求，应当有相应的证据予以证明，对反驳对方的诉讼请求也应当有相应的证据予以证明。（2）证据应系统地整理，彼此之间有相应的逻辑顺序。在证据体系中每一份证据均应当有最佳的位置和证据序号。证据应当是一个整体，而不应杂乱无章。

在形式方面，应满足《最高院证据规定》第 19 条的要求，即“当事人应当对其提交的证据材料逐一分类编号，对证据材料的来源、证明对象和内容作简要说明，签名盖章，注明提交日期，并依照对方当事人人数提出副本”。同时，提交证据的样式应满足审理案件的人民法院和仲裁机构的特殊要求。

系统提交证据，一方面是诉讼仲裁的专业化表现，另一方面是为方便举证，方便本方今后的庭审，方便人民法院或仲裁庭对证据的了解和审查，也方便使裁判人员形成对本方有利的心证。

4. 攻防兼备的原则

攻防兼备的原则也是举证应注意的重要原则。

根据证据共通性原则，证据可以成为本方主张事实的证明材料，也可以成为对方主张事实的证明材料。因此，当事人不仅应全面提交证据、系统提交证据，且对拟提交的每一份证据都应当谨慎。应当仔细审查和评估拟提交的每一份证据，审查和评估该证据是否与本方主张的事实有矛盾之处，审查和评估提交该份证据对本方是有利还是更为不利。因此，必须从攻防两个方面审查拟交的每一份证据，综合平衡，始终注意攻防兼备的原则。

（二）举证的步骤

任何一份证据要成为法官心证所采信的证据，都必须经过举证、质证、认证的过程。从程序的角度来讲，又可以将举证细分为收集、整理、提交和阐释这四个步骤。狭义地说，有时我们说的举证仅指向法庭或仲裁庭提交证据，有时我们说的举证仅指在庭审过程中向法庭或仲裁庭出示证据并阐释证据。

从案件流程管理的角度来看，很多案件流程步骤涉及证据的收集、整理、提交和阐释，或该步骤本身就是收集证据或整理证据的一部分。笔者下面进一步分解讨论举证的这四个步骤。

1. 证据的收集

证据的收集是证据提交工作的起点，是代理律师开展代理工作的主要内容之一。广义的证据收集包括以下两种方式：第一种方式是当事人及代理人自己收集涉案证据，包括当事人独自收集、代理人指导或配合当事人收集，也包括代理人代为调查收集。这是最主要的证据收集方式。案件流程的第 9 步收集证据就是这种方式的证据收集工作。本书将在案件流程管理第 9 步中详细讨论，在此不再过多介绍。第二种方式是申请人民法院或仲裁庭调查收集，包括申请证据保全、申请调查取证、申请鉴定、申请责令对方当事人提交证据、申请勘验、申请证人出庭作证、申请专家辅助人出庭等。这方面的工作也很重要，案件流程的第 25 步取证申请、第 26 步证人申请，都是这种方式的证据收集工作。本书同样将在案件流程管理的相应步骤中详细讨论，在此也同样不再过多介绍。

2. 证据的整理

证据收集后、证据提交前，应当对证据进行系统的整理。证据整理不仅是系统提交证据的要求，而且也是代理工作很重要的一部分。

证据整理不仅包括证据的取舍、证据的组织、证据的形式规范、证据的演绎说明、证据的编号、梳理证据的页码、证据的装订、证据的标注等工作，还包括证据清单或证据目录的准备。

案件流程管理第 20 步整理证据、第 21 步证据清单，这两个步骤都是证据整理的工作。关于证据整理的具体内容及要求，本书将在流程管理步骤部分再详细讨论和介绍。

3. 证据的提交

证据提交时应当注意以下几个方面：

（1）注意仲裁和诉讼证据提交时间的差异。除特殊情况外，一般来说，仲裁案件更强调及时尽早全部提交相关证据，以方便仲裁员了解案情，方便仲裁庭对仲裁程序的推进。在实务中，应当注意仲裁案件和诉讼案件在这方面的差异。

（2）部分案件应注意证据提交的时机。对部分特殊的案件，为诉讼仲裁工作的需要，为案件争议焦点的引导，为避免案件争议焦点转移到本方诉讼风险较大的领域，可以适当控制证据提交的节奏，在规则许可的情况下，可以不过早地提交某些证据。

（3）所有的证据都应当在举证期限内提交。这是举证的基本原则，因此，无论基于何种考虑、基于何种技巧性安排，都不要违背这一原则。

（4）需要就对方当事人已经提交的证据主张不同的证明对象和证明内容时，也应当将这些证据作为本方证据予以提交。如合同纠纷中双方之间的合同，一般情况下，双方都会围绕合同的条款进行阐释，因此，即使对方已经将合同作为证据提交给了法庭或仲裁庭，本方也应当将该证据提交。这样一方面使本方的举证更系统、更全面，另一方面对该证据不仅有发表质证意见的机会，而且还有阐释举证意见的机会。

（5）注意配合向人民法院或仲裁庭提交证据及证据清单的电子版。在仲裁案件中，一般应当将证据清单的电子版、证据扫描版发给仲裁秘书，方便其向各仲裁员送达电子版证据。在诉讼案件中，也可以将证据及证据清单的电子版发给书记员或法官助理。为方便法庭或仲裁庭记录，应当预先将证据清单转化为 Word 版本的举证意见，将该版本发给法庭的书记员、法官助理或仲裁庭秘书。

（6）提交证据材料时，取得和保存证据收据，或保存寄送快递的回单。

4. 证据的阐释

证据的阐释也是我们通常所说的在庭上的举证，即狭义意义上的举证，指在庭审过程中出示证据，并对证据的来源、证据的内容、证据与其他证据的关系、证据在本案中的证明作用及证据证明力大小进行说明和阐述。对证据的阐释非常重要，这是直接言词原则的要求，是当事人的重要权利，也是促使裁判人员形成对本方有利心证的重要措施。

证据的阐释应注意以下事项：

（1）提前熟悉全部证据材料，对核心证据及相关部分要了然于胸，对合同等主要证据要在庭前反复阅看，对其中的主要条款要基本上能背下来。

（2）提前确定好律师团队在举证方面的分工。

（3）提前核对证据原件，提前按顺序清点好证据原件，除不宜装入档案袋的证据原件外，其他证据原件一般应按顺序统一装入档案袋中。

（4）证据原件一般应当由当事人或当事人单位员工保管并携带到法庭或仲裁庭。需要核对原件时，一般由当事人或当事人单位员工直接与对方人员按顺序核对。核对一份原件后，应当当即收回一份。核对完全部原件后，应及时对全部原件进行清点。必要时可以由律师助理或承办律师协助当事人出示与核对原件。

（5）出示证据前，可以先大概说明证据的总组数和总份数。必要时，可以大概回顾递交证据的过程，如哪年哪月哪日立案时提交了多少份证据；哪年哪月哪日补充提交了多少份证据；今天庭审前又补充提交了多少份证据。

（6）关于证据是按份出示、按组出示，还是一次性全部出示，应尊重法庭或仲裁庭的安排。一般来说，证明某一主要事实的证据作为一组一并出示，出示该组证据前可以先概括性说明该组证据的证明目的，之后具体出示该组每一份证据，并分别说明其证据内容。

（7）根据庭审情况，出示证据时，可以对证据的核心部分进行宣读。宣读该部分内容时，要先说明该部分内容在证据页码的第几页、在该页的第几行，或者合同的第几条、第几款、第几项。宣读后，可以结合宣读的内容进一步阐述该份证据在本案中的证明作用。

（8）出示证据时，可以辅以相应的可视化图表，以更形象地阐述该证据在案件中的证明作用。

（9）对方发表质证意见后，可以根据庭审的情况或庭审的安排，就对方的质证意见进行澄清、解释、说明或反驳，以进一步增加对本方证据证明力的阐释。

（10）案件需要当事人陈述作为证据时，或者法庭或仲裁庭需要当事人就某一事实到庭作出说明时，一般应当提前提交当事人陈述的书面材料。关于当事人陈述举证的其他事项，本书将在案件流程管理第 39 步辅导当事人部分进一步探讨。

（11）证人证言作为证据提交时，一般可提前提交证人的书面证言，同时应当提前提交申请证人出庭的申请，应当提前准备好证人发问提纲。证人作证结束后，应结合证人的当庭作证、当庭对质，阐述证人证言在案件中的证明作用。关于证人证言举证的其他事项，本书将在案件流程管理第 26 步证人申请、第 35 步发问提纲、第 38 步辅导证人中作进一步探讨。

（12）对视听资料或电子数据应提前进行播放演示，了解播放网址和播放界面。庭前提前准备好电脑等播放设备。必要时，提前与法庭或仲裁庭确认。一般情况下，应当对现场照片、电子数据等证据进行公证。

关于证据阐释的庭前准备工作及庭审中的其他注意事项，可以进一步参考案件流程管理第 36 步庭审提纲和第 42 步参加庭审的相关内容。

六、质证的原则、质证的作用、质证的内容及质证注意事项

（一）质证的原则

和举证一样，质证也应遵循一些基本原则。

1. 求疑、严谨、全面的原则

这是质证的最基本的原则，也是最基本的要求。对对方的证据应当全面审查，不放过任何一个疑点，不应当轻易认可对方的证据。

2. 客观灵活的原则

不放过任何一个疑点，不轻易认可对方的证据；但这并不是一味地否定对方的证据。应当本着实事求是的原则，本着客观的原则，依据案件的实际情况，对对方证据作出客观回应。

（二）质证的作用

质证的目标是要引导裁判人员作出对本方有利的心证。其具体可能从以下四个方面起到作用：第一，否定对方证据的证据能力，在根本上否定对方的证据，使其不能成为案件的有效证据。第二，否定对方证据的证明力，削弱对方证据在案件中的证明作用。第三，增加对方的难度，这是从程序方面说的。通过质证，增加对方在诉讼程序上的难度，延缓诉讼节奏，使诉讼朝对本方更有利的方向发展。第四，从对方证据中挖掘对本方有利的信息，增强法庭对本方主张事实的认可。这实际上是利用证据相通性原则，在防守中实施进攻。在举证质证中，如果有机会做到这一点，就能极大地提高举证和质证效果。

（三）质证的内容

《民诉法司法解释》第 104 条很好概述了质证的内容。该条第 1 款规定，“人

民法院应当组织当事人围绕证据的真实性、合法性以及与待证事实的关联性进行质证，并针对证据有无证明力和证明力大小进行说明和辩论”。该条第2款规定，“能够反映案件真实情况、与待证事实相关联、来源和形式符合法律规定的证据，应当作为认定案件事实的证据”。

从上述规定来看，质证的内容包括两个部分。第一，围绕证据的真实性、合法性和关联性进行质证；第二，围绕证据的证明力及证明力大小进行质证。

对证据真实性的质证包括对证据形式上真实性的质证和对证据内容上真实性的质证。证据形式上的真实性涉及的是该份证据是不是客观存在的实体、复印件与原件是否完全相符。证据内容上的真实性涉及的是该份证据所记载的内容或该份证据表述的内容是不是案件有关事实的客观记载或反映。

对证据合法性的质证包括对证据来源合法性的质证，也包括对证据表现形式合法性的质证。证据来源的合法性涉及的是证据的调查、收集、审理和认定的程序是否合法；证据表现形式的合法性涉及的是证据的形式是否符合法定形式的要求，是否属于八种法定类型的证据形式之一。

对证据关联性的质证是指对证据与待证事实是否存在一定客观联系的质证。证据的关联性越强，证据的证明力就越大；证据的关联性越弱，证据的证明力就越小；证据不具有关联性，就不能作为有效证据被采信。待证事实主要指案件的要件事实或裁判组织所归纳的争议焦点事实。判断证据是否具有关联性可以从主体的关联性、时间的关联性、地域的关联性等方面来分析，也可以从充分条件、必要条件等逻辑关系来分析。

真实性、合法性和关联性是证据应有的属性，决定了该份证据是否具备证据能力，决定了该份证据能否成为一份有效证据，同时真实性、合法性和关联性也决定了证据证明力的大小，即证据真实性的强弱程度、合法性的瑕疵大小、关联性的密切程度，直接决定了证据的证明力大小。当然，对证据证明力大小的质证还可以从证据的特性、证据之间的相互印证关系等方面进行质证。如该份证据是实物证据还是言词证据，是直接证据还是间接证据，是原始证据还是传来证据，是公文书证还是私文书证，这份证据和其他证据是否相互印证，是否符合经验法则，等等。

（四）质证注意事项

1. 质证前与当事人充分交流

收到对方证据后，应当及时将证据发送给当事人，了解对方证据的真实性，了解证据产生的背景及过程，听取当事人对证据的分析及辩驳意见，询问收集相关的反驳证据。对应的证据步骤包括庭审代理阶段的第28步应对证据。

2. 质证前确定质证思路

质证前，应当完整地确定质证思路。需确定的问题包括：对哪些证据的真实性认可；哪些证据的真实性应当重点核实；对哪些证据的真实性不认可；各证据的质证意见如何确定；质证的重点是什么；等等。

3. 质证前准备好书面质证意见

在庭审前应当准备好书面质证意见。无论法庭或仲裁庭是否要求，只要在庭前收到了对方的证据，均应当准备书面的质证意见。在庭前或当庭应当提交书面质证意见，也可以主动将质证意见的电子版发送给法官助理、书记员或办案秘书。关于质证意见的撰写情况，本书将在庭审代理阶段第29步质证意见中具体讨论。

4. 质证时对实物证据仔细审查

质证时应当对实物证据仔细审查。需注意的问题包括：审查原件与复印件是否一致、书证的签字盖章是否属实、有无骑缝章、文件的纸张是否一致、是否完整、不放过任何一个疑点。

除了审查辨认外，在征得法庭或仲裁庭同意的情况下，也可就实物证据本身的问题向对方发问，以便对证据进一步质证。如询问证据形成的过程，证据取得的过程，证据形成时当时的场景（具体时间，具体地点，具体参加人员），等等。

5. 对言词证据应当准备交叉询问提纲

对证人、鉴定人、对方的专家辅助人，应当准备相应的交叉询问提纲。在证人作证后，结合证人陈述、庭审询问情况发表质证意见。

6. 质证意见应当态度明确

质证时应当果断、坚定，态度明确。对有疑点的证据明确提出自己的观点，对当庭提交的新证据，应根据实际情况来应对，如需要庭后核对，应明确要求法庭或仲裁庭给予庭后书面质证的时间。质证时明确的态度，有助于更好地引导法官或仲裁员形成对本方有利的心证。

质证方面的其他注意事项，同样可以进一步参考案件流程管理第 36 步庭审提纲和第 42 步参加庭审的相关内容。

第三节　案件流程管理中的文书

一、案件流程管理中的文书概述

（一）法律文书的概念

文书指公文、书信、契约等文件总称，英文为 document。

广义的法律文书指一切涉及法律内容的文书。包括具有普遍约束力的规范性文件和不具有普遍约束力的非规范性文件。前者指法律、行政法规、地方性法规及规章等；后者是狭义的法律文书，指国家司法机关、律师及律师事务所、仲裁机构、公证机关和案件当事人依法制作的处理各类诉讼案件以及非诉讼案件的具有法律效力或法律意义的非规范性文件的总称。

案件流程管理中的文书是指在案件流程管理过程中，律师、律师团队、律师事务所向当事人、裁判组织或有关单位发送的文件，或者律师团队、律师事务所工作过程中内容交流的文件。它包括给当事人的文书、给裁判组织的文书和团队内部的文书。其中，给裁判组织的文书属于典型的法律文书，有严格的格式，产生明确的法律效力。

如前所述，文书是案件流程管理中信息传递的最主要载体。起草和提交相关文书是律师团队工作的重要内容。案件流程管理中的相当部分步骤涉及文书的起草和提交。

（二）案件流程管理中的文书特点

案件流程管理中的文书有以下几个方面共同的特点：

（1）制作的合法性。符合法律的规定，依法制作。既符合实体法的规定，也符合程序法的规定。

（2）形式的程式性。制作主体固定，受文主体固定。有固定的结构、固定的用语、固定的格式。

（3）语言的精准性。要求语言精准，表述严谨。

（4）使用的实效性。文书要达到特定的信息交流目的，具有非常强的目的性和实效性。

二、案件流程管理中的文书要求

我们可以借用我国近代史上著名翻译家严复先生提出的“信达雅”来概括案件流程管理中的文书要求。严复先生提出翻译的要求是“信达雅”，其实文书的要求也可以总结为“信达雅”。案件流程管理中文书的基本要求如图 4.1 所示。

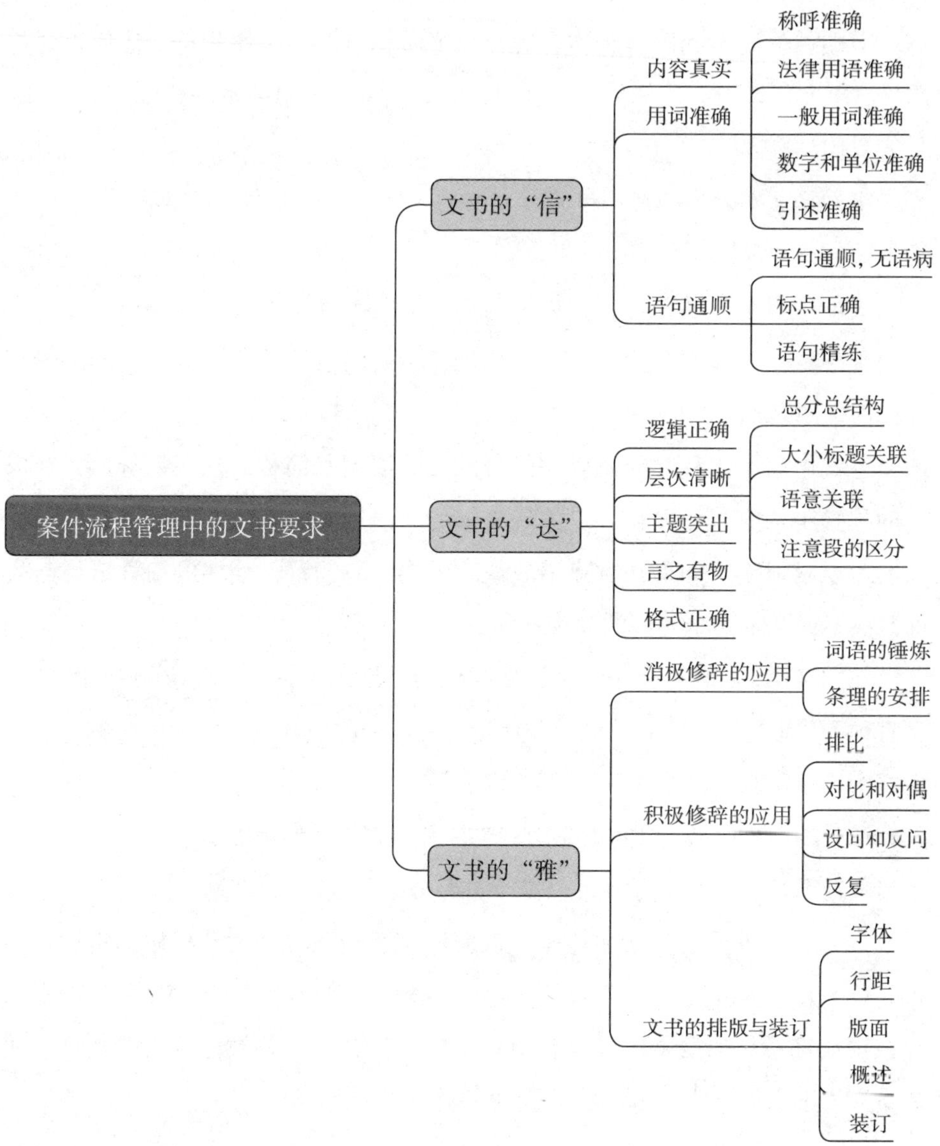

图 4.1 文书要求

（一）文书的“信”

文书的“信”要求文书真实、准确，即内容真实、用词准确、语句通顺。

1. 内容真实

文书首先要做到内容真实客观，与事实相符，与法律相符。任何表述都应当有事实依据，有法律依据。客观真实应当是文书最基本的要求。

2. 用词准确

字词是文书表述的最小单元。文书的“信”要求文书用词准确。

（1）称呼准确

文书中对主体的称呼、对单位的称呼应当准确，而且前后应当一致。主文中首次称呼时应用全称。全称应当是其注册的名称或者国家机关颁发的有效证件中的名称。

主文中第一次称呼时可以用括号的方式注明其简称。注明简称后，在以下的称呼中均应当用简称，以体现文书的严谨性和一致性。简称最好符合行业的习惯或惯例。如果在判决书或裁定书中已有简称，使用的简称最好与先前判决书或裁定书中使用的简称一致。

在主文中，可将受文单位根据情况称为“贵公司”、“贵单位”或“贵方”，不宜称为“贵司”。受文单位是司法机关的，全称应与其印章上的名称一致，主文中可以称呼为“贵院”“贵局”等。受文单位是仲裁机构的，全称应当与其印章上的名称一致，中间不应当有“市”，如“北京仲裁委员会”，而不是“北京市仲裁委员会”。简称时可以是“贵委员会”或“贵仲裁院”。

诉讼中代理词的受文主体是合议庭法官，应当称其为“尊敬的审判长、审判员（人民陪审员）”，不宜称其为“尊敬的某某法院”或“尊敬的法官”。仲裁中代理意见的受文主体是仲裁庭，应当称其为“尊敬的首席仲裁员、仲裁员”，不宜称其为“尊敬的仲裁委员会”。

（2）法律用语准确

文书应用法言法语，避免方言俚语或大白话。

法律用语应当准确。比如，对合同履行抗辩权的表述有先履行抗辩权、同时履行抗辩权、不安抗辩权，不能被表述为先履行抗辩、同时抗辩权、不安抗辩等。又如，保证责任包括连带责任保证和一般保证，不应被表述为连带保证或一般责任保证。还有对违约金、违约损失、利息、利息损失、罚息等法律概念的表述也应当准确。

（3）一般用词准确

除法律用语应当准确外，其他用词也应当准确。全文不应有错别字，不应有错误的用词。

要避免“的、地、得”三字使用的不规范。“的”主要用于定语，“地”主要用于状语，“得”主要用于补语。要避免“和、或”二字使用不规范。“和”主要用在肯定句中，“或”主要用在否定句中。

（4）数字和单位准确

主文中的数字应当便于朗读。如金额较大时可以万为单位，万以下可用小数表示。如果用阿拉伯数字，每三位数字应有千分号隔开，分别表示千、百万、十亿。表示量的数据要用阿拉伯数字，表示序数则用汉字数字。

（5）引述准确

引述法律条文时应当首先表述该部法律的全称，对法律条文的叫法则应该使用该部法律对该条本身的叫法。引述合同条款时同样应当引用合同的全称，对合同条文的叫法同样应当是该合同对该条本身的叫法。一般来说，法律条文或合同条文用条、款、项来区分。条下面是款，款下面是项。法律文书中如要标明对应证据的出处，一般应写明证据编号和证据页码，并用括号以示区分。如“（见原告证据十，证据页码第 25 至 26 页）”。

3. 语句通顺

文书的“信”除要求内容真实和用词准确外，还要求语句通顺。

（1）语句通顺，无语病

语句通顺，没有语病，这也是文书的基本要求。句子结构应当清晰，主语、谓语、宾语应当明确，句子不能残缺不全。主谓搭配、动宾搭配要正确。复句结构要清晰，连词用语要正确。注意“当且仅当”“包括但不限于”等句子结构的表述。

（2）标点正确

标点应当规范正确。重点注意逗号、顿号和分号的用法，并注意它们在文书中的区分。要多用句号，只要意思表达完整，就要尽可能用句号。标题的结尾处不应当用标点符号。

（3）语句精练

语句应当尽可能精练，一句话能说清楚的，决不说两句话。语言应当简洁有力。

（二）文书的“达”

文书的“达”指文书的通达，即逻辑正确、层次清晰、主题突出、言之有物、格式正确。

1. 逻辑正确

文书的表述应当逻辑正确。如概念同一；充分条件、必要条件的逻辑判断正确；符合演绎推理、归纳推理的逻辑规律；三段论中的小前提、大前提、结论清楚；等等。

2. 层次清晰

在逻辑正确的基础上，文书的达主要表现为层次清晰。

（1）“总分总”结构

文书一般应该有“总分总”的结构。即首先概括地总说，其次分开论述，进行横向展开和纵向展开，最后又概括总结，形成全文前后呼应的“总分总”结构。

（2）大小标题关联

全文层次清晰要求做到大小标题关联。向上关联，即上一级标题应当是下一组标题的总概括；向下关联，即下一组标题应当是上一级标题的分解和阐述；横向关联，即同一组标题之间应当存在某种逻辑关系。

标题应当尽可能简短，高度浓缩。一般来说，标题应当是关键内容的概括表述，应当直接概括出该段的观点。同时，同一组标题之间应当相互对称。

（3）语意关联

一个标题之内的语句之间、一段之内的语句之间也应当互相关联。即它们之间应当是纵向或横向的逻辑关系。如果是横向的并列关系，则语句的表述最好也相互对称。全段的表述应当统一在标题之下。

（4）注意段的区分

要注意段的区分。只要一件事项叙述完毕，或者一个观点表达完毕，就可以另行分段。不可在一段中叙述过多的内容，更不可在一段中将诸多内容混杂在一起，失去直观的逻辑顺序。

3. 主题突出

法律文书的目的性和实用性很强，好的法律文书一定要突出主题。对核心观点详细展开，对次要问题一笔带过或略去。代理词的主题应紧扣庭审归纳的争议焦点，要紧扣案件的核心。

4. 言之有物

文书应当做到言之有物。要么是事实陈述或认定，要么是法律适用或分析。证据、事实、法律、案例，应是文书的基本素材，要避免空洞或情绪化的语言。

5. 格式正确

流程管理中的文书一般均有固定的格式要求，要遵守这些格式要求。这一方面是文书的外在要求，另一方面也是专业化的体现。

（三）文书的“雅”

文书满足“信”“达”的基本要求后，还有更高层次的要求，即“雅”。“雅”是文书的锦上添花。我们重点介绍修辞和排版两个方面。

1. 修辞的概念

修辞是提高语言表述效果的技巧，即在具体的言语环境里对语言进行选择、加工以增强表达效果的言辞活动。

修辞包括消极修辞和积极修辞。消极修辞在语言表达上是概念的、抽象的和普通的。其作用在于使人理解，也就是使语言的内容明确、通顺，使语言的形式平均、稳密。它研究的对象是常规的语言表达。积极修辞在语言表达上则是感性的、具体的、特殊的。它的作用在于使人感受，通过修辞的运用，使语言从内容到形式都能引发受众的共鸣。在民事起诉状、申请书等法律文书中广泛使用消极修辞；在代理词或庭审辩论中可能使用积极修辞。

2. 消极修辞在文书中的应用

消极修辞包括用词准确、语言精练、层次清晰等。这些实际上已经包含在文书的“信”“达”部分。除此之外，消极修辞方面还应当注意：

（1）词语的锤炼

在用词准确的基础上，还注意把词用好，做好词语的锤炼工作，即“炼字”工作。对主要的法律文书要有一种语不惊人誓不休的追求。对不同的主体，选用不同的同义词。注意词语的褒贬，选用感情色彩准确的词语。注意口语和书面语的区分，选用语体色彩适用的词语。根据情境，选用形象色彩的词语。

（2）条理的安排

按时间顺序、空间顺序或逻辑顺序进行横向展开。逻辑顺序又与法律构成要件顺序、主次顺序相对应。各部分之间能合理地衔接。

3. 积极修辞在文书中的应用

文书使用积极修辞要本着谨慎的原则。积极修辞的使用是自然而然、水到渠成的事，绝对不要刻意追求，更不能为修辞而修辞；否则，将适得其反。当然，在代理词中，在庭审辩论中，恰当地运用积极修辞，能锦上添花，起到良好的效果。

法律文书中比较常见的积极修辞有排比、对比、反复、设问、反问、顶针、归谬。文学作品中另外几种常用的积极修辞，如比喻、夸张、反语等，在法律文书中用得比较少。

（1）排比

排比可能是代理词和庭审中用的最多的一种积极修辞。尤其是在庭审辩论中最为常见。因为他很适合于说理，很适合于口语表达。恰当地运用排比能很好地加强说理的力度，起到排山倒海的效果。排比包括词语的排比，语句的排比，也包括段落的排比。

（2）对比和对偶

对比和对偶也用得比较多。对比包括正反两方面的对比，时间先后的对比，等等。对比能凸显比较的效果。对偶则加强的表达的精准、简洁和力量。

（3）设问和反问

设问和反问也是常见的积极修辞。通过设问的形式自问自答，能引起受众的注意。反问则很好地加强语气，起到很好的辩驳作用。

（4）反复

文书中除上述常用的积极修辞外，反复也比较常见。对文书的核心观点，可能从不同的角度展开，每个角度展开后都最终得出相同的结论。对这一结论、这一核心观点反复陈述，自然能加强陈述的效果。

4. 文书的排版与装订

文书的“雅”除了表现在修辞方面外，还表现在排版和装帧上。排版和装帧精美的文书在外观上给人一种享受。

（1）字体

所有文书的正文字体要统一。一般选用四号或小四号的宋体或仿宋体。所有文书的标题的字体也要统一。一般选用小二号黑体加粗。正文的一级标题一般用四号或小四号，也用黑体加粗。标题和正文的字体有适当的区分可以使文书在外观上有层次感。

（2）行距

行间距一般选用标准间距的 1.5 倍，也可以适当调整，以适中为原则。标题之前一般空一行，标题之后一般空两行。一级标题之间也可以空一行。

（3）版面

要注意左边距和右边距，　方面便于文书装订，另一方面保证版面不至于太拥挤。正式文书一般应有页眉，标明文书名称及律师事务所名称。每页均应有页码，最好有总页码数和该页页码。为方便阅读，团队对外递交的文书不宜双面打印。

（4）概述

篇幅较长的民事答辩状、民事上诉状、再审申请书、代理词和代理意见等，可在正文的前部用黑体加粗的方式，概括总结下文的主要内容。上述概要内容可使用方框的方式进行标示。

（5）装订

两页以上的文书要单独装订好。文书较长时，应附上封面。同时提交多份文书，应有文书清单。递交给仲裁庭的证据清单和证据应当装订成册，附上封面。递交给法庭的文书应按照法院的要求进行装订或整理。

三、给当事人的文书

案件流程管理中涉及的文书如图 4.2 所示。

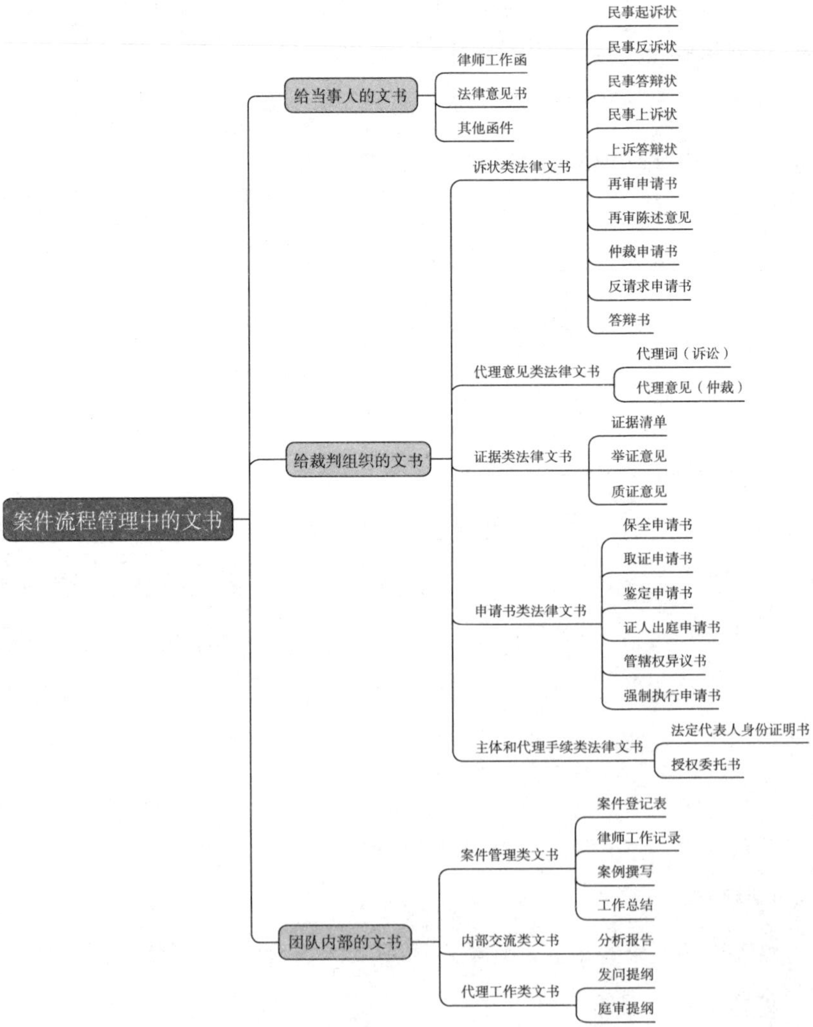

图 4.2　案件流程管理中的文书

1. 与当事人的交流方式

现在资信联系的方式发生了重大改变，出现了很多即时通信方式，如电话、微信、短信、QQ 等。但在案件流程管理中，在重要节点上与当事人的联系仍应当以书面的方式进行。这一方面是法律工作严谨的要求，另一方面也有利于当事人全面阅读了解律师团队交流的信息，方便当事人工作的安排。同时，书面的函件有利于明确当事人和律师团队之间的责任，便于案件的档案管理。

2. 给当事人的文书的方式

给当事人的文书一般以律师工作函的形式进行。当然除了律师工作函外，还可能有法律意见书等形式，但一般情况下，律师团队给当事人的法律意见或法律建议等内容可以并入律师工作函中。为便于当事人和律师团队对律师工作函的管理，一般对律师工作函进行连续编号。律师工作函作为一种正式函件，一般应由主办律师签字并加盖律师事务所印章。律师工作函可以当面递交给当事人或快递给当事人，也可以将律师工作函扫描后用电子邮件的方式发送给当事人。

3. 律师工作函的主要内容

律师工作函主要起到律师团队和当事人之间的信息交流作用，律师工作函的内容一般包括前阶段的律师工作回顾、后阶段的工作计划、法律问题的分析、法律分析建议、提请当事人决策的相关事项、提请当事人配合的相关事项、提请当事人注意的相关事项，等等。

4. 给当事人的文书涉及的案件流程管理步骤

在关键节点上给当事人发送函件的步骤包括：第 5 步代理函件、第 18 步方案函件、第 22 步立案函件、第 33 步庭前函件、第 44 步庭后函件、第 50 步结案函件。除上述关键节点的函件外，在其他步骤中也可以根据需要给当事人发送相关函件。相关函件的内容及注意事项，本书将在上述流程步骤中进一步探讨。

四、给裁判组织的文书

1. 给裁判组织的文书的特点

给裁判组织的文书属于典型的法律文书，具有如下特点：（1）程式性。这一点，在前面已经讨论过。即给裁判组织的文书是按法律程序提交的，有固定的格式、固定的内容和固定的要求。（2）效力性。给裁判组织提交的文书对提交人产生法律约束力，代表提交人陈述的事实、表达的诉求或观点。同时，裁判组织也应当客观对待这些文书。裁判组织应当阅看、审查这些文书，做出相应的选择或决定，并将这些文书保存在案卷中。（3）时效性。给裁判组织的文书除了按程序提交外，还必须在法律规定的期限内或指定的期限内提交。逾期提交的，可能不被接受。（4）模板化。由于这些文书有固定的格式，因此在案件流程管理中，应该有相应的模板。

2. 给裁判组织的文书的重要性

给裁判组织的文书非常重要。它的重要性表现在：（1）它是诉讼团队代表当事人和裁判组织交流的主要方式。虽然代理律师的庭审代理工作非常重要，虽然代理律师与裁判组织还可以通过口头方式等方式进行交流，但递交文书无疑是诉讼团队给裁判组织最主要的交流方式。（2）它在案件代理程序中发挥重要的作用。好的法律文书能很好地阐释自己的观点，否定对方的观点，引导裁判组织作出对本方有利的裁判。在二审案件中，民事上诉状对二审案件是否改判发挥非常重要的作用。在申请再审案件中，再审申请书也对案件是否被裁定再审发挥至为重要的作用。（3）准备和提交法律文书是案件代理工作的主要组成部分，是案件流程管理的主要内容。（4）法律文书是诉讼团队专业能力的综合体现。

3. 给裁判组织的文书的种类

给裁判组织的法律文书主要包括诉状类、代理意见类、证据类、申请书类、主体和代理手续类。

诉状类文书包括民事起诉状、民事反诉状、民事答辩状、民事上诉状、上诉答辩状、再审申请书、再审陈述意见，还包括仲裁中的仲裁申请书、反请求申请书、答辩书。

证据类文书包括证据清单、举证意见、质证意见等

代理意见类文书包括诉讼中的代理词，仲裁中的代理意见。

申请书主要用于程序方面的事项，包括保全申请书、取证申请书、鉴定申请书、证人出庭申请书、管辖权异议书、强制执行申请书等。

主体和代理手续类文书包括：法定代表人身份证明书、授权委托书等。

4. 给裁判组织的文书的流程管理步骤

给裁判组织的文书对应的案件流程管理步骤有：（1）第 19 步撰写文书。在该步骤的相关章节中，笔者将重点探讨民事起诉状、民事上诉状、再审申请书、授权委托书等法律文书的写作技巧及注意事项。（2）第 21 步证据清单、第 29 步质证意见、第 31 步举证意见。在这些步骤的相关章节中笔者也将分别探讨这些法律文书的注意事项并提供相应的模板。（3）第 46 步代理意见，笔者将在该步骤对应的章节中探讨代理词和代理意见的写作技巧及注意事项。（4）第 24 步申请保全、第 25 步取证申请、第 26 步证人申请。在这些步骤对应的章节中笔者也将探讨这些程序类法律文书的注意事项。

五、团队内部的文书

1. 团队内部文书的作用及特点

团队内部的文书主要用于内部交流，是团队内部的工作文件。团队内部的文书有如下特点：（1）保密性。该部分文书只用于内部交流，不向当事人公开，不向裁判组织公开，当然更不应对外公开。（2）简明实用性。内部文书主要用于内部交流，满足案件流程管理的需要，满足工作分工的需要，因此以简明实用为原则。（3）模板化。内部文书以追求效率为原则，除简明实用的要求外，还应当模板化。

2. 团队内部的文书的流程管理步骤

（1）案件管理类文书。如第 8 步登记建档步骤中的案件登记表和律师工

作记录，又如第 53 步案例撰写、第 55 步工作总结的相关内部文书。

（2）内部交流类文书。如第 14 步分析报告，即承办人员为团队讨论案件起草的内部分析报告。

（3）代理工作类文书。如第 35 步发问提纲、第 36 步庭审提纲。这些工作类文书对代理工作非常重要，本书会在相应的步骤章节中进一步探讨。

第五章　案件委托阶段的流程管理

关键词

案源分解　会谈准备　会谈交流程序　会谈交流礼仪　会谈交流要求

律师业务推广行为规则　直接利益冲突　间接利益冲突

代理评估　代理函件　委托代理合同

案件登记表　律师工作记录表

思考

案件委托阶段的每一步分别有哪些独立价值?

现阶段客户联系步骤中案源有什么变化趋势?

与客户会谈有哪些基本要求?

哪两个步骤在案件委托阶段至为关键?

案件委托阶段哪些步骤特别强调标准化?

案件委托阶段有哪些示范文本?

第一节 案件委托阶段流程管理概述

一、案件委托阶段流程管理的目的和作用

案件委托是案件流程管理工作的起点，也是案件流程管理的前提和基础。在案件委托阶段进行流程管理要达到以下目的或发挥如下作用：

（一）取得合适客户的委托

没有客户的委托，就不会有律师团队业务的发展，更谈不上案件的流程管理。律师团队首要的目的是取得案件委托。案件委托阶段很多流程步骤都是围绕这一目的展开，包括如何吸引客户的关注、如何取得客户的信任和如何接受客户的委托，等等。

当然，案件流程管理中的客户应该是合适的客户，律师团队必须对客户进行选择。律师团队应该只代理法律专业相吻合的案件，只代理具有代理价值的案件。

（二）确定合适的法律服务方案

案件委托阶段不仅要取得合适客户的委托，而且还应当确定合适的法律服务方案。合适的法律服务方案应该是“双赢”的法律服务方案，不仅有利于律师团队，也应当有利于客户。要根据案件的情况选择合适的收费方案、确定具体的委托内容、明确具体的承办律师。收费方案可以是固定收费，也可以是全风险收费或半风险收费，具体应当根据客户的需要和案件的情况来选择确定。

（三）预防委托阶段的执业风险

案件委托阶段是客户与律师团队联系和交流的主要阶段之一，可以通过加强流程管理来降低律师团队的执业风险。这个阶段要预防的执业风险主要

包括：团队业务推广风险、虚假承诺风险、案件委托风险、财务收费风险等。加强流程管理，可以很好地预防这方面的风险。

（四）提高委托阶段的工作效率

案件委托阶段的相当部分工作并不由主办律师直接完成，而可以分解给律师团队的行政人员、客服人员、律师助理。案件委托阶段的流程管理不仅会大幅度提高工作质量，争取到更多合适的客户，帮助律师确定合适的法律服务方案、预防执业中的风险，而且有助于充分发挥律师团队中行政人员、客服人员和律师助理的积极性和创造性，提高整个团队的工作效率。

二、案件委托阶段流程管理的步骤

笔者将案件委托阶段的工作分解为 8 个步骤，这 8 个步骤又可以概括为两个小阶段，即客户联系和委托洽谈阶段、办理委托和登记建档阶段（见图 5.1）。

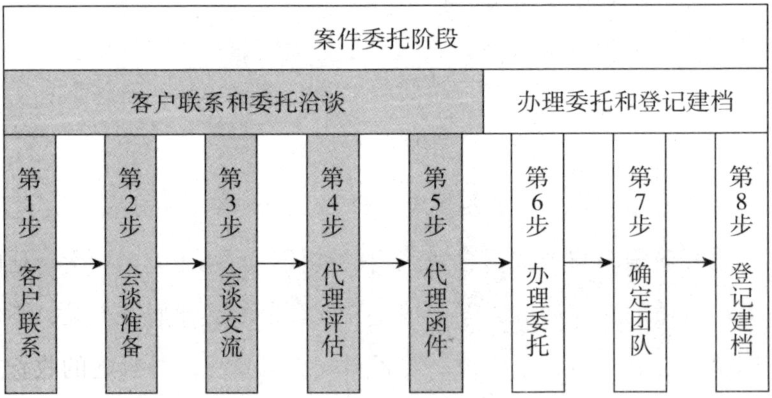

图 5.1 案件委托阶段步骤

（一）客户联系和委托洽谈

第一个小阶段从第 1 步至第 5 步，是客户联系和委托洽谈阶段。这一个小阶段以客户联系为起始，以会谈交流为中心环节，以发送函件并初步确认法律服务方案为结束标志。会谈交流之前有会谈准备，会谈交流之后有律师团队的代理评估和代理函件。这 5 个步骤分别是：第 1 步客户联系、第 2 步会谈准备、第 3 步会谈交流、第 4 步代理评估、第 5 步代理函件。

有些案件经客户联系之后，直接进入了第 6 步办理委托步骤，跳过了第 2 步至第 5 步。这种情况的客户大多是法律顾问单位、老客户或其他了解律师团队的客户。也有些案件在会谈交流过程中直接进入第 6 步办理委托，跳过了第 4 步至第 5 步，代理评估工作融入会谈交流步骤之中，律师团队在案件代理前也无须再发送代理函件。这种情况一方面取决于会谈交流的效果，另一方面也取决于客户的办事习惯及内部决策程序。当然，上述两种快捷顺畅的程序是律师团队乐意看到的，与流程管理所追求的效率原则相吻合。

有些案件，尤其是重大案件或复杂疑难案件，在办理委托前需要律师团队与客户进行两三次交流和会谈，甚至反复交流与会谈，不断重复第 2 步至第 5 步的相应步骤。

（二）办理委托和登记建档

第二个小阶段从第 6 步至第 8 步，是办理委托和登记建档阶段。这一个小阶段是律师团队代理工作正式启动的标志。即律师团队和客户经过交流就委托事项达成一致后，律所和客户签订委托代理合同，明确各自的权利义务。之后，律师团队正式开展代理工作，确定代理团队工作人员，确定各自的分工，建立案件档案。这 3 个步骤分别是：第 6 步办理委托、第 7 步确定团队、第 8 步登记建档。这 3 个步骤是必备步骤，在任何案件中都不能省略。

三、案件委托阶段的 PDCA 循环分析

从律师团队与客户之间相互关系的角度来看，在全案流程的 PDCA 循环中，案件委托阶段属于全案流程的 P 阶段，即计划阶段。P 阶段的主要工作是查找问题、分析原因、查找主要原因、制订计划和对策。事实上，案件委托阶段的主要工作是：律师团队和客户共同查找案件问题、分析案件问题、制订初步的诉讼方案、制订初步的代理工作计划；双方就上述问题进行会谈和交流；在达成一致后，客户最终委托律师事务所代理案件。因此，从全案流程的 PDCA 循环来分析，第 3 步会谈交流和第 6 步办理委托是本阶段的关

键步骤和中心环节。

从 PDCA 大环套小环的特点分析，就案件委托阶段内部的 PDCA 循环来看，第 1 步客户联系可视为委托洽谈的计划阶段，即 P 阶段。第 2 步会谈准备、第 3 步会谈交流、第 4 步代理评估和第 5 步代理函件可视为委托洽谈的执行阶段，即 D 阶段。第 6 步办理委托可视为委托洽谈的检查和提升阶段，即 C 阶段和 A 阶段。

四、案件委托阶段的团队分工

案件委托阶段可以综合发挥好律师团队的客服人员、行政人员、秘书、助理的作用，提高整个团队的工作效率。团队负责人或主办律师的工作主要集中在会谈交流这一步骤，在其他步骤一般只负责组织、指导、检查或安排，而不是具体承办。

第 1 步客户联系可由律师团队的客服人员、助理为主承办。如果客户直接联系团队负责人或主办律师，团队负责人和主办律师一般应继续跟踪，但可以安排团队其他人员予以协助。

第 2 步会谈准备应由律师团队的律师助理或行政人员做主承办，团队负责人听取准备工作的汇报。当然，参与会谈的团队负责人或主办律师自己也应当在律师助理准备的基础上做好相应的预备工作。

第 3 步会谈交流应当由团队负责人或主办律师负责。团队助理、辅办律师应当予以协助，客服人员、行政人员根据需要也应当予以协助。

第 4 步代理评估应当由团队负责人或主办律师组织，并作出具体决定。团队助理和团队秘书应做好记录，并做好协助和补充。

第 5 步代理函件应当由团队助理和团队秘书准备，由团队负责人和主办律师审定，也可以由主办律师直接准备。

第 6 步办理委托应当由团队秘书或团队行政人员办理。

第 7 步确定团队应当由团队负责人确定，并由团队负责人与团队外部人员协商好分工。

第 8 步登记建档应当由主办律师指导团队助理和团队秘书办理。

五、案件委托阶段的法律文书模板

（一）团队介绍

1. 律师事务所宣传册的纸质版、电子版；

2. 律师团队宣传册的纸质版、电子版（区分不同的法律服务产品）；

3. 团队负责人介绍的纸质版、电子版（区分不同的法律服务产品）；

4. 团队介绍的 PPT（区分不同的法律服务产品）；

5. 团队业绩的纸质版、电子版（代表性案件的判决书，区分不同的法律服务产品）；

6. 律师事务所的地址（含交通方式）；

7. 律师团队联系方式的微信版、短信版。

（二）会谈交流

1. 会谈交流 PPT 样本；

2. 会谈记录；

3. 会谈备忘录。

（三）代理函件

1. 代理函件的电子版（区分不同的法律服务产品）；

2. 报价函的电子版。

（四）委托代理合同

1. 委托代理合同（区分商事仲裁、民商事诉讼、一审、二审、再审；区分固定收费、全风险收费、半风险收费）；

2. 风险告知书；

3. 非诉授权委托书。

（五）诉讼团队案件登记表

（六）律师工作记录表

第二节　客户联系和委托洽谈

客户联系和客户洽谈流程具体可分为六步，如图 5.2 所示：

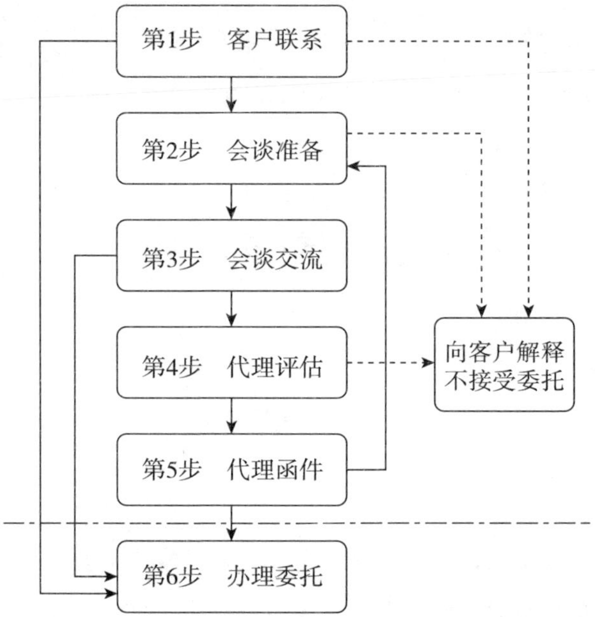

图 5.2　客户联系和客户洽谈流程

第 1 步　客户联系

（一）客户联系的步骤分解

客户联系是案件流程管理的起点，是团队业务发展的前提和基础。为规范这一步骤的工作，我们可以将这一步骤进一步分解为 4 个阶段（见图 5.3）。

图 5.3　客户联系步骤分解

1. 推荐或查找

客户在与律师团队联系之前必定有他人推荐的过程或客户自己查找的过程。推荐和查找是律师团队的案件来源，即我们常说的案源。常见的案源包括以下几种：（1）老客户或老客户推荐；（2）律师同行推荐；（3）新客户自己查找；（4）合作伙伴推荐；（5）朋友推荐等（见图 5.4）。这五种案源我们会在本步骤第二部分内容中逐一探讨。

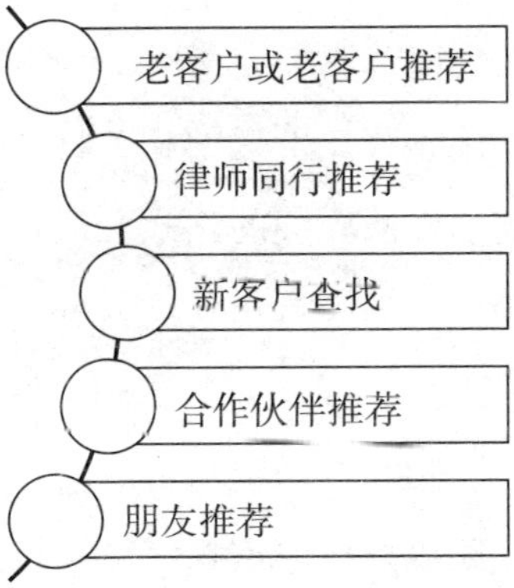

图 5.4　案源（推荐或查找）分解

为方便老客户、同行、合作伙伴或朋友的推荐，可以应他们的请求，根据纠纷的类型，将团队或团队负责人相应介绍材料发送给他们。老客户、同行、合作伙伴或朋友向客户发送介绍材料，比本团队或团队负责人自己直接发送介绍材料更能引起客户的注意和重视。

2. 客户联系

客户经推荐后，或客户在查找相关信息后，主动与律师团队联系。在联系过程中，律师团队要注意以下几点：

（1）要了解纠纷的基本情况、了解客户的基本需求。

（2）要了解客户的基本情况，记录好客户的联系方式。

（3）在初步判断可能成为本团队的代理案件时，可以建议客户提供相关材料，如客户书写的案件情况介绍或案情说明、合同、一审判决书、二审判决书等初步材料。

（4）如果不属于本团队的法律服务领域，在征求客户同意的情况下，可以为客户推荐该领域的同事或其他专业上可以信任的同行。

（5）如果不属于律师业务服务的范围，则向客户作出合理的解释，并热情、善意地提出相关建议。

（6）对部分案件，如果没有必要提前进行材料审查，则可以和当事人约定具体的会谈时间，直接进入下一个流程步骤。

3. 前期材料接收和审查

在与客户联系之后，接收客户发送的相关材料。前期接收材料的目的是对纠纷有一个初步的了解，方便后续的正式会谈。前期接收材料和审查时要注意以下几点：

（1）接收材料的方式应尽可能灵活，可以以客户习惯的方式或客户选择的方式为准，如微信、电子邮件、快递、当面递交等方式。

（2）接收材料时应当明确具体的审查回复时间，方便下一步联系和交流，也方便客户的时间安排。

（3）如果客户直接联系团队负责人或主办律师，团队负责人或主办律师审查材料时，可以安排团队助理或秘书进行协助，要求其整理相关案件事实，提出初步审查意见。

（4）在约定的时间内及时审查相关材料。

（5）会谈前审查的主要目的是对案件形成一个初步的判断，方便进一步的会谈和案件评估，因此，会谈前的审查只是一个初步审查，要满足快捷的要求。

4. 约定会谈

阅看完客户前期的材料后，及时回复客户。对团队可能代理的案件，可以和客户约定进行会谈交流。约定会谈交流时要注意以下几点：

（1）确定会谈时间。为提高效率，约定的时间要明确具体，而不应是大概的时间或模糊的时间。比如，不应是“周三”或“周三上午”，而应当是“本周三上午十点”。最好由律师确定时间，而不是由客户任意选择时间。如果客户确实繁忙，可以提供律师团队两个左右的时间点供客户选择。如果客户异地出差到律师事务所进行面谈，则尽可能结合客户的行程安排来确定会谈时间。

（2）确定会谈地点。会谈交流的地点一般应安排在律师事务所办公室。这一方面方便律师团队提高工作效率，方便律师团队对会谈进行必要的准备，另一方面也方便客户对律师事务所和律师团队的了解，加深客户对律师事务所和律师团队的印象，使客户“眼见为实”。当然如果是老客户、法律顾问单位或其他特殊情形，会谈地点也可以灵活安排。确定好会谈地点后，最好以微信或短信或邮件的方式将会谈地址发送给客户。

（3）预先告知客户需要准备的材料。为提高会谈效果，建议客户提前整理好相关案件材料，如有必要，可以建议客户事先做好材料的复印工作。

（4）了解客户拟参加会谈的人员。为方便会谈的准备，可向客户告知律师团队拟参加会谈的人员，律师团队也应当了解客户拟参加会谈的人员名单及相应的职务。

（5）对部分案件，如部分老客户的案件、部分互联网方式联系的案件、部分外地同行推荐的案件，办理委托前可能不需要和客户以当面会谈的方式进行交流，通过电话、微信或邮件的方式交流，即可以直接办理委托手续。

（二）案源（推荐或查找）分解

如前所述，律师团队的案源对律师团队的业务发展至关重要，它来自他人的推荐或客户的查找。律师团队有五种常见的案源，每一种案源都很重要，下文将逐一探讨。

1. 老客户或老客户推荐

律师团队曾经服务过的客户或正在服务的客户，基于对律师团队以前工作的肯定，以及对律师团队的信任，在纠纷发生时，再次选择律师团队提供服务。信任减少了双方的交流成本，而再次合作又进一步增强了双方之间的信任。彼此信任和相互合作是律师团队与客户“双赢”的选择。

老客户满意律师团队的服务后，基于其对律师团队的信任，老客户向他的合作伙伴、同行或朋友推荐律师团队。客户对律师团队的推荐在某种程度上是客户对律师团队服务品质的背书，这是客户对律师团队最大的认同，也是客户给予律师团队最高的荣誉。

老客户继续选择律师团队，并在其行业或圈子内推荐律师团队，有助于律师团队在某一行业内，或在某一法律服务领域快速形成品牌效应。实现从客户到客户的循环。

从客户选择律师团队，到律师团队服务好客户，再到客户推荐新的客户，形成从老客户到新客户的循环，这是案件流程管理成功的标志，也是案件流程管理追求的目标。

2. 律师同行推荐

律师团队另一个重要的案源是律师同行的推荐。律师同行的推荐包括本所律师同行的推荐，也包括外所律师同行的推荐；包括本地律师同行的推荐，也包括外地律师同行的推荐。

律师同行的推荐建立在两个基础之上：第一，律师团队的专业优势。律师团队的专业化建设，律师团队的法律服务产品定位，都有利于树立律师团队的专业品牌和专业优势。第二，律师团队在同行中的认同度和信誉度。

随着律所规模化的发展，随着通信和交流便捷化的提升，律师同行之间的合作将越来越突出，律师同行的推荐将成为律师团队最重要的案源之一。

3. 新客户查找

随着信息时代和网络时代的到来，客户查找律师将变得非常便捷。律师团队在某地法院取得一份具有典型意义的胜诉判决，或者参加一次成功的庭审，很可能就会在互联网上迅速传播。客户很容易通过网络查找到律师团队的业绩，查找到律师团队的介绍，甚至检索到律师的学历背景、工作背景、专业背景及以往业绩。因此，新客户直接查找律师团队的比例在大幅度增加。即使部分客户经他人介绍拟联系某一律师团队，在联系之前他可能也会在网上了解该律师团队的基本情况。

4. 合作伙伴推荐

律师团队另一个稳定的案源是与某一平台、某一社团或某一单位建立合作伙伴关系。律师团队为该平台提供法律服务支持和其他支持，该平台、社团或单位将相应的法律服务推荐给律师团队。律师团队从合作伙伴取得案源的前提包括：第一，律师团队良好的专业服务和品牌信誉；第二，律师团队和平台的互利共赢、相互信任。

5. 朋友推荐

律师团队的另一案源是朋友的推荐。即了解律师和律师团队的熟人、朋友向律师推荐案源。这是律师获取案源的传统模式，随着律师专业化的发展，随着互网络时代的来临，随着社会观念的转变，这一传统模式正在受到越来越大的挑战，它占律师团队案源的比例在不断下降。

（三）客户联系中执业风险的预防

客户联系步骤中的风险是律师执业的主要风险之一。律师团队要避免这方面的风险必须全面遵守中华全国律师协会 2018 年 1 月颁布的《律师业务推广行为规则（试行）》。

依据《律师业务推广行为规则（试行）》，律师或律师事务所发布律师个人广告或事务所广告，建立、注册和使用网站、博客、微信公众号、领英等互联网媒介，印制和使用名片、宣传册等具有业务推广性质的书面资料或视听资料，出版书籍、发表文章，举办、参加、资助会议、评比、评选活动，这些行为均视为律师的业务推广。

律师业务推广的内容应当真实、严谨，方式应当得体、适度，不得含有误导性信息，不得损害律师职业尊严和行业形象。律师个人发布的业务推广信息应当醒目标示律师姓名、律师执业证号和所任职的律师事务所名称。律师事务所发布的业务推广信息应当醒目标示律师事务所名称、执业许可证号。

如果律师和律师事务所推广信息中载有荣誉称号的，应当载明该荣誉的授予时间和授予机构。律师和律师事务所不得自我宣称或者暗示为公认的某一专业领域的专家或专家单位。

律师和律师事务所不得虚假、误导性或夸大性宣传；不得明示或暗示与司法机关、政府机关、社会团体、中介机构及其工作人员有特殊关系；不得贬低其他律师事务所或律师，不得与其他律师事务所、其他律师之间进行比较宣传；不得承诺办案结果；不得宣示胜诉率、赔偿额、标的额等可能使公众对律师、律师事务所产生不合理期望；不得明示或暗示提供回扣或其他利益；不得在非履行律师协会任职职责的活动中使用律师协会任职的职务；不得使用中国、中华、全国、外国国家名称等字样，或者未经同意使用国际组织、国家机关、政府组织、行业协会名称。

律师和律师事务所不得采用艺术夸张手段制作或发布业务推广信息；不得在公共场所粘贴或散发业务推广信息；不得电话、信函、短信、电子邮件等方式针对不特定主体进行业务推广；不得在法院、检察院、看守所、公安机关、监狱、仲裁委员会等场所附近以广告牌、移动广告、电子信息显示牌等形式发布业务推广信息。

律师、律师事务所不得以支付案件介绍费、律师费收入分成等方式与第三方合作进行业务推广。

第2步 会谈准备

（一）会谈准备的重要性

只要有会谈的安排，会谈准备就是必不可少的步骤。会谈准备是工作严谨的要求，也是对客户负责的表现，会在很大程度上影响会谈的效果，也会影响案件委托的成功率。

会谈准备是律师团队分工和合作的重要步骤，可以很好地实现标准化管理和程序化管理。

（二）会谈准备的步骤分解

会谈准备又可以被细分为 6 个阶段，如图 5.5 所示：

图 5.5 会谈准备步骤分解

1. 了解客户

了解客户的基本情况，包括注册资本、经营规模、业务领域、企业性质、组织构架、以往纠纷的处理情况等。了解客户拟参加会谈人员的基本情况。

2. 了解案情

了解案件的基本情况，包括纠纷相对方的情况、双方原审的代理律师、产生纠纷的基本事实、争议焦点、原审判决、纠纷对双方当事人可能造成的影响等。

3. 利益冲突检索

随着律所规模化的发展，利益冲突问题也越来越突出。冲突检索是案件正式洽谈前的必备程序。如果不预先进行利益冲突检索，很有可能在接洽后遇到不能代理的尴尬局面，浪费律师团队和客户的宝贵时间，而且给律师事务所带来利益冲突风险。

判断案件是否构成利益冲突的主要依据是中华全国律师协会 2017 年修订的《律师执业行为规范》，该规范第 49 条至第 53 条规定了律师事务所和律师的利益冲突审查。

律师事务所应当建立利益冲突审查制度。根据利益冲突的程度的不同，对应的回避要求也不同。

第一类利益冲突是直接利益冲突，规定在《律师执业行为规范》第 50 条和第 51 条。在这两条规定的情形中，无论当事人是否同意，律师和律师事务所均不得与当事人建立或维持委托关系。其中，第 50 条规定，律师与委托人存在利害关系或利益冲突，律师应主动回避，不得承办该业务。第 51 条规定了 8 种回避情形，在这八种回避情形下，律师和律师事务所都不得与当事人建立或维持委托关系。这八种情形中最常见的回避情形是，在民事诉讼、行政诉讼和仲裁案件中，同一律师事务所的不同律师不得同时担任争议双方当事人的代理人。

第二类利益冲突是间接利益冲突，规定在《律师执业行为规范》第 52 条和第 53 条。在这类利益冲突中，律师应当告知委托人利益冲突情形，并主动提出回避，但委托人同意律师代理或继续承办的，律师可以继续代理。第 52 条规定了六种回避情形，其中最常见的回避情形是同一律师事务所不应接受正在代理的诉讼案件或者非诉讼业务当事人的对方当事人所委托的其他法律业务。这种回避情形有两种具体情形：一是正在代理本方当事人的法律事务，即律师事务所正在代理本方当事人的诉讼或非诉讼业务，包括提供诉讼代理、提供仲裁代理、担任法律顾问或提供专项法律服务；二是在代理本方当事人的案件或业务时，代理对方当事人的其他法律业务。在这类回避情形中，如果这两起案件的委托人都同意律师代理或继续承办，在这两起案件的委托人都签署书面的知情同意书后，律师才可以代理和继续承办，否则不能接受对方当事人的其他法律事务的委托。

如果案件不需要经过会谈准备步骤或会谈交流步骤，经过客户联系后就直接进入办理委托环节，则在办理委托前，律师团队也应当进行利益冲突检索。

如果存在利益冲突，律师团队就应当及时终止与客户的委托洽谈，向客户作出合理的解释和说明。已经接收了客户纸质材料的，及时将材料退回给客户，同时在律师事务所内外都要做好相关信息的保密工作。

4. 案件分析和准备

经过利益冲突检索后，律师团队最主要的准备工作是进行案件分析和准备。包括对案件进行事实分析、法律分析、证据分析、风险评估、方案分析、法律服务收费方案分析、确定需要补充的材料及进一步介绍的事实等。该部分准备工作下文相关部分会进一步进行分解与探讨。

5. 会谈材料准备

会谈准备的另一个主要工作是会谈材料准备。对不同类别的案件，对不同类型的当事人，会谈准备的材料也不完全相同。一般需要准备的材料包括律师事务所介绍及宣传册、律师团队介绍及宣传册、法律服务产品介绍及宣传册、会谈交流的 PPT 等。

随着无纸化办公的普及，上述律师事务所、律师团队和法律服务产品的介绍及宣传册一般只需要提供电子版，但也应当预备相应的纸质版，在客户需要时，可以及时提供纸质版介绍和宣传册。

对律师团队和律师的介绍应当有不同的版本。针对不同类型的案件，介绍内容应当有不同的侧重点，最好结合案件的类型，突出该专业领域的业绩。笔者团队的主要业务领域是商事诉讼和商事仲裁，商事诉讼领域又在商事再审、股权纠纷、基金纠纷、工程纠纷等方面业绩较为突出，因此，笔者对上述不同业务和客户分别准备了不同版本的介绍。如对商事再审案件，会重点介绍团队在最高人民法院及各高级人民法院的再审业绩；又如对商事仲裁案件，会重点介绍团队在中国国际经济贸易仲裁委员会、北京仲裁委员会及其他仲裁机构的业绩。

一般情况下，团队应为会谈提前准备好 PPT。初次会谈交流的 PPT 可以包括律师事务所的介绍、团队及承办律师的介绍、案情分析等内容。律师事务所的介绍最好突显律师事务所的特点，如律师事务所的专业优势、团队优势、平台优势、总所和分所的协同优势等。承办律师的介绍最好突显律师的知识背景、工作经历和以前相同领域的业绩。考虑到初次交流，对案件的事实没有完全了解，因此案件的分析应当相对原则化，应当遵循谨慎的原则。为提高交流的效果，PPT 应尽量可视化，多用数据和图表来说话，少用纯文字的表述。

6. 会务准备

团队行政人员要做好会务准备，提前预订好会议室，提前通知团队参会人员，在会谈前一天再次与客户的联系人员确认，提前将会谈时间、会谈地点等信息发送给客户的联系人员。

（三）案件分析的分解

案件分析是会谈交流前的主要准备工作。会谈前的案件分析虽然包括事实分析、法律分析、证据分析、风险评估、方案分析、法律服务收费方案分析、确定需要补充的材料及进一步介绍的事实等（见图 5.6），但律师团队在会谈交流前的分析不同于律师团队接受委托后对案件所作的详细分析和论证。一方面，会谈前的分析是可能在案件事实不完全清楚的情况下或案件材料还不完整的情况下所作的分析；另一方面，会谈交流前分析的目的是方便双方的会谈交流，而不是最终确定案件代理方案，因此会谈交流前的分析虽然从事实、证据、法律、风险和方案等不同方面展开，但都只是原则性分析，这样的分析，应当满足原则性和高效性的要求。

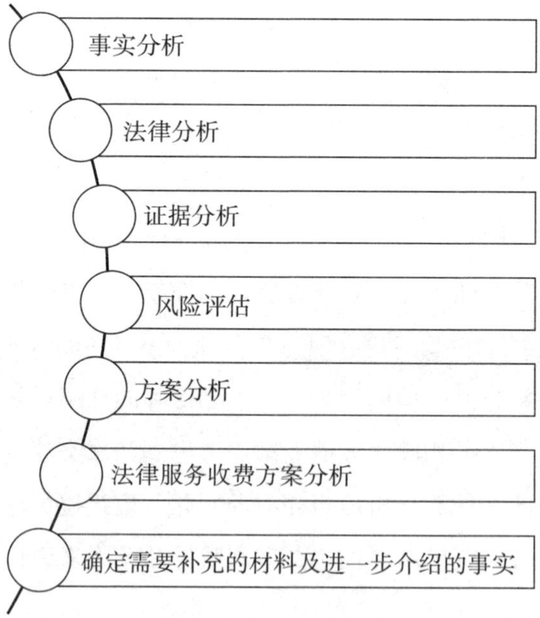

图 5.6　案件分析组成

1. 事实分析

了解案件的基本事实，了解双方当事人在案件事实认定方面的争议焦点。必要时使用法律关系图、案件事实一览表、时间轴等工具对案件事实进行可视化整理。如果案件已经经过一审或二审，可以在原一审判决或二审判决的基础上结合当事人主张的事实进行整理。

2. 法律分析

了解案件的法律适用争议，检索相关案例。

3. 证据分析

了解双方当事人的证据，如果案件已经发生一审或二审，了解一审和二审中已经提交的证据，了解原审中未提交的证据，了解可能提交的新证据。

4. 风险评估

对案件的主要风险点进行分析，初步分析判断案件的关键点及难易程度。

5. 方案分析

分析不同的诉讼方案，对不同的诉讼方案进行比较和评估。

6. 法律服务收费方案分析

根据案件的情况和客户的情况，团队内部就法律服务收费方案进行预先评估和准备。

7. 确定需要客户补充提交的材料及进一步介绍的事实

根据上述分析，具体确定在会谈交流时要求客户对哪些材料进行补充，要求客户就哪些暂不清楚的事实作进一步的介绍和说明。

（四）会谈准备中的团队分工

要做好会谈准备，必须安排好团队内部的分工。会谈准备的大部分工作可以由律师助理和行政人员来完成。了解客户、了解案情、冲突检索、案件分析、会谈材料准备等方面的工作可以由律师助理承办。会务安排可以由团队行政人员承办。团队负责人或主办律师作为会谈交流的负责人和主谈律师，应当在律师助理准备的基础上，对案件分析的工作进行指导和确认，确定具体的参会人员，确定各参会人员的分工。当然，作为主谈律师的团队负责人或主办律师必须在律师助理准备的基础上，阅看全部材料，熟悉基本案情，对案件进行全方位分析，准备好相应的会谈思路。

第 3 步 会谈交流

（一）会谈交流的步骤分解

会谈交流是案件委托阶段的中心环节，是团队负责人或主办律师在案件委托阶段需要主导并重点参与的工作。会谈交流的主要目的是促进客户和律师团队之间的相互了解、建立客户和律师团队之间的信任，会谈交流也有助于律师团队对案件情况的了解，有助于律师团队对客户需求的了解，有助于律师团队和客户协商确定合适的委托代理方案。我们可以对会谈交流的过程作进一步的分解（见图 5.7）。

图 5.7 会谈交流步骤分解

1. 客户介绍案情

客户介绍案情一般应是会谈交流的起始程序。律师团队重视这一程序有几个重要的理由：

（1）倾听客户介绍案情是全面了解案情的需要。律师团队的成员虽然事前已经阅看了客户提供的材料，但这些材料可能并不全面。客户当面对案情的介绍，可能会提及新的材料，这些材料律师团队事前可能并不了解。另外，客户的当面介绍能传递许多材料以外的信息，使律师团队更好地了解纠纷的前因后果，更全面地了解和把握案情。

（2）倾听客户介绍案情是进一步了解客户的需要。通过倾听客户对案情的介绍，可以更好地了解客户，了解客户的心态、客户的顾虑、客户的困难、客户的个性、客户的办事风格以及客户对案件的期待，从而有利于律师团队提出更符合客户实际需要的法律服务方案。

（3）倾听客户介绍案情是法律职业严谨的需要。仔细倾听客户的介绍，全面了解案情，全面探究案件事实和证据线索，这既是法律职业严谨的需要，也是律师团队敬业的表现。

（4）倾听客户介绍案情是尊重客户的需要。耐心倾听客户的介绍是对客户的尊重，对出差到律师事务所面谈的客户，尤其应当注意倾听。从心理学上分析，当客户面对法律困扰时，仔细倾听客户的介绍，不仅能加深客户和律师团队之间的信任，而且也能帮助客户整理好思路、减轻客户的焦虑、增加客户的信心。

当然，倾听客户的介绍也应当注意一定的技巧：

（1）如果客户的介绍过于受情感左右，过于偏离案件事实，则可以策略性地、礼貌性地提示和引导客户，可以通过适当的提问来引导客户。

（2）担任主谈律师的团队负责人或主办律师要注意与客户保持适时的目光交流，不仅要注意倾听客户的口头言语，也要注意客户的肢体语言，要注意对整个交流会场的掌控。

（3）倾听时要做好记录，主谈律师的记录要求和律师助理的记录要求并不相同。主谈律师重点要放在倾听、交流和对会场的掌控，主谈律师一般只记录要点，或只进行简要的记录，而负责会谈记录的律师助理要尽可能做全面的记录。当然负责记录的律师助理也不能在会谈中全部时间都埋头记录，完全放弃目光的交流。

（4）团队负责人或主办律师倾听时最好有适当的互动，如适时轻微地点头互动，或在客户较长时间的介绍中进行一两句阶段性的概括总结，或对不明白的事实让客户做进一步的说明，也可以结合在会谈准备阶段事先准备的问题，让客户做进一步的说明。

2. 客户介绍需求

在客户介绍案情后，对有些案件可以结合案情、结合客户的情况，主动询问客户对律师团队的具体要求，如保全要求、时间要求、权利主张要求、承办律师安排要求、律师费用方面的要求等。但并非所有的案件都有必要提出这样的问题，也并非所有的案件都合适提出这样的问题。

在客户作了介绍后，如果客户团队的其他人员还没有发言，可以礼貌性地征求意见，询问未发言的人员就事实方面有无补充。主谈律师对客户的介绍作肯定性的总结后，再开展下一阶段律师团队的介绍和分析。

3. 团队介绍

在客户介绍案情和需求后，一般由主谈律师介绍律师事务所和律师团队。主谈律师介绍时，可以结合前期准备的 PPT 介绍，具体要注意以下几点：

（1）介绍律师事务所时一般应结合律师事务所的特点来介绍，介绍律师团队时一般要结合律师团队的业绩来介绍。具体可以参考前文中会谈准备步骤里的 PPT 准备部分。

（2）介绍时要展现律师事务所和律师团队的优势，但不可过于自我肯定，语气要谦和，内容要客观，要尽可能用数字说话，尽可能借用第三方的评价说话。

（3）对律师团队的介绍最好切合案件特点和客户需求。如果主谈律师对律师团队的介绍与客户对案情的介绍相呼应，则会起到很好的效果。

（4）介绍时要详略得当，视实际情况灵活安排。如果该客户是由老客户推荐的，或者客户对团队在某些方面的业绩已经有所了解，则对这方面的情况适当提及即可，不应该再做过于详细的介绍。

4. 案件分析

在介绍律师团队后，应对案件进行简要分析。具体可以参考前文中会谈准备步骤里的案件分析部分。进行案件分析时要注意以下几点：

（1）对事实方面的分析要简要，要有一定的灵活性，在没有对案件事实进行彻底了解以前，不能过于肯定地下结论。

（2）对法律方面的分析和对方案方面的分析应当思路清楚。要结合客户的需求来分析，要结合案件的关键点来分析。当然，会谈交流时的分析应当停留在原则层面上。在客户没有办理委托以前，不能将律师团队的工作成果无保留地交付给客户。

（3）可以明确客户今后要做的工作，可以明确律师团队能为客户分担的工作。

5. 法律服务收费介绍

在明确今后开展的工作以后，可以介绍律师团队开展工作的程序。即签约、确定承办人员和开展工作的先后程序。可以结合案件的情况和客户的情况提出法律服务收费的大概原则，不要回避律师事务所的收费问题，但在没有确定客户有强烈的委托意愿前，不宜提出具体的收费方案。

6. 材料交接

在会谈之后，如果能确定签约，可以直接办理委托。如果暂时不能签约的，可以给客户留一段准备时间，律师团队和客户应当确定下次联系的时间及各自要进一步落实的事项。双方人员在结束会谈时，可以办理材料交接。律师团队一般不应当接收客户材料的原件。

（二）会谈交流的礼仪

会谈交流的礼仪非常重要，包括会议室布置礼仪、接待礼仪、服装礼仪、介绍礼仪、会谈礼仪、结束会谈礼仪等。会谈交流的礼仪要体现出律师团队的规范和专业，要体现出律师团队对客户的尊重与热情。

1. 会议室布置礼仪

会议室大小要适中，要干净、整洁，最好能体现出律师职业的特点和律师事务所文化的特点，但不应陈列或存放多余的物件。要特别注意，会议室不应当悬挂或摆放任何宗教的图画或物件。

行政人员要提前准备和调试好相关播放设备，预备好茶水、咖啡，夏天要同时准备热水和凉水。根据会谈的人数提前摆好座位。一般要将面向进门一侧的座位或面向窗外景色一侧的座位预留给客户。如果座位排列的方向和进出门的方向一致，而且没有朝向窗外景色的座位，一般应将右侧的座位预留给客户。

2. 接待礼仪

客户到律师事务所前台后，一般应由律师助理或行政人员迎接并引导到会议室。引导人员应当遵循规范的引导礼仪。客户到会议室后，律师助理或行政人员要主动请客户就座，并为客户准备好茶水。如果是客户的负责人前来交流，且前期是由团队负责人或主办律师与客户直接进行联系，也可以由团队负责人或主办律师亲自到前台迎接客户。如果是合作律师引荐的客户，一般应由合作律师迎接并引导客户。

3. 介绍礼仪

主谈律师和客户都到会议室后，一般应由客户方先作介绍或先介绍客户方的人员，客户方介绍时，主谈律师要一一致意，主动交换名片。客户方介绍完毕后，主谈律师要对律师团队成员逐一介绍。被介绍的人员应及时会意。如果是合作律师引荐的客户，一般由合作律师分别对双方人员进行介绍。

4. 服装礼仪

律师团队所有参加会谈的人员都应当着正装。男士一般应着深色西服、浅色衬衫、黑色皮鞋和合适的领带。女士一般应着职业正装。参会人员都应准备笔记本、笔、纸张和相关案件材料，笔记本应当是律师事务所或律师团队统一使用的笔记本。一般来说，在案件办理委托以前，会议内容应当记录在笔记本上，在案件正式办理委托后，会议内容应当记录在空白的A4纸上或律师事务所专用的纸上，以方便将会谈记录作为案件材料一并保管和装卷。笔最好是律师团队统一使用的笔。负责记录的律师助理还应当同时准备好电脑。

5. 会谈礼仪

交流时，团队全体人员都应当集中注意力，手机应置于静音状态。主谈律师如确因紧急事务需接听电话时，应先向客人致以歉意，并尽量在短时间内结束通话。其他人员一般不应在会谈时接听电话，也不应中途离席。交流时要注意倾听，对客户的不同观点或错误观点，不要与客户争辩。必要时，可以比较委婉地说明。

主谈律师在尊重客户的情况下，要自始至终主导和调控会议的节奏。参与交流的团队其他成员，未经主办律师的会意不要发言，更不能打断主谈律师或客户的发言。

6. 结束会谈礼仪

会谈结束前，要简要地对会谈进行肯定性总结，对后续事务进行约定或安排。无论客户是否当即决定委托，也无论客户是否流露出委托意向，都应当有耐心和热心。会谈结束后，一般应由主谈律师和一位团队成员将客户送至电梯口或门口。未正式办理委托前，一般不要和客户共同用餐。如果是外地客户或因其他原因，需要律师团队和客户共同用餐，一般应当由团队行政人员对餐饮进行安排，要避免由客户支付餐饮费用。

（三）会谈交流的基本要求

会谈交流要满足以下几点基本要求：

1. 真诚

真诚是对律师、律师团队和法律职业的基本要求。律师对任何客户都应当真诚，不能在客户面前故弄玄虚或夸夸其谈。要坦诚面对每一个客户，对每一个客户都应当和蔼和热情。要有同情心，要体贴客户的难处和困扰，要能站在客户的角度考虑问题。真诚不应当仅停留在口头上，而更应当让客户在每一个细节中感受到律师团队的真诚，体会到律师团队的真诚。

当然，真诚并不是在签约前律师团队将自己宝贵的工作成果免费提供给客户。因为律师团队真诚，所以律师团队也期望客户能尊重律师团队的时间，能尊重律师团队的智力成果。

2. 专业

专业也是对律师团队的基本要求。团队的每一个成员都应体现其专业、勤勉、严谨。对案情的分析、对法律的分析、对材料的准备、对会议的安排，都应当体现团队的专业、勤勉和严谨。

3. 决断

决断是信心的体现，也是坚定、意志和力量的体现。客户受到法律问题困扰时，需要的就是信心、坚定和力量。决断不仅是对一个成功法律人基本的品性要求，也是律师团队取得客户信任的重要前提。

第4步 代理评估

（一）代理评估的目的

律师团队和客户会谈后，一般应对案件是否具有代理价值进行评估。代理评估工作一般由会谈时的主谈律师独立进行，也可以由主谈律师和律师助理一起讨论进行。

代理评估的目的主要有三个方面：第一，确定案件是否有代理价值，律师团队是否要选择参与代理；第二，确定先前进行的案件分析是否要调整或完善，先前的代理方案是否要调整或完善；第三，法律服务收费方案是否要调整或完善。

（二）案件代理价值评估的主要内容

案件是否具有代理价值，律师团队是否要选择参与代理，主要从以下几个方面进行评估和考虑。

1. 案件诉讼价值评估

对没有诉讼价值的案件，即使客户愿意委托，也不应接受委托。比如，已过了诉讼时效的案件、暂时没有找到证据的案件、在法律上难以得到支持的案件，对这些案件律师团队一般应当不再参与代理。

申请再审的案件、申请法律监督的案件、申请撤销仲裁裁决的案件，一般难度都比较大，经律师团队审查、经与客户会谈交流，如果确实没有继续诉讼的价值，一般也不宜参与代理。

2. 客户与律师团队委托关系评估

客户与律师团队的基本关系应是客户信任律师团队，律师团队忠诚于客户，充分利用自己的法律知识和专业技能最大限度地维护客户的合法权益。

如果客户不尊重法律，不尊重律师团队，则律师团队应当拒绝接受客户的委托。比如，客户对法律毫无信心，不是要求律师提供专业的法律服务，而是另有所图，则律师团队应当拒绝接受客户的委托。又如，客户不尊重律师作为代理人的法律定位，要求律师对案件作出承诺和保证，则律师团队也应当拒绝接受客户的委托。

3. 律师费评估

客户对律师团队尊重的另一个表现是客户及时与律师团队签约，并愿意承担和支付合理的律师费。

如果客户只是反复咨询或反复要求面谈交流，但却没有委托签约的意向，对这些客户律师团队应拒绝继续洽谈。

另外，客户如果想委托律师办理相关业务，但却不愿意承担基本的律师费，或虽有较强的付费能力，但却要刻意降低合理的律师费，律师团队也应当拒绝接受客户的委托。

如果客户一次性全额支付律师费确实很困难，根据案件情况，可以考虑分阶段支付律师费、半风险代理或者全风险代理等律师费支付方案。灵活决定是否参与代理。

如果客户通过借款的方式筹措律师费，律师团队接受客户的委托时应当更加谨慎，必要时可以建议客户选择收费相对较低的律师代理，或建议客户作其他安排。

（三）律师团队不宜代理的案件

综合上述分析评估，结合律师职业的定位和要求，下列几类案件，律师团队应当拒绝代理或委婉谢绝客户的委托：

1. 已经确认继续诉讼毫无价值的案件；

2. 企图借助诉讼或律师团队牟取不合法利益的案件，如套路贷案件、信息数据非法买卖形成的债权的案件；

3. 客户抱有不切实际的目标，仍固执己见，不接受律师建议的案件；

4. 客户不尊重律师职业、不尊重律师团队、不尊重律师的案件代理工作，如要求律师承诺办案结果的案件，如要求律师开展法律以外不正当工作的案件；

5. 不愿意真诚签约的案件；

6. 客户有支付能力但不愿意支付合理律师费的案件。

第 5 步 代理函件

（一）代理函件的重要性

在会谈之后，正式签约之前，相当一部分客户会请求律师团队向其出具书面的函件。如果客户提出这方面的请求，或者律师团队认为有这种必要，则应当及时给客户出具代理联系函件（以下简称代理函件）。代理函件主要有以下几方面的作用：

1. 对会谈交流工作或双方前期联系工作进行总结

双方进行了会议交流，或双方进行了前期的交流和联系后，律师团队可以通过律师工作函的方式对前期的联系工作进行总结。

2. 对案件进行分析和建议

通过书面函件，可以对案件进行分析，并就诉讼方案提出相应的建议，以体现律师团队的严谨和专业。

3. 方便客户就委托律师事务进行决策

就法律服务方案提出书面建议，方便客户单位内部讨论，也方便客户就选聘律师事务进行决策。

（二）代理函件的内容

签约前的代理联系函件一般取名为律师工作函或律师工作备忘，不宜直接取名为代理工作函或代理联系函。取名为代理工作函或代理联系函，会显得比较商业化。

代理函件一般可以包括以下内容：（1）律师事务所的介绍；（2）律师

团队及承办律师的介绍；（3）已经阅看的材料，相互的交流情况，律师团队初步了解的案件事实；（4）案件的法律分析；（5）诉讼方案建议；（6）法律服务方案建议（见图 5.8）。

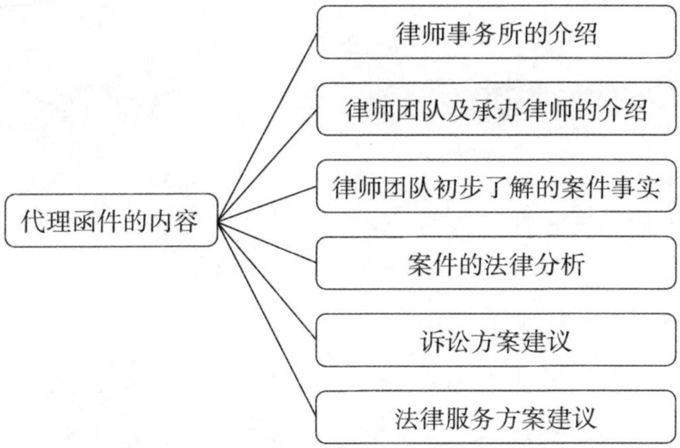

图 5.8　代理函件的内容

有时，也可以根据客户的需要，将法律服务方案单列出来，以报价函的方式单独提交。

代理函件一般应当由主办律师签字并加盖律师事务所印章。

代理函件发送后，律师团队应与客户保持联系，跟踪客户的反馈情况。部分客户在接受代理函件后，会和律师团队进入签约委托环节。部分客户会有第二轮甚至第三轮会谈或协商，重复第 2 步、第 3 步和第 4 步的步骤，最后才进行签约委托。

第三节 办理委托和登记建档

第6步 办理委托

（一）委托代理合同

经协商后，双方就委托事项达成一致，即可签订委托代理合同。签订委托代理合同时一般应注意如下事项：

1. 明确代理合同的主体及联系方式

一般来说，代理合同的委托一方应是案件的当事人，但在有些情况下，当事人的关联公司或股东支付并承担律师费，该当事人的关联公司或股东也可能成为代理合同的委托一方。

如果是律师事务所的总部和分所共同承办案件，或两个分所共同承办案件，则总部和分所，或两个分所都应当成为代理合同的受委托方。

为方便联系和工作文件传递，在代理合同中应当写明双方的联系方式，包括联系人、联系地址、联系电话和电子邮箱。电子邮箱非常重要，它能保证律师团队和客户之间高效、快捷、规范地传递工作文件。

2. 一般应对委托案件进行描述

委托代理合同一般应当对委托的案件进行一定的描述。对案件进行描述有几个作用：第一，确定具体的案件，避免发生争议；第二，固定委托人介绍的基本事实或案件代理前的基本事实；第三，确定部分风险代理案件律师费结算的参考依据。

如果是一审原告案件，一般要明确双方当事人争议的合同或侵权事实，委托人的事实主张及权利主张。如果是一审被告案件，一般应描述原告的起诉情况及法院的立案情况，包括审理法院、案号、诉讼标的等。如果是二审案件，一般应当描述案件的一审情况及上诉情况或上诉主张。如果是再审案件，一般应描述案件的原审情况及再审情况或再审主张。

3. 明确委托的内容

委托的内容应当明确，包括下列问题：是否包括二审代理；是否包括申请再审代理；是否包括执行代理；如果是申诉代理，应明确向哪一级司法机关申诉；如包括进行案件论证，要明确案件论证的规格和要求、是否需要出具专家论证意见书；如果包括部分非诉事务，要明确非诉服务的具体范围。委托时，一定要避免含混不清的表述，如“打包代理”或“全部法律程序代理”等表述。

4. 明确承办律师

委托合同一般可以明确由律师团队的律师担任委托人的代理律师，律师团队的负责人可以根据代理工作的实际需要，安排或更换律师事务所本部或分所的其他律师担任代理人。如果委托人对代理律师或律师出庭有特别要求的，应当在委托代理合同中表述明确。

5. 明确律师费的金额及支付方式

律师费的收费方式包括固定收费、半风险收费、全风险收费，无论是哪种收费方式，律师费的金额、支付时间或支付条件都必须明确。

另外，应当特别约定委托方单方解除合同时，已经支付和未支付律师费的处理方式，以预防纠纷。最好在合同中明确律师事务所的收费账号，以方便委托人支付律师费用。

在代理合同的履行过程中，律师团队应规避律师费收费方面的执业风险。承办律师个人不得接收委托人的任何财物，承办律师个人也不能以差旅费、办案费等方式预收当事人的任何费用。要引导客户以转账的方式向律师事务所财务部支付费用，如果客户不便以转账的方式支付，也应当引导客户将费用直接支付给律师事务所财务部。

6. 明确双方的权利义务

除上述约定外，代理合同中还应明确双方的权利义务。

7. 明确纠纷的处理方式

代理合同应当约定争议的解决方式，尤其对风险代理的案件，更应当对争议解决方式进行约定。基于仲裁的保密性及高效性，结合法律职业的特点，一般应在代理合同中将争议解决方式约定为仲裁。

8. 准备不同类型的合同模板

委托代理合同是最方便进行模板化管理的法律文书之一。律师团队应根据诉讼的不同阶段、不同的法律服务产品、不同的收费方式准备不同类型的合同模板。以便在与客户进行洽谈时，可以迅速提供相应的合同模板；在和客户就洽谈事项达成一致后，可以在10分钟左右的时间迅速起草完相应的代理合同。

（二）风险告知书和授权委托书

为降低执业风险，部分案件在客户办理委托时，可以向客户出示风险告知书或委托人须知（以下简称风险告知书），向客户书面提示风险，并要求客户在风险告知书上签字。

特别提示客户的风险常常包括：（1）律师事务所和律师团队不对案件结果作出任何承诺；（2）律师事务所和律师团队只能在法律许可范围内开展代理工作；（3）客户应当保证其提交的证据和陈述的事实客观真实，客户主张的事实如果没有相应的证据证明，其主张可能不会得到支持。

客户委托代理律师的授权委托书可以在客户签订委托代理合同时一并签署，也可以在律师团队准备民事起诉状、民事答辩状等法律文书时一并准备，由客户在签署上述法律文书时一并签署。但如果客户委托的事项包括起诉前的非诉事务，如出具律师函等事务，则一般应在客户办理委托时，一并签署授权委托书。

第 7 步　确定团队

（一）确定团队内部的分工

客户办理委托后，团队负责人要迅速确定团队内部的分工，确定案件的主办律师、辅办律师和案件秘书。

1. 确定主办律师

每一起案件都要确定一位主办律师，即主承办律师，主办律师应当由有丰富执业经验的律师担任。在律师团队内部，主办律师对案件的全部代理工作承担责任。其负责依据律师团队的讨论意见确定代理方案、依据律师团队的讨论意见定稿法律文书、组织和开展案件的其他代理工作、在案件承办期间与客户保持日常的联系。

主办律师接受团队负责人的管理，向团队负责人汇报工作。

对部分重大案件，团队负责人可以直接担任主办律师，直接主导参加案件的庭审，直接承办案件的其他重要代理工作。

2. 确定辅办律师

每一起案件都要确定一位辅办律师，辅办律师同样应当由有丰富执业经验的律师担任。辅办律师配合主办律师一起参与案件的讨论，审核主办律师定稿的法律文书，审核主办律师整理的证据。

在一般案件中，辅办律师可以不担任案件的代理人。在重大案件中，辅办律师和主办律师一起担任案件的代理人。

在团队负责人直接担任主办律师的案件中，辅办律师不仅应当共同担任案件的代理人，配合团队负责人参加庭审，而且还应当分担主办律师在案件中的大部分基础性代理工作。

3. 确定案件秘书

每起案件都要确定一位案件秘书。案件秘书可以由有一定执业经历的青年律师担任，也可以由律师助理或实习律师担任。案件秘书配合主办律师和辅办律师开展案件代理工作。在一般性案件中，担任案件秘书的执业律师、实习律师还可以和主办律师一起担任案件的代理人。

4. 主办律师、辅办律师、案件秘书的其他分工

主办律师、辅办律师和案件秘书的其他分工可以参考本书第三章第三节的相关内容。

（二）确定团队外部的分工

在确定团队内部分工的同时，还应当确定律师团队与外部的分工。

确定律师团队和合作律师的分工，明确律师团队和合作律师的责、权、利。要确定的问题包括但不限于合作律师是否担任代理人；合作律师在证据准备方面负责哪些工作；合作律师在客户联系方面负责哪些工作。明确双方的分工有助于提高工作效率，明确双方的权利义务有助于长久稳定的合作。

确定律师团队和企业法务团队的分工。要确定的问题包括但不限于法务团队的成员是否参加庭审并担任代理人；在证据准备方面法务团队如何配合；在专业技术方面法务团队如何配合；在出差方面、在现场调查方面，法务团队如何配合。明确双方的分工和职责，可以更好地发挥法务团队的作用，能够更高效地推动案件的代理工作。

第 8 步　登记建档

（一）案件登记管理

客户办理委托手续后，一方面要确定律师团队，另一方面要启动登记建档工作。

登记建档是重要的流程步骤。它一方面有助于规范团队的案件管理，有效预防执业风险；另一方面有助于提高团队的工作效率。

案件的登记工作一般包括填写案件登记表和填写律师工作记录表。案件登记工作一般由主办律师指导和安排案件秘书办理。

1. 案件登记表

案件登记表在启动案件代理工作时依据团队模板填写并打印。内容至少

包括：案件编号、案件名称、承办律师、案件秘书、当事人信息及联系方式、法院及相关人员的联系方式、案情介绍、争议焦点等。

案件登记表的参考样本见本章第四节。

2. 律师工作记录表

从办理委托起，律师团队就应当填写律师工作记录表。律师工作记录表可以是电子版存档，在案件代理时，由案件秘书实时更新。

律师工作记录表就完整地记录律师团队开展的工作，方便律师团队给当事人出具律师工作函，方便律师团队作工作总结。

律师工作记录表的参考样本见本章第四节。

（二）案件文档管理

案件文档管理从案件委托时正式开始，并同步于案件代理工作，服务于案件代理工作。案件文档管理包括纸质文档管理和电子文档管理。

1. 纸质文档管理

虽然律师事务所在很多场合已经实行无纸化办公，但结合律师行业的特点，承办律师仍应当完整存档如下纸质案件材料，随时备查：（1）案件登记表；（2）法律文书；（3）律师的其他工作文件；（4）法院（含仲裁机构，下同）的程序性文件；（5）律师与当事人的往来函件；（6）证据。

法律文书包括：（1）本方的法律文书；（2）对方的法律文书；（3）原审的法律文书。两页以上的法律文书应当用订书钉单独订好。上述三类法律文书一般应按上述顺序分开整理。

本方法律文书应存档最终签字盖章版本。其中，诉状类法律文书应存档当事人盖章且法定代表人签章的版本；代理词或代理意见应存档主办律师签字且律师事务所盖章的版本；重大案件的证据清单或对证据真实性可能存在争议的证据清单应存档当事人盖章的版本。

本方提交的证据应完整存档。证据前面应当附上最终定稿并签章的证据清单，证据应连续编号并编写页码。本方证据和对方证据较多时，为方便使用和查询应胶装存档。

纸质文档的其他管理要求可以参考本章第四节的诉讼团队案件材料管理规定。

2. 电子文档管理

所有纸质文档管理的材料都应当同时进行电子文档管理。律师工作记录也应当电子存档，并实时更新。除占用空间较大的视频文件外，电子存档材料一般应该及时在团队负责人、主办律师、辅办律师、案件秘书和知识主管之间共享。

每起案件应当单独建一个电子文件夹。每个电子文件夹内可下设多个二级子文件夹，如法律文书子文件夹，一审证据子文件夹等。每一个电子文件都应标明时间、案件简称和文件名称及版本，以方便识别。

电子文档的其他管理要求同样可以参考本章第四节的诉讼团队案件材料管理规定。

第四节　案件委托阶段的文书样本

文书样本 1：诉讼团队案件登记表[①]

诉讼团队案件登记表（团队案件编号：　　　　）			
案件名称		收案日期	
办案人员	主办：　　辅办：　　秘书：	律所案号	
委托人信息			
名称、经办人、联系方式：			

① 本书中“文书样本”部分提供的是作者所在团队制作的表格、文书等，涉及具体案例的已做隐名处理。全书同。——编者注

续表

相对方信息				
名称、经办人、联系方式：				
裁判组织信息				
法院（仲裁机构）、合议庭（仲裁庭）、案号				
案件基本情况				
案情介绍、争议焦点、委托事项：				
案件代理结果				
案件代理结果：				
知识管理□	裁判文书归档□	纸质文件归档□	电子文件归档□	知识管理□
结算考核□	基本律师费结算□	风险律师费结算□	律所费用结算□	团队考核□

文书样本 2：律师工作记录表

某某公司与某某公司股权转让争议案律师工作记录

序号	日期	承办律师	工作内容及说明	备注
1				
2				
3				

续表

序号	日期	承办律师	工作内容及说明	备注
4				
5				
6				
7				
8				
9				
10				
11				
12				
13				
14				
15				
16				
17				
18				

文书样本3：诉讼团队案件材料管理规定

盈科北京商事诉讼仲裁部案件材料管理规定

一、总则

1. 为规范团队案件材料管理，提高团队工作效率，预防执业风险，更好地服务客户，结合团队的实际情况，特制定本规定。

2. 代理阶段的案件材料管理由该案的主办律师负责，一般由该案的主办律师安排和指导该案的案件秘书进行材料整理和管理。

3. 结案后的案件材料管理由知识主管负责。结案时，主办律师和案件秘书应当与知识主管办理案件材料交接。结案后的材料管理遵行团队知识管理的相关规定。

4. 代理案件时应当同时进行案件纸质材料管理和电子材料管理。

5. 团队成员不得接收和保管当事人的证据原件。因情况特殊，确需临时代为保管当事人的证据原件，应当经团队负责人批准，并由工作组采取妥善保管措施。

6. 团队成员不得代为接收或保管当事人除案件材料之外的任何财物。不得代为接收案件款。

7. 委托代理合同原件由律所统一存档，律师费发票原件应当及时转交给当事人，委托代理合同和律师费发票复印件由团队行政统一存档。

8. 团队成员应做好案件材料的保密工作，未经许可不得向外披露。

二、纸制文档管理

9. 代理案件时，承办律师应存档如下纸制案件材料，随时备查：（1）案件登记表，法律文书；（2）律师的其他工作文件；（3）人民法院（含仲庭机构，下同）的程序性文件；（4）与当事人的往来函件；（5）证据。

10. 案件登记表在启动案件代理工作时依据团队模板填写并打印。内容至少包括：案件编号、案件名称、承办律师、案件秘书、当事人信息及联系方式、人民法院及相关人员的联系方式、案情介绍、争议焦点等。

11. 法律文书包括：（1）本方的法律文书；（2）对方的法律文书；（3）原审的法律文书。两页以上的法律文书应当用订书钉单独订好。上述三类法律文书一般应按上述顺序分开整理，并用燕尾夹夹好。

12. 本方的法律文书包括：（1）民事起诉状、民事答辩状、仲裁申请书、仲裁反请求申请书、仲裁答辩书；（2）代理词、代理意见；（3）各类申请书；（4）证据清单、举证意见、质证意见；（5）当事人主体资格及代理人授权文件；（6）其他法律文书。

13. 本方法律文书应存档最终签字盖章版本。其中，民事起诉状等法律文书应存档当事人盖章且法定代表人签章的版本；代理词或代理意见应存档主办律师签字且律师事务所盖章的版本；重大案件的证据清单或对证据真实性可能存在争议的证据清单应存档当事人盖章的版本。

14. 原审的法律文书应当包括：（1）双方的民事起诉状、民事答辩状、仲裁申请书、仲裁答辩书等；（2）民事上诉状、上诉答辩状等；（3）一审判决、二审判决等；（4）主要代理词等。

15. 律师的其他工作文件包括：（1）案情说明、案件事实一览表、法律关系图等；（2）庭审提纲；（3）案件分析报告；（4）检索的法律法规、案例、文章、检索报告等。上述存档的材料都应当是最终的定稿版本。

16. 人民法院或仲裁机构的程序性文件包括：案件受理通知、应诉通知、开庭通知或传票、选定仲裁员函、管辖权异议裁定、保全裁定、庭审笔录等。寄送给仲裁机构的选定仲裁员函应留存复印件。签收法院送达裁判文书的送达回证应留存复印件，法院送达裁判文书的快递封面应留存原件和复印件。

17. 与当事人的往来函件包括律师工作函及给当事人发送的重要函件等。律师工作函应当有连续编号，而且应当加盖律师事务所印章。

18. 本方提交的证据应完整存档。证据前面应附上最终定稿并签章的证据清单，证据应连续编号并编写页码。

19. 本方证据和对方证据较多时，为方便使用和查询应胶装存档。

20. 申请保全的案件应当将保全的相关文件存档。保全存档文件应包括：保全申请书、保全担保材料、保全裁定、协助执行通知书、保全谈话笔录复印件或律师工作记录等。

21. 上述第9条至第20条的材料应按上述顺序装入案件的档案袋或档案盒中。档案袋正面或档案盒正面应写明案件名称、主办律师、案件编号及案件受理时间。档案袋侧面应写明案件名称。已经单独胶装成册的材料可以不放入档案袋或档案盒，但应随档案袋或档案盒一并存放。

22. 已经一审结案或二审结案或仲裁结案，但仍需办理后续二审、执行或撤裁等程序，应将原审程序的材料胶装成册，以方便在后续程序中使用。

23. 备份材料包括当事人签章的多余的法律文书原件，为庭审准备或其他代理工作需要复印的主要法律文书或合同等材料。

24. 当事人交付的没有被作为证据提交给人民法院或仲裁庭的其他材料，可连同材料清单暂时存档备用。

25. 第 23 条和第 24 条的备份材料和备用材料一般应另行装入档案袋以示区分。

26. 已经确认对代理工作没有价值的材料或中间文件应及时销毁。

27. 装入档案袋、档案盒的文件或已单独装订成册的文件原则上由工作组统一存放。团队负责人为主办律师的案件应当统一存放。其他主办律师为工作的需要可以在工作场所保存和管理档案，但应对管理的材料负责。

三、电子文档管理

28. 第 9 条至第 20 条的材料都需要电子存档。律师工作记录也应当电子存档，并适时更新。除占用空间较大的视频文件外，上述电子存档材料应该及时在团队负责人、主办律师、辅办律师、案件秘书和知识主管之间共享。

29. 主办律师也可以将第 24 条的备用材料电子存档。

30. 第 9 条至第 20 条的材料都应当以 PDF 文档格式保存。本方的法律文书应当同时保存 Word 格式的最终定稿版。

31. 每起案件应当单独建一个电子文件夹。电子文件夹的名称中应包括八位数字的时间和案件名，如 20190816 某某与某某股权诉讼案。

32. 每个电子文件夹内可下设多个二级子文件夹，如 20190816 某某与某某股权诉讼案法律文书、20190816 某某公司一审证据等。

33. 每一个电子文件都应标明时间、案件简称和文件名称，案件简称包括本方简称、对方简称及案件类别，如 20190816 某某与某某股权诉讼案申请书。

四、附则

34. 本规定由盈科北京商事诉讼仲裁部制定，自 2019 年 10 月 25 日起施行。

第六章　前期代理阶段的流程管理

关键词

可能性规则　法律关系图　时间轴　法律检索　要件分析法
证据分析法　风险分析法　证据取舍　证据组织　证据清单
起诉类文书的说服力

思考

前期代理阶段的每一步分别有哪些独立的价值？
为什么说完善方案步骤是前期代理阶段的中心环节？
为确保代理方案的最优化，在流程管理方面有哪些重要措施？
起诉类法律文书有哪些基本要求？
如何通过流程管理来保证系统性地提交证据？
前期代理阶段有哪些示范文本？

第一节　前期代理阶段流程管理概述

一、前期代理阶段流程管理的目的和作用

案件接受委托、启动代理程序后，就进入了前期代理阶段。

前期代理阶段的首要任务是全方面了解案情，在了解案情的基础上，进行综合分析判断，确定案件的代理思路。之后在代理思路的指导下，起草法律文书，办理立案或者进行答辩。

整体来说，前期代理阶段的流程管理至少要达到如下目的或发挥以下作用。

（一）全方面了解案情，做好事实准备和法律准备

律师团队虽然在案件委托阶段已经对案件作了了解和分析，但前期的了解和分析显然达不到充分和透彻的程度。在当事人正式办理委托以前，律师团队很难花费较多的时间对案件进行仔细调查和分析；在正式委托以前，当事人也不一定披露了全部的案件细节。因此，接受委托后，律师团队的第一个任务是全方面了解案情，并做好事实准备和法律准备。只有对案件进行充分、透彻地了解，只有做好充分的事实准备和法律准备，才能为案件的代理工作打下坚实的基础。

事实准备不仅包括对案件事实的了解，更重要的是根据相关线索，调查和收集相关证据。收集证据不仅包括当事人自行收集证据，也包括律师团队指导当事人收集证据，律师团队代为调查收集证据。全方面收集证据，全方面了解证据，之后再根据证据全方面还原案件的事实。

不仅要了解案情，做好事实准备，还应了解法律，做好相应的法律准备。具体准备包括对法律、法规的查找和了解，对同类司法案例的查找和了解，

对法学理论中及司法实践中相关法律适用争议问题的了解。

全方面了解案件的事实与证据，全方面了解案件相关的法律、案例及法律适用争议，充分、透彻地了解案情后，就为案件的代理工作打下了良好的基础，这也是前期代理阶段流程管理的目的之一。

（二）集体讨论，确定案件代理思路

律师团队在全面了解案情，做好事实准备和法律准备之后，就应当集体讨论并确定案件代理思路。周密确定案件代理思路，不仅是前期代理阶段的中心环节，而且也是做好全案代理工作的关键所在。

集体对案件讨论和论证能更好地发挥团队办案的优势。讨论和论证不仅包括对案件的要件分析、风险分析和证据分析，还包括对案件代理方案的比较分析。确定的案件代理方案，不仅包括诉讼主体的确定、诉讼请求的确定、诉讼理由的选择和确定、证据的选择和组织，还包括具体的工作计划、代理时间节点安排等。代理思路要满足合理、周密和严谨的要求。

（三）做好立案或答辩

确定案件代理思路后，要迅速对接法院或仲裁机构，启动案件的代理工作。对代理原告起诉的案件，要在代理思路的指导下撰写民事起诉状等法律文书，整理好相关证据，办理好立案。对代理被告应诉的案件，要在代理思路的指导下撰写民事答辩状等法律文书，整理好相关证据，并及时进行答辩。在代理被告应诉的部分案件中，还应当考虑是否提出管辖权异议，是否提起反诉。

法律文书的撰写和证据的整理都非常重要。法律文书的质量及证据的完备性直接影响了案件的代理质量。保证法律文书的质量也是前期代理阶段流程管理的重要目的之一。

（四）提高前期代理阶段的工作质量和工作效率

从管理的角度，前期代理阶段流程管理的重要目的是提高代理工作质量。依据流程管理，可以更全面地收集证据，更全面地了解案件涉及的法律及法律适用问题，更为重要的是，通过团队讨论，可以更周密地确定案件的代理思路，制订详细的切实可行的案件代理方案。同时，流程管理还能保证递交给人民法院或仲裁机构的法律文书或相关材料的质量。

另外，流程管理及流程管理中文书模板的使用，还能更好地促进团队的分工和合作，更好地提升前期代理阶段的工作效率。

二、前期代理阶段流程管理的步骤及团队分工

我们将前期代理阶段的工作分解为 16 个步骤，这 16 个步骤又可以概括为 4 个小的阶段（见图 6.1）。

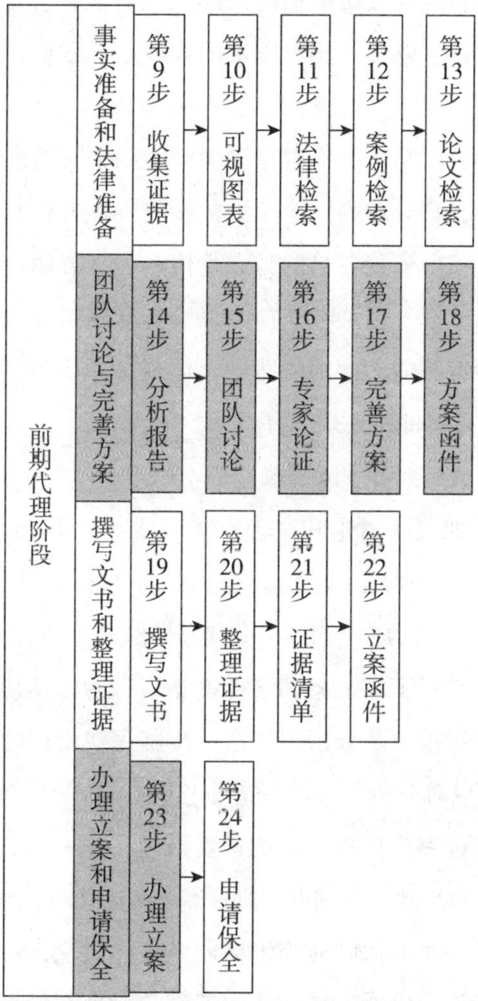

图 6.1　前期代理阶段步骤

（一）事实准备和法律准备阶段

第一个小阶段即事实准备和法律准备阶段，从第9步至第13步，共5个步骤。这5个步骤分别为：第9步收集证据、第10步可视图表、第11步法律检索、第12步案例检索、第13步论文检索。

这5个步骤都是开展代理工作的基础性步骤，其中收集证据最为重要，这一步骤的工作一般应由主办律师主导和安排，往往会给律师团队带来较大的工作量。可视图表是在收集证据的基础上，对证据、案件事实和法律关系进行的梳理和归纳，可以参考相对固定的模板，一般可以由律师助理或案件秘书来完成。

第11步至第13步的法律检索、案例检索和论文检索也可以统称为法律检索。笔者之所以将其分解为三个单独的步骤，一方面是为了强调这三个步骤的区别，强调这三个步骤各自的独立价值；另一方面也是为了强调流程管理中对检索工作的重视，强调在法律方面全方面进行准备的重要性。对这三个步骤中涉及的检索技能，律师团队的全体成员都应当熟悉，但具体检索工作一般由律师助理或案件秘书来承办。

（二）团队讨论和完善方案阶段

第二个小阶段即团队讨论和完善方案阶段，从第14步至第18步，共5个步骤。这5个步骤分别是：第14步分析报告、第15步团队讨论、第16步专家论证、第17步完善方案、第18步方案函件。

团队在对案件进行事实准备和法律准备后，为方便集体讨论，应起草内部工作文件，即分析报告。分析报告这一步骤一般由律师助理或案件秘书来承办，主办律师可以对分析报告进行指导和审查。

团队讨论是保证案件代理质量的重要措施。对一般的案件，主办律师应当主动在分析报告的基础上和辅办律师联系，商请共同对案件进行讨论决策。对较为复杂的案件，主办律师应当提请团队集体讨论，由团队的主要成员共同讨论和决策。对部分复杂案件或法律适用方面存在较大争议的案件，还可以聘请团队外部的专家进行案件论证。

主办律师应在团队讨论的基础上完善和细化案件代理方案。完善方案是对前期准备工作和团队讨论工作的总结，同时也确定了本案的代理思路，制订了后期代理工作计划。完善方案的步骤是前期代理阶段的中心步骤。完善方案步骤由主办律师主导，律师助理或案件秘书应当积极予以协助。

为了和当事人有效交流，在确定案件代理方案后，一般应当主动及时将代理方案报送给当事人，让当事人阅悉，并听取他们的建议。方案函件这一步骤的工作一般应当由律师助理或案件秘书承办。

（三）撰写文书和整理证据阶段

第三个小阶段即撰写文书和整理证据阶段，从第 19 步至第 22 步，共 4 个步骤。这 4 个步骤分别是：第 19 步撰写文书、第 20 步整理证据、第 21 步证据清单、第 22 步立案函件。

细化代理方案后，律师团队应当依照代理方案撰写法律文书。主要的法律文书，如民事起诉状、民事答辩状、民事反诉状、仲裁申请书、仲裁答辩书等，一般应当由主办律师负责起草，也可以由律师助理或案件秘书协助起草草稿，以主办律师为主来修改并确定主要内容。主办律师起草的法律文书或修改确定的法律文书，应当商请协办律师共同讨论、审查和定稿。其他法律文书，如授权委托书等，可以由律师助理或案件秘书依据文书模板起草，由主办律师审核确定。

在撰写法律文书的同时，应当整理好全案的证据。证据整理不仅是系统性提交证据的要求，而且还方便在庭审中举证和质证。证据整理工作一般由律师助理来承办，但主办律师应当仔细进行审核。为了强调证据清单在整理证据工作中的作用，也为了强调证据清单的模板化，笔者将证据清单的准备单独设立为了一个步骤。证据清单一般由律师助理或案件秘书在主办律师的指导下起草，并由主办律师修改定稿。

在起草好相关法律文书并整理好证据后，应当及时和当事人交流，给当事人发送立案前的函件，商请当事人确认法律文书，确认拟提交的证据，并在相关法律文书上签章。立案函件的工作一般由律师助理或案件秘书承办。

（四）办理立案和申请保全阶段

第四个小阶段即办理立案和申请保全阶段，从第23步至第24步，共2个步骤。这2个步骤分别是：第23步办理立案、第24步申请保全。

在当事人确认法律文书和证据并签署法律文书后，对原告案件，应当及时办理立案，对被告的案件应当及时进行答辩。办理立案及提交法律文书的工作一般不由主办律师经办，立案工作可以由担任律师助理工作的执业律师承办，寄送材料的工作可以由律师助理或案件秘书承办。

为降低执行阶段的风险，对代理原告起诉的案件，一般应当考虑在诉讼时申请财产保全。申请保全的工作一般可以由律师助理或案件秘书来承办。

三、前期代理阶段的PDCA循环分析

从律师团队与客户之间相互关系的角度来分析，在全案流程的PDCA循环中，前期代理阶段属于全案流程的D阶段，即执行阶段，其属于执行阶段中的前期阶段。

从案件代理的角度来分析，前期代理阶段主要属于P阶段，即确定案件代理思路、制订代理方案、做好代理规划的阶段。在这一阶段中，前期进行事实准备和法律准备，是在材料上为制订代理方案准备素材和铺垫基础；团队讨论是发挥团队化的优势，更合理地制订代理方案；方案函件是在方案制订的关键节点上强化律师团队与当事人的交流。

当然从案件代理的角度来分析，前期代理阶段除P阶段的相应步骤外，还包括D阶段的部分步骤。如撰写文书和准备证据、办理立案和申请保全，这些步骤都属于代理方案制订后的方案实施步骤，属于D阶段的前期步骤。这些步骤实施质量的好坏，也较大程度上影响了整个D阶段的实施质量。

四、前期代理阶段的法律文书模板

（一）律师工作函

1. 收集证据律师工作函；

2. 代理方案律师工作函；

3. 立案前律师工作函；

4. 立案后律师工作函。

（二）证据和法律准备

1. 材料清单；

2. 法律关系图；

3. 案件事实一览表；

4. 时间轴；

5. 法律检索报告。

（三）案件讨论和论证

1. 案件分析报告；

2. 案件论证会议议程；

3. 案件论证 PPT；

4. 案件论证法律意见书；

5. 专家论证意见书。

（四）诉讼仲裁主要法律文书

1. 民事起诉状；

2. 民事答辩状；

3. 民事反诉状；

4. 民事上诉状；

5. 再审申请书；

6.（仲裁）申请书；

7.（仲裁）答辩书；

8.（仲裁）反请求申请书；

9. 证据清单。

（五）诉讼仲裁其他法律文书

1.（一审）授权委托书；

2.（二审）授权委托书；

3.（申请再审）授权委托书；

4.（仲裁）授权委托书；

5.（仲裁保全）授权委托书；

6. 法定代表人身份证明书；

7. 律师事务所函；

8. 管辖权异议书；

9. 财产保全申请书；

10.（仲裁）财产保全申请书。

第二节　事实准备和法律准备

第9步　收集证据

（一）收集证据的概念

接受委托后，首要的工作是进一步了解案情、全面收集案件的相关证据。

收集证据是举证的重要内容之一，是收集、整理、提交和阐释这4个举证程序中最基础性的环节。没有充足的证据，就无法完成本方的举证责任，无法达到本方需要达到的证明标准。

律师团队全面审查第一手材料、充分与当事人及相关人员交流、亲临现场调查了解，不仅是收集证据的重要手段，也是律师工作严谨务实的基本要求。律师在一起案件中的代理效果如何，在很大程度上取决于他调查收集证据工作开展得如何。法律界有一句名言，“事实不会从法庭的窗口飞进来，而是用脚把它拖进来”，这句话形象地说明了律师团队收集证据的重要性。

广义上讲，收集证据有两种情形，一是当事人及代理人自行收集，二是人民法院或仲裁庭调查收集。

当事人及代理人自行收集证据是主要的证据收集方式，案件流程管理中的第 9 步收集证据就是指当事人及代理人自行收集证据这种情形。

当事人和代理人自行收集证据又包括当事人独自收集、代理人指导当事人收集和代理人代为调查收集这三种情形。在代理流程管理的角度来看，从律师代理工作的角度来看，该步骤主要关注律师团队如何指导当事人收集证据、律师团队如何指导当事人提供证据、律师团队如何发挥代理人的优势代为收集证据。

人民法院或仲裁庭调查收集包括人民法院或仲裁庭依职权主动调查收集，也包括人民法院或仲裁庭依当事人的申请调查收集。这是对当事人举证的配套和补充，我们将会在本书第七章中第 25 步取证申请、第 26 步证人申请这两个步骤中再另行探讨。

（二）收集证据的方法

我们可以对律师团队指导当事人收集和提供证据的工作方法、律师团队代为收集证据的工作方法作进一步的分解。一般来说，律师团队在本步骤中有以下 8 种常见的参与收集证据的方法（见图 6.2）。

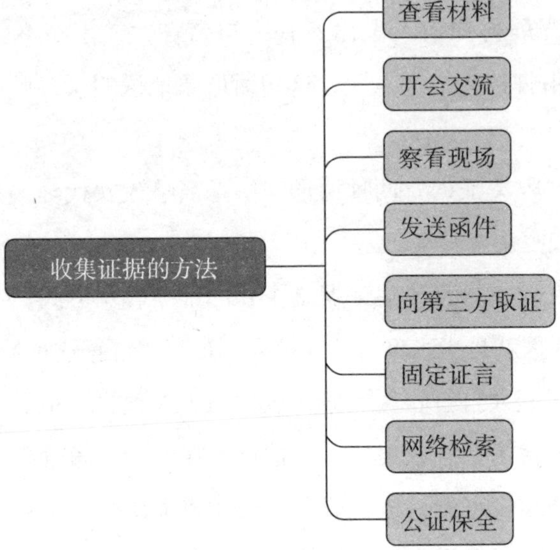

图 6.2 收集证据的方法

1. 查看材料

这是律师团队在商事诉讼仲裁案件中引导当事人提供证据最主要的方法之一，我们常常把它简称为“看材料”。

查看材料有几点要求：

第一，告知当事人全面提供材料的重要性。

第二，引导当事人全面回忆，全面整理，尽可能一次性向律师团队全面提供与案件相关的所有材料，供律师团队审查。

第三，从律师的角度、案件诉讼的角度，审查当事人提交的所有材料。律师的角度不同于当事人的角度，当事人觉得对案件作用不大的材料或没有作用的材料，律师从法律的角度审查以后，它们有可能成为案件的重要证据。

第四，查看全部材料时，一般先采取快速阅读的办法，在确定这些材料是与案件事实相关的材料后，再有重点地仔细阅读。

第五，查看材料时，不仅要关注已有的材料，而且还要思考，通过这些材料是否还可以发现其他有用的证据线索。

第六，主办律师要亲自参与，全面审查，直接全面接触案件的第一手材料。

2. 开会交流

这也是律师团队在商事诉讼仲裁案件中收集证据的最主要方法之一，我们常常把它简称为“开会议”。

开会交流包括律师团队与当事人某一部门或某一个、某两个人员交流，也包括律师团队与当事人或当事人单位多人开会交流。前者常常用于律师团队深入了解某一具体事项，或者用于律师团队对某一个员工或几个员工进行深入访谈；后者常常适合律师团队与当事人单位集体讨论或确定当事人单位各部门与律师团队之间的分工配合。实践中，这两种方式常常结合起来使用，律师团队在集体会议后，再逐一与某一部门或某一两个人员深入交流。

一般来说，主办律师要直接全面参与案件的会谈交流；除主办律师外，该案的律师助理或案件秘书也应当全面参与会谈交流；团队负责人和辅办律师可根据案件需要选择性地参加。

当事人单位开会交流的人员通常有单位负责人或主管的副职负责人、法务部门负责人和法务人员、涉案项目的部门负责人和经办人员。部分案件中，相关技术人员、财务人员、行政人员等人员也应当参加。

律师团队与当事人单位的交流不应当仅仅停留在与当事人单位的法务部门或法务人员的交流，律师团队应当在当事人单位法务部门的配合下，与当事人单位的相关人员直接而全面地进行交流。

律师团队与当事人单位的交流时要达到以下目的：

第一，全面了解和感受案件事实。了解各方当事人情况，了解经办人员情况，了解案件背景，了解案件事实和重要细节。不仅要了解案件事实，而且要通过访谈和交流，进一步把握和感受案件事实。

第二，全面核实案件事实。当事人对事实的介绍可能并不全面，也可能受某种错觉或某种主观因素的影响，并不完全客观。因此，律师团队需要从代理人的角度全面核实案件事实。

第三，收集已有的相关证据材料，了解这些证据材料的形成背景、形成过程、发送方式、保存状态等。

第四，发现证据材料线索，引导当事人收集相关证据。

第五，通过证据还原案件事实，评估当事人所主张的事实的证据支持情况。

第六，进一步明确律师团队和当事人及当事人各部门的衔接，进一步明确证据完善方面的计划和各自的分工。

3. 察看现场

察看现场也是律师团队收集证据的最主要的方法之一，我们常常把它简称为“看现场”。

承办商事诉讼仲裁案件要有看现场的习惯：如建设工程施工合同纠纷的施工现场，房地产合作开发合同纠纷的房地产开发现场，设备制造安装承揽合同纠纷的设备现场，买卖合同质量纠纷的标的物存放现场，等等。

察看现场对证据收集和案件代理能起到很好的作用：

第一，律师团队形象地感知案件事实，能更清楚、更全面地了解和把握案件事实。

第二，律师团队形象地感知案件事实后，有利于代理律师向合议庭、向仲裁庭形象地介绍案件的事实。

第三，察看现场方便律师团队更全面地收集案件证据。一方面，现场的工程、房产、土地、设备、买卖标的物它们本身可以作为物证提交给法院。《最高法证据规定》第 12 条规定，对不宜搬移或不宜保存的动产物证，当事人可以提供复制品、影像资料或其他替代品；第 13 条规定当事人提交不动产作为证据的，应当提交这些不动产的影像资料。因此，察看现场，对现场的工程、房产、土地、设备、买卖标的物进行拍照或录制视频，形成影像资料，可以以影像资料的形式将这些物证本身作为证据提交给人民法院。另一方面，察看现场，还可以收集与案件有关的其他证据，如工程图纸、入库记录、存储记录、关联物件等。

第四，通过察看现场，了解其他证据的相关线索，方便进一步收集其他证据。

4. 发送函件

在商事诉讼仲裁案件中给当事人发送律师工作函，指导当事人收集和提交证据也是律师团队最重要的收集证据方法之一。我们常常把它称为“发函件”。

发函件的重要性表现在以下几个方面：

第一，律师团队给当事人发送正式的工作函，有利于明确律师团队和当事人在调查取证方面的分工，方便当事人单位内部工作的安排，方便当事人单位法务部门与其他业务部门的业务交流。

第二，取证工作非常专业，给当事人发送律师工作函能对当事人提供证据的工作起到很好的指导作用，方便当事人及当事人单位员工依据律师工作函准备和提供相关证据。

第三，律师工作函非常正式，满足律师工作的严谨要求，同时极大地提高律师团队和当事人在取证方面的工作效率。

指导当事人取证的律师工作函一般介绍律师团队已经收到的相关证据，对已经提交的证据需要补充完善的地方，分析和提示要证明案件事实当事人还需协助提交的相关证据等内容，提出在取证方面当事人还需配合的其他事务，等等。

基于电子数据在商事诉讼仲裁案件中的广泛性及重要性，在律师工作函中可视情况重点引导当事人或当事人单位员工收集这方面的证据。如经办人员与对方人员的往来电子邮件，经办人员与对方人员的微信聊天记录、短信联系记录等。

引导当事人收集证据的律师工作函一般可以参考固定的模板。如对合同纠纷案收集证据的律师工作函，可以重点引导当事人提交如下证据：合同签订前的相关证据、合同及全部补充协议、双方往来的函件和会议纪要、财务付款凭证、合同履行的相关证据、损失的相关证据等。

5. 向第三方取证

除指导当事人提供相关证据外，还包括指导当事人向第三方调查收集证据，或者代理当事人向第三方收集证据。

不考虑证人证言的情况，向第三方调查收集证据主要包括以下三种情况：

（1）向有关机关或单位查询相关信息或记录。如查询工商登记信息、查询户籍信息、查询房屋产权信息、查询通信记录、查询银行账户流水明细等。查询时，应请求有关单位在查询信息单上加盖印章。

（2）向有关机关或单位或个人调取或复印相关材料。向有关机关或单位或个人调取或复印相关材料。如果不能调取原件，只能收集复印件，则应当保证复印完整，同时应由材料提供单位注明复印件与原件一致，由复印的经办人签字并加盖复印单位印章，注明复印日期。

（3）由有关单位出具单位证明。有关单位对案件事实出具证明也是一种常见的证据，一般将其归类到书证种类当中。对单位证明，要注意证据形式上的完备性。即单位证明应该是对案件事实的介绍和证明，而不是对事实的推测或评论。单位证明应当由出具证明的经办人和单位负责人签字，同时应当加盖单位印章。

6. 固定证言

收集证据还包括对证人证言的固定，即选择证人，听取证人的介绍，固定证言，为申请证人出庭作证做相应的准备。

以前部分律师常常习惯用调查笔录或谈话笔录的方式来固定证人证言，并以此作为证据来提交给人民法院。事实上，这种调查笔录或谈话笔录并不属于民事诉讼中的八种法定证据类型。这种调查笔录或谈话笔录的本质是证人证言，而证人证言以当庭作证为原则，只有在特殊情况下经人民法院许可后，证人才可以以书面证言的方式向法庭作证。

笔者认为，固定证人证言比较好的办法是由证人先行书写书面的证言，在此基础上，再申请证人当庭作证。

固定证言的过程中，当事人和律师团队成员不能诱导证人作伪证，但在证人书写证言前，当事人和律师团队可以告诉证人有关案件争议的情况，可以介绍提请证人客观证明的相关事项。书面证言应当由证人亲自书写或者由证人亲自打印并签字。

除证人书写书面证言的固定方式外，还可以和证人进行访谈，在征得证人的同意下，进行录音。

随着直接言词原则的加强，证人证言在诉讼仲裁中的作用也得到了提升。证人证言的作用主要表现在：第一，它作为直接证据，和其他实物证据配合起来，一起证明案件的事实，使裁判人员形成更有利于本方的心证；第二，作为补强证据，对部分实物证据进行补强，如电子邮件的发送人，当庭介绍电子邮件的发送背景及发送过程，如没有原件的复印件，经办人员说明复印件的取得过程等；第三，直接证明案件的某些事实。

7. 网络检索

随着信息技术和网络技术的发展，网络检索也成为律师团队调查取证的重要方法之一。网络检索是律师团队的优势之一，这项工作一般由律师助理或案件秘书完成。

网络检索的内容主要包括：双方当事人的主体信息、对方当事人的资信信息、市场价格、与案件有关的事实信息等。

8. 公证保全

为了保全证据，也为了解决相关证据真实性的核对问题，可以公证的方式保全相关证据。公证保全的主要情况包括：（1）对正在发生的侵权行为进行公证保全，如对侵权销售行为或侵权使用行为进行公证保全；（2）对可能灭失或对方当事人可能删除的相关网页或有关内容进行公证保全；（3）对现场取证的拍摄、录音和录像等进行公证保全；（4）对电子邮件进行公证，对微信、短信等通信记录进行公证；等等。

（三）收集证据的注意事项

1. 重视在收集证据中的可能性规则

美国律师路易斯·尼察提出了收据证据中的可能性规则。这一著名的规则被林正编著的《庭审制胜》一书引述，“如果某件事听起来不太可能发生，那么该件事可能就不是这样发生的。如果你觉得某事更可能以某种方式发生并且投入足够的时间深入探究，你终将发现你自己是对的，你也因此获得证据”。[①]

律师团队在收集证据过程中应当重视可能性规则。可能性规则在律师团队与当事人的会谈交流方面、律师团队引导当事人收集和提供证据方面、发现新证据线索方面都非常重要。可能性规则可以避免律师团队受当事人某方面认识局限的影响，可以避免律师团队受当事人主观干扰因素的影响，方便律师团队全面客观地还原案件事实真相，方便律师团队全面收集证据。

2. 重视律师团队在收集证据中的分工及共同参与

主办律师在收集证据步骤中应起主导作用。在查看材料、开会交流、察看现场、固定证言等方面主办律师要亲自参与，这样一方面保证收集证据的效果，另一方面也有利于主办律师全方面了解案情和证据，为案件的后续工作奠定基础。律师助理或案件秘书可以在主办律师的安排和指导下，发送收集证据工作函、向第三人取证、进行网络检索、申请公证保全。在开会交流、察看现场、固定证言方面，应保证律师团队至少两人共同参与，以达到取证的程序要求。

3. 严守不提供虚假证据的底线

律师团队严守不提供虚假证据的底线。不诱导任何当事人或证人作虚假陈述或出具虚假证言，不对任何证据进行篡改，不对证据添加任何内容。告知当事人如实提交证据的重要性，要求当事人保证所提交证据的真实性。对案件事实的陈述，要么来自相应的证据，要么来自当事人的书面介绍，律师

① 林正编著：《庭审制胜》，中国法制出版社 2016 年版，第 94 页。

团队不主观臆断案件事实。

第 10 步　可视图表

（一）可视图表的概念

律师团队在了解案情和收集证据以后，就需要及时对事实和证据进行整理，在此基础上，可以借助可视化图表将案件的法律关系、证据及事实进一步形象地表达出来。

可视图表的恰当运用将给律师团队的工作带来很大的帮助。第一，可视图表比单纯的文字表述更加直观、更加简明，更能凸显案件的关键点、核心点。第二，可视图表大大方便案件的讨论交流，不仅方便律师团队内部的讨论交流，而且也方便律师团队与客户的讨论交流。第三，可视图表可以作为辅助材料提交给法庭或仲裁庭，方便法庭或仲裁庭审理案件，方便律师团队向法庭或仲裁庭陈述观点，方便法庭和仲裁庭采纳律师团队的意见。

我们可以对可视图表步骤作进一步分解：第一，整理材料清单，即律师团队在了解案情和收集证据以后，整理一个材料清单；第二，整理案件事实，即在当事人介绍的基础上和材料清单的基础上再整理出案件基本事实；第三，绘制可视图表，即在材料清单和案件基本事实的基础上，用可视化图表将法律关系、证据和案件事实形象地表达出来。

诉讼中，常用的可视图表有法律关系图、案件事实一览表、时间轴、证据清单和思维导图五种。在本步骤里我们重点探讨前三种，即法律关系图、案件事实一览表、时间轴。证据清单在本章第 21 步中介绍，思维导图在第七章第 34 步中介绍。除上述五种主要的可视图表外，诉讼中我们可能用到的图表还包括：表示空间位置的平面图、位置图；表示原因和逻辑关系的因果图、逻辑关系图；表示流程顺序的流程图；表示数据统计的排列图等。

绘制上述可视图表可以借助相应的技术软件或工具，也可以参考相应的模板。在熟练掌握相关技术工具和模板后，律师团队可以快速地绘制出案件代理工作需要的可视图表。

绘制可视图表一般由律师助理或案件秘书承办，由主办律师进行指导和审查。

（二）可视图表的步骤分解

如前所述，可以将可视图表步骤进一步分解为三个小的步骤，即整理材料清单、整理案件事实、绘制可视图表（见图 6.3）。

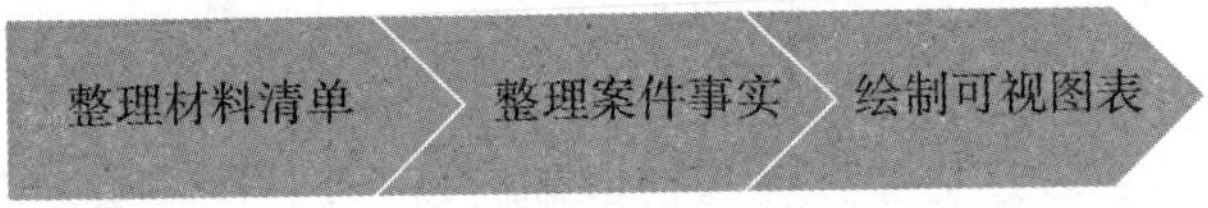

图 6.3　可视图表步骤分解

1. 整理材料清单

在收集相关案件材料和证据后，需要对案件材料进行整理，并制作材料清单。材料清单方便对案件材料的管理和查找，可以很好地提高律师团队的工作效率。

（1）如果当事人已经对案件材料进行了整理，并已经编写了材料清单，则律师团队可以保留当事人原来的材料清单及原来对材料的编号。律师团队如果有新增的案件材料，则可以在原基础上增加新的材料清单，并对新增的证据材料进行编号。

（2）如果律师团队代理的是二审案件或申请再审案件，则应在原审材料的基础上对案件材料进行整理。材料整理的一般顺序是：原审裁判文书，原审民事起诉状、民事答辩状、代理词等法律文书，原审庭审笔录，新收集的证据材料及新证据材料清单，原审本方证据清单及证据，原审对方证据清单及证据。如果当事人暂时无法提供原审中的证据清单，则应当根据原审证据、原审庭审笔录和原审裁判文书补充编写出原审的证据清单。全案材料整理完毕后，应当对上述全部材料编写材料清单。

（3）如果是一审案件，当事人也没有制作材料清单，则需要对所有收集到的材料进行整理，并编写出材料清单。证据材料应当按一定的逻辑顺序进行整理。通常的逻辑顺序包括法律关系顺序和时间顺序。如果是合同纠纷，整理材料的一般顺序是：合同主体的相关材料、合同签订的相关材料、合同及补充协议、合同履行材料、收付款凭证及发票、违约及损失材料、双方往来函件、争议协商的材料，等等。编写好材料清单后，应当用铅笔在相应的材料上标上相应材料整理序号。

（4）对材料较多的案件，可以用 Excel 表来整理和编写材料清单。Excel 表中每一份材料都可以有相应的序号、名称、时间和关键词，这样便于提高整理材料的效率和查找材料的效率。

（5）整理材料清单一方面方便对材料的管理和查找，另一方面也方便对材料的存档。根据诉讼需要，部分材料可能会作为证据在后续工作中编入证据清单，但也有部分材料可能暂时不宜或不需要作为证据提交给人民法院或仲裁庭，暂时不宜编入证据清单，但仍然可以按材料清单的顺序，将它们作为备案材料存档备查。

2. 整理案件事实

在整理好案件材料后，一般应当整理出案件事实。案件事实可以参考当事人提供的案情介绍来整理。如果已有一审判决或二审判决，则也可以参考一审判决和二审判决中的事实认定部分来整理。整理案件事实时，应当和已经收集的材料相对照。

案件事实一般按时间先后顺序进行表述。一般每一个相对独立的事实单独作为一个自然段，用阿拉伯数字对每个自然段依次编序。

案件事实的表述可以有不同的版本。供律师团队和当事人内部了解和讨论的案件事实要尽可能全面完整。只要是对案件有影响的事实，无论它对本方是否有利，都应当表述。但提交给法庭或仲裁庭的案件事实表述可以根据诉讼或仲裁需要进行一定的内容取舍，可以强化对本方有利的事实表述，对本方诉讼或仲裁没有价值的事实可以酌情不主动提及。

整理案件事实有几个作用：第一，方便律师团队成员随时了解案情、方便律师团队讨论案情；第二，方便可视图表的制作；第三，可以作为民事起诉状、民事答辩状、代理词的素材。一般来说，为方便法庭和仲裁庭了解案情，可以在民事答辩状或代理词等法律文书中从本方的角度对案件事实进行陈述。

3. 绘制可视图表

为直观地表述案件的法律关系和案件事实，更好地熟悉、分析和讨论案件，在整理案件材料和案件事实的基础上，可以绘制可视图表。

（1）法律关系图

所有的案件都可以绘制法律关系图，对三个以上法律主体的案件或多重法律关系的案件一般应当绘制法律关系图。

法律关系图可以直观地表述案件中各主体的法律关系，非常方便律师团队比照它来陈述案件事实。

法律关系图一般包括主体元素、关系元素、法律行为的文字表述等相关内容。法律主体一般用框图或圆图表示，并用文字注明其简称，也可以根据案件情况，描述该主体与案件相关的其他核心信息。主体之间的关系一般用线条表示，包括单向箭头的线条、双向箭头的线条。线条上可以用文字简要注明其法律关系的种类、主要的法律行为或主要的权利义务。

股权转让合同纠纷案件、连环买卖合同纠纷案件、工程转包或分包纠纷案件、票据纠纷案件，等等，对这些案件都非常有必要使用法律关系图。

法律关系图的样本见本章第七节。

（2）案件事实一览表

在整理案件事实的基础上，可以进一步绘制案件事实一览表。案件事实一览表是以表格的形式，直观地表述案件的主要事实，它比案件事实的文字表述更直观、更精练。

案件事实一览表有几方面的作用：第一，方便律师团队成员快速了解案件事实，方便律师团队讨论案件；第二，方便律师参加庭审，律师在案件事实一览表的帮助下，可以快速回复法庭或仲裁庭对案件事实方面的提问；第三，将案件事实一览表提交给法庭或仲裁庭，方便法庭或仲裁庭了解案情。

和案件事实的表述一样，案件事实一览表也可以有不同的版本。对律师团队自己使用的案件事实一览表一般要尽可能全面。对递交给法庭或仲裁庭的案件事实一览表可以对案件事实的内容表述进行一定的取舍，可以强化对本方有利事实的表述，对本方诉讼或仲裁没有价值的事实可以酌情不主动提及。

案件事实一览表一般包括序号、时间、法律事实及相应证据等要素。案件事实一览表的样本见本章第七节。

（3）时间轴

时间轴也是常见的可视图表。所有的案件都可以绘制时间轴，对时间要素突出的案件一般应当绘制时间轴。

时间轴有几个重要的作用：第一，它根据时间节点，直观地描述案件的主要事实，方便律师团队了解案件事实，也方便律师团队介绍案件事实。第二，它能凸显相关事实的对比，如时间先后事实的对比、同一时间节点不同主体之间的对比、同一时间节点不同法律关系的对比。

时间轴的要素包括时间节点和法律事件。时间节点可以依时间先后顺序直观地表述在时间轴线上，各节点注明具体的日期，这一方面的表述如同数学上的数轴。法律事件一般用方框对应地表述在时间节点的上方或下方，该方框用线条或箭头垂直指向时间轴线上的时间节点。

为凸显对比效果，时间轴的纵向上可以根据需要划分不同的对比维度。一般将时间轴的上方归为一个维度，将时间轴的下方归为一个维度。比如，上方标注本方的法律行为，下方标注对方的法律行为；又如，上方标注合同约定内容，下方标注实际履行行为。如果案件有多重法律关系，或有多重事实，则可以在时间轴的纵向上划出更多的维度，这样方便对不同法律关系、不同类型事实同时在时间轴上进行对比。

时间轴的样本见本章第七节。

第 11 步 法律检索

（一）法律检索的概念

法律检索的概念有广义和狭义之分。广义的法律检索不仅包括对法律本身的检索，而且包括对相关案例的检索，还包括对相关法律理论问题的检索，如对相关法律论文或法律主题的检索，甚至还包括对法律事务过程中相关信息的检索，如对诉讼主体工商登记信息的检索、对诉讼主体资信信息的检索、对案件执行中相关财产线索的检索、对承办法官相关信息的检索。

一般来说，狭义的法律检索仅指对法律本身的检索，即本章第 11 步的内容。广义的法律检索至少包括本章第 11 步法律检索、第 12 步案例检索和第 13 步论文检索。

广义的法律检索每一部分都非常重要。在案件流程管理中，为了强调广义法律检索每一部分的独立价值，强调广义法律检索的作用，笔者特意将其分解为 3 个步骤，即法律检索、案例检索和论文检索。

随着信息技术和网络技术的发展，法律检索的作用将越来越突出，没有法律检索，即使经验丰富的资深律师也很难代理好案件。事实上，法律检索是律师团队集体办案的优势，也是青年律师的优势。青年律师可以借助法律检索这一优势，积极弥补自身工作经验的不足。

（二）法律检索的程序

法律检索在程序上又可以细分为 4 个小步骤。这种细分不仅适用于狭义的法律检索，也适用于案例检索和论文检索。这 4 个小步骤分别是：第一，检索前准备。主要是确定检索什么样的法律问题，即结合案件的情况，确定检索的主题，确定检索的范围。第二，检索。即在相应的数据库、相应的网站使用一定的检索方法进行检索操作。第三，整理和加工，即对检索出的素材进行甄别，辨别他们的效力，辨别他们对案件的关联作用，同时对这些材料进行整理、摘录和标注。值得关注的是，无论对检索的法律如何进行整理和摘录，法律的全称、制定法律的主体及发布、生效日期等基本信息都应当保留。第四，出具检索报告。即记录检索的过程，汇总并出具检索成果（见图 6.4）。

图 6.4　法律检索程序

（三）法律检索的平台及方法

法律检索的平台主要包括互联网搜索引擎和法律专业数据库。

用于法律检索的常用互联网搜索引擎有百度（www.baidu.com）、必应 (cn.bing.com)、搜狗 (www.sogou.com) 等。这些互联网搜索引擎在法律理论的检索中及相关信息的检索中也能发挥很好的作用。其中，必应可以用于对图片的搜索，搜狗可以用于对微信、微博等文章的搜索。

为保证检索的准确性，对法律本身的检索一般应当使用权威的法律专业数据库或相关国家机关网站。笔者常用的法律专业数据库或网站包括北大法宝、威科先行、法信、Alpha、中国法院网、法律之星等。

进行法律检索时，可以将互联网搜索引擎检索和法律专业数据库检索结合起来。即先用互联网搜索引擎快速进行搜索，之后结合搜索结果，再在法律专业数据库中进行检索。

狭义法律检索的常用方法有以下三种：

（1）体系法查询。即依据法律体系来查询

按基本法律、专门法、行政法规、部门规章、司法解释、司法文件的体系来查询。第一个层面是法律层面。基本法律如《民法典》《刑法》等；《民法典》生效后，为民商事基本法律的查询提供了很大的便利。除基本法律外，可能还有与案件相对应的专门法，如《保险法》《水污染防治法》等。第二个层面是行政法规和规章层面，包括行政法规、地方性法规、部门规章、地方性规章。第三个层面是司法解释。第四个层面是司法文件。最高人民法院相关会议纪要、高级人民法院相关规定虽然不属于司法解释，不属于广义的法律范围，但在案件的法律适用中有非常重要的意义，因此也应当予以重视。

可以依据体系法借助法律专业数据库或网站对案件涉及的法律进行系统查询。当然，在注重互联网检索的同时，也不要忽视法规汇编在工作中的便捷作用。律师和律师团队在办公室随时备几本最新常用法规汇编，也可以提高体系法查询效率。

（2）关键词法查询

根据案件情况，设定恰当的关键词，然后进行检索。这是最常见的查询办法。这种方法重点是关键词的准确设定、对使用的专业数据库功能的熟悉以及多维度检索功能的综合运用。

（3）案例倒查法查询

查找相关的案例，根据案例对法律适用的表述，反向查询相关法律。

第 12 步　案例检索

（一）案例检索对法院裁判的指引

现在人民法院越来越重视案例在裁判时的指引作用。最高人民法院加强了指导性案例的发布工作，各高级人民法院也加强了典型案例汇编及对下级的法院的指导工作。

2017 年 7 月 25 日发布的《最高人民法院司法责任制实施意见（试行）》第 39 条明确指出，“承办法官在审理案件时，均应依托办案平台、档案系统、中国裁判文书网、法信、智审等，对本院已审结或正在审理的类案与关联案件进行全面检索，制作类案与关联案件检索报告”。第40条第1项指出，“拟作出的裁判结果与本院同类生效案件裁判尺度一致的，在合议庭评议中作出说明后即可制作、签署裁判文书”。第40条第3项指出，“拟作出的裁判结果将改变本院同类生效案件裁判尺度的，应当报请庭长召集专业法官会议研究，就相关法律适用问题进行梳理后，呈报院长提交审判委员会讨论”。从上述规定可以看出，案例检索是对法官审理案件的要求。承办法官拟改变类案判决的，需要报请庭长召集专业法官会议研究，并最终报院长提交审判委员会讨论。

2018年12月4日发布的《最高人民法院关于进一步全面落实司法责任制的实施意见》第9条指出，“健全完善法律统一适用机制。各级人民法院应当在完善类案参考、裁判指引等工作机制基础上，建立类案及关联案件强制检索机制，确保类案裁判标准统一、法律适用统一。存在法律适用争议或者类案不同判可能的案件，承办法官应当制作关联案件和类案检索报告，并在合议庭评议或者专业法官会议讨论时说明”。该规定同样要求承办法官进行案例检索，并制作类案检索报告，同时在合议庭评议时或专业法官会议讨论时说明。

北京市高级人民法院2019年12月2日发布了《北京市高级人民法院关于规范民事案件自由裁量权行使保障裁判尺度统一的工作意见（试行）》。该意见第8条规定了类案检索的应用。即“民事审判中，法官就注重通过类案检索分析发现自由裁量权行使中存在的裁判尺度不统一问题。法官提交涉及自由裁量权行使疑难问题的案件审理报告，应包括类案检索部分。对于当事人提交的类案检索材料显示可能涉及自由裁量权行使不统一问题的，法官应认真甄别是否可作为裁判参考，无须在裁判文书中回应的，应在合议笔录或工作记录中载明。法官认为有必要的，可释明当事人提交类案检索结果作为裁判参考”。这一条规定明确了以下三点重要内容：第一，北京法院系统法官制作的涉及自由裁量权疑难问题的案件审理报告应当有类案检索部分的内容；第二，对当事人提交类案检索材料在裁判文书中没有回应的，法官应当在合议笔录或工作记录中载明；第三，法官可释明主动要求当事人提交类案检索结果。该意见第 9 条进一步明确了类案检索的方法及顺序。即“民事类案检索时应依次检索最高人民法院发布的指导性案例、高级人民法院发布的参阅案例、本院院级法官会议或审判委员会讨论的案例。如在上述范围无法查找到类案，可对所在辖区的中、高级法院、全国法院其他生效案件进一步检索。法官可依据北京法院办案系统、中国裁判文书网、专业性商业网站等信息平台，以案由、关键词、当事人、法律关系等为要素对类案进行检索”。其第 10 条又进一步明确了类案检索的要求，即“普通民事案件审理中，法官应当进行类案检索，检索结果应当形成记录存入副卷”。

最高人民法院又于 2020 年 7 月 27 日发布了《最高人民法院关于统一法律适用加强类案检索的指导意见（试行）》。该指导意见第 2 条明确了人民法院类案强制检索的情况，即下列四种情形，人民法院应当进行类案检索：（1）拟提交专业（主审）法官会议或者审判委员会讨论的；（2）缺乏明确裁判规则或者尚未形成统一裁判规则的；（3）院长、庭长根据审判监督管理权限要求进行类案检索的；（4）其他需要进行类案检索的。其第 4 条规定了类案检索的范围，即类案检索的范围一般包括：（1）最高人民法院发布的指导性案例；（2）最高人民法院发布的典型案例及裁判生效的案件；（3）本省（自治区、直辖市）高级人民法院发布的参考性案例及裁判生效的案件；（4）上一级人民法院及本院裁判生效的案件。除指导性案例以外，优先检索近 3 年的案例或者案件。其第 5 条提出了三种类案检索方法，即关键词检索方法、法条关联案件检索方法和案例关联检索方法。其第 9 条规定了类案对案件裁判的作用，即检索到的类案为指导性案例的，人民法院应当参照作出裁判，但与新的法律、行政法规、司法解释相冲突或者为新的指导性案例所取代的除外；检索到其他类案的，人民法院可以此作为作出裁判的参考。

从以上规定来看，在民商事案件的审理中，尤其在可能涉及法律适用统一问题的民商事案件审理中，类案检索是人民法院重要的工作程序，类案对人民法院的裁判工作有很强的指导作用和一定的约束作用。

因此，律师团队在较为复杂案件代理中，应当进行案例检索，而且一般情况下，应当主动向人民法院提交案例检索报告。

（二）案例检索对律师团队的作用

如前所述，律师团队结合案情给人民法院或仲裁庭提交案例检索报告是代理工作的重要内容，有利于引导合议庭或仲裁庭在自由裁量权范围内作出对本方有利的裁判。除外之此，案例检索在律师团队的代理工作中还有其他几项重要的作用。

第一，方便律师团队对案件的评估，方便律师团队确定代理方案。案例检索有利于律师团队对该案的法律适用问题有较为准确的把握，有利于对案件作出正确的评估，有利于确定和制订案件代理方案。

第二，有利于律师团队确定本方的诉讼理由，有利于律师团队组织和阐释代理意见。类案中的当事人已经就相关的争议进行了充分的阐释和抗辩，律师团队可以综合参考不同案件中当事人的意见，参考不同案件中人民法院的裁判意见，组织和确定本次诉讼中本方的诉讼理由和代理意见。

第三，有利于提前应对对方当事人可能的抗辩。一般来说，对方当事人的抗辩理由在类案中或多或少地被提及过，因此通过案件检索，可以提前预估对方可能提出的抗辩观点或抗辩理由，并综合参考先前的案例提前做好应对准备。

第四，案例可以成为本方代理词或辩论意见的素材，使本方在法律适用方面的说理更加有说服力。

（三）案例检索的范围

确定检索案例的范围可以参考《最高人民法院关于统一法律适用加强类案检索的指导意见（试行）》第 4 条的规定。除此之外，当事人或律师团队确定检索案例的范围时还应当注意以下几点：

第一，除依据法律适用的相似程序来检索案例外，还应当注意案例裁判法院的级别以及案例裁判法院与本起案件审理法院的上下级关系。一般来说，案例优先参考顺序依次是：（1）最高人民法院公布的指导性案例；（2）最高人民法院公报发布的典型案例，或最高人民法院以其他方式发布的典型案例；（3）审理法院对应的高级人民法院发布的参考性案例；（4）最高人民法院裁判生效的案例；（5）审理法院对应的高级人民法院裁判生效的案例；（6）审理法院或上级法院法官会议或审判委员会讨论的案例；（7）上级法院的其他案例；（8）其他高级人民法院的案例；（9）其他中级人民法院及基层人民法院的案例。值得引起注意的是，裁定驳回再审申请的再审审查案例的参考效力明显弱于同级法院再审判决或二审判决的案例。

第二，不仅应当重视对本方有利案例的检索和分析，分析其与本案的相似性，分析其对本案的参考价值，而且也应当重视对本方不利案例的检索分析，分析其与本案在案情方面不一致的地方，分析其在法律适用方面是否存在不合理的地方，分析是否存在司法实践的变化，是否出现了不同于原来案例的新案例。

第三，除进行法律适用方面的案例检索外，还可以对对方当事人及其关联单位进行案例检索，了解对方当事人已经发生的纠纷情况，了解这些纠纷相应的裁判情况。

（四）案例检索平台、案例检索方法及案例整理

现阶段常用的案例检索平台有北大法宝、威科先行、法信、Alpha、无讼案例、裁判文书网，其他检索平台还有法律之星、律商 lexis、OpenLaw、聚法案例、把手案例、元典智库、理脉等。

可以通过设定关键词的方法来检索案例。这种方法的重点是关键词的准确设定、对专业数据库功能的熟悉以及多维度检索功能的综合运用。另外，如果案例涉及某一特定法律条款的适用，还可以在该条款特定的关联案例中检索。

2011 年 12 月 30 日最高人民法院研究室印发了《关于编写报送指导性案例体例的意见》和《指导性案例样式》，可以比照上述样式来整理检索到的相关案例。案例名称一般应当包括法院名称、双方当事人名称、案由、案号。内容一般应当包括裁判要点、相关法条、基本案情、裁判结果、裁判理由。

对与检索结果相对应的裁判理由部分一般应用黑体加粗或下画线等方式加以标注和凸显。

第 13 步　论文检索

（一）论文检索的范围和作用

在复杂疑难案件或对法律适用问题存在较大争议的案件中，除了进行法律条文检索、案例检索外，还应当进行专题研究，对相关法学理论及相关法律论文进行检索。如建设工程施工合同纠纷中的表见代理问题、走单贸易问题、基金内设单元问题，对这些问题不能仅仅停留在法律条文检索及案例检索的层面上，在案件代理过程中，还需要对相关法学理论及相关法律论文进行检索，并在检索的基础上对这些问题进行全面深入的研究。本步骤的论文检索实际上指以法学论文检索为主的相关法律问题检索和理论研究。

论文检索的内容依次应当包括：（1）权威的法学著作，包括权威的法学教材，以及它们对涉案法律问题的阐述；（2）权威法学刊物上的法学论文对涉案问题的阐述；（3）其他阐述涉案法律问题的著作、论文或文章；（4）域外关于涉案问题相关的立法、案例及观点。

论文检索有两个重要的作用。第一，帮助律师团队全面深入地了解涉案法律问题，方便更好地评估和把握案件，方便更系统和更有深度地阐释代理意见。第二，可以将检索的相关论文和其他材料作为参考材料呈送给人民法院或仲裁庭，方便法官和仲裁员采纳本方意见。

论文检索的常用平台有威科先行、北京法宝、法信、中国知网等，另外，还可以借助百度和搜狗等搜索引擎进行检索。

（二）法律检索报告

在进行法律、案例、论文检索后，一般应当出具法律检索报告。法律检索报告可以分为两个版本。

一个版本为律师团队内部的版本。内容可以包括对法律、案例、论文检索过程和检索结果的全部整理和记录。不仅包括对检索结果的表述，也包括对检索过程的表述，如使用的检索平台、检索使用的关键词等。这个版本的报告不仅包括对案例检索结果的整理，也包括对法律检索结果的整理、对论文检索结果的整理；在案例方面，不仅包括对本方有利的案例，也包括对本方不利的案例。律师团队内部的检索报告应保证全面、完整，方便律师团队客观讨论和评估案件。

另一个版本是提交给人民法院或仲裁庭的版本，该版本以说服法官和仲裁员为原则。提交的案例应当切合案情且有利于本案观点，提交的论文应当有一定的权威性和说服力。

第三节　团队讨论和完善方案

第 14 步　分析报告

（一）分析报告的作用

在事实准备和法律准备后，律师团队接下来的任务就是确定和细化案件代理方案。为尽可能保证代理方案的科学、合理和完善，需要发挥律师团队的集体力量，进行集体讨论。为方便集体讨论，在集体讨论之前需要准备分析报告。

分析报告步骤的作用主要有两个方面：第一，在事实准备和法律准备的基础上，全面对案件进行分析，提出需要讨论的问题，以及案件的代理方案建议。本步骤的代理方案不同于案件委托阶段会谈交流时提出的分析方案。当然，本步骤的分析方案，可以是对前期分析方案的细化和修改。第二，本步骤的分析报告属于律师团队内部工作文件，起草分析报告的主要目标是方便团队集体讨论。分析报告要方便律师团队的其他成员快速了解案件的情况及需要讨论的问题，方便承办律师向律师团队进行介绍和汇报，同时也为团队讨论提供相应的依据和素材。

分析报告一般由律师助理或团队秘书在主办律师的指导下起草，最后由主办律师修改定稿。

本步骤的分析报告一般只在律师团队内部传阅。如果案件讨论需要邀请当事人参加，分析报告经主办律师审定后，也可以发送给当事人，但应当注明“讨论稿”等字样。

（二）分析报告的内容

分析报告是律师团队内部工作文件，以提高工作效率和方便团队内部交流为原则。案件不同，分析报告的详略程度也并不相同。一般来说，分析报告包括如下内容。

1. 事实介绍

在前期事实整理的基础上，对案件事实做详细介绍。对主要的事实要注明相应的证据名称。对只有当事人介绍或当事人陈述而没有其他证据证明的事实，或现阶段证据相比较缺乏的事实，应客观地作相应的说明。也可以将前期完整的事实说明作为分析报告的附件，分析报告不再对案件事实另作详细介绍。

当事人关系图、案件事实一览表、时间轴等可视图表可以作为分析报告的附件。

2. 双方当事人的争议及委托人的目的

详细介绍双方当事人争议的问题，介绍当事人委托本案要达到的目的。可以结合整个交易背景来介绍当事人委托本案的目的，可以介绍当事人重点关注的事项。

3. 法律和案例分析

列出类似问题的相关法律规定，类案检索情况。法律检索报告同样可以作为分析报告的附件。

4. 代理方案分析

全方位提出具体的代理方案。本步骤的代理方案可以是前期代理方案的修改、细化和完善。

5. 不同代理方案比较

根据案件的情况，分析不同的代理方案，并比较它们之间的优劣。

6. 代理工作计划

制订具体的代理工作计划，进一步确定分工，确定要开展的主要工作，进一步确定前期代理工作的主要时间节点。

7. 讨论的问题

归纳和总结需要提请律师团队讨论的问题，或者请求专家讨论的问题。

（三）代理方案的内容分解

代理方案一般可以从以下几方面进行分析：

1. 诉讼与非诉讼的选择及结合

这方面主要涉及的问题包括：前期是直接进行诉讼，还是先进行非诉讼协商；如果暂不采取诉讼措施，应当做好哪些预防和准备工作；如果迅速启动诉讼程序，在诉讼中有无进行协商的可能；如何在诉讼中进行协商。

2. 民事诉讼、行政诉讼、刑事举报的选择及结合

这方面主要涉及的问题包括：选择民事诉讼、行政诉讼，还是刑事举报；如果是提起民事诉讼，是否需要采取行政诉讼、行政举报或刑事举报等辅助措施。

3. 案由的确定

这方面主要涉及的问题包括：依据最高人民法院关于案由的规定，该案应当确定的案由是什么；有无其他选择；案由的选择对本案有什么影响。

4. 诉讼主体的确定

这方面主要涉及的问题包括：以谁的名义主张权利；列一个原告还是多个原告；向哪个单位主张权利；列一个被告还是多个被告；有无必要列第三人。

5. 管辖的选择

这方面主要涉及的问题包括：可以在哪几家法院提起诉讼；选择在哪家法院进行诉讼；选择管辖法院的法律依据和合同依据是什么。

6. 诉讼保全的确定

这方面主要涉及的问题包括：是否需要进行诉讼保全；选择诉前保全还是诉中保全；保全的范围和金额如何确定；有无具体的保全对象。

7. 诉讼请求的确定

这方面主要涉及的问题包括：结合当事人的主张，如何确定诉讼请求；诉讼请求分哪几项；各项诉讼请求之间有什么关系；每一项诉讼请求的金额如何确定；它们对应的法律依据、合同依据和事实依据是什么。

8. 事实和理由的确定

确定案件的事实和理由，即确定每一项诉讼请求所对应的事实，所对应的法律规定及理由。

9. 证据的选择、确定及计划

选择和确定证明每一项案件事实所对应的证据，确定在证据收集方面还需要做哪些工作。

10. 分析其他配合措施

这方面主要涉及的问题包括：讨论和确定在诉讼时是否还需要采取其他相应的措施；有哪些措施；这些措施相应的工作在律师团队和当事人之间如何分工。

11. 总结和归纳提请讨论的问题

总结和归纳提请律师团队讨论的问题或提请专家论证的问题。这方面主要涉及的问题包括：有哪几个问题需要重点讨论；关于这几个问题不同的观点有哪些；这几个问题对案件裁判有什么影响；需要哪方面的人员参与讨论；有无召开专家论证会的必要。

第 15 步 团队讨论

（一）团队讨论的作用和原则

集体讨论是律师团队的优势，应当成为律师团队的一项制度，成为每一起案件的必经步骤。

团队讨论能发挥集体的智慧，更全面、多角度地讨论案件，更合理地确定案件代理方案。个人的智慧总是有限的，每个人都存在这样或那样的思维定势，集体讨论能预防和弥补个人的不足，使承办律师听到不同的声音，更好地确定和完善代理方案。

团队讨论也使承办律师对案件事实和证据更加熟悉，对案件思路把握得更加清晰，为后续的代理工作做好铺垫。

要确保团队讨论发挥好实质性作用，不只是停留在形式上，需要坚持两个基本原则：第一个原则是平等原则。即参与讨论的律师应该平等参与，不受职务级别的影响。要避免主办律师和律师助理、案件秘书之间以安排工作的方式进行讨论。第二个原则是开放原则。讨论时对任何问题都要持开放态度，律师团队不但要从正反两个方面进行讨论，而且要乐于听到不同的观点和意见，主动倾听不同的观点和意见。

（二）团队讨论的方式

案件不同，律师团队也可以采取不同的讨论方法（见图 6.5）。

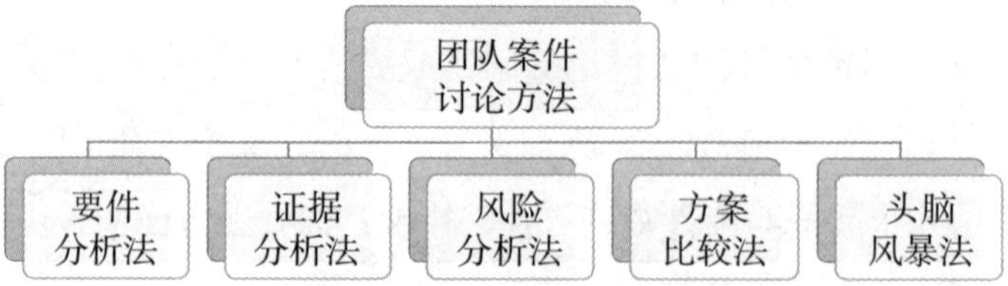

图 6.5 团队案件讨论方法

对普通的案件或承办律师比较有把握的案件，一般由主办律师、辅办律师、律师助理、团队秘书进行讨论。讨论时，辅办律师要积极参与，负责人严格把关，防止团队讨论流于形式。

对重大案件、复杂疑难案件或有重大影响的案件，要坚持律师团队集体讨论制度。律师团队的主要律师都应当参加案件讨论，就案件涉及的问题多角度深入讨论，发表意见。

对普通案件的讨论，主办律师和辅办律师之间可以采取灵活的方式进行。

对重大案件、复杂疑难案件或有重大影响的案件，律师团队可采取定期讨论的方式，如每周的某一天的某一个时段固定为案件讨论时间，或者采用个案讨论会的方式，即为某一个或几个特定案件专门组织召开案件讨论会。

如有必要，可以邀请当事人负责人、法务人员或原代理律师共同参加案件讨论，也可以邀请团队以外相关专业的律师一起参加讨论。对部分案件，可以组织专家论证会的方式，听取专家的论证意见。

（三）要件分析法

要件分析法是最常见的讨论方法之一。承办律师一般应当按照要件分析法进行案件介绍和汇报，律师团队可以采取要件分析法对案件涉及的法律问题及事实问题逐一进行讨论。

邹碧华法官在《要件审判九步法》中将审判活动划分为环环相扣的九个步骤。这九个步骤分别是：第一步，固定权利请求；第二步，确定权利请求基础规范；第三步，确定抗辩权基础规范；第四步，基础规范构成要件分析；第五步，诉讼主张检索；第六步，争点整理；第七步，要件事实证明；第八步，事实认定；第九步，要件归入、作出裁判。[①]

在这九个审判步骤中，要件分析非常重要。其中，第四步中的要件指“基础规范构成要件”，即法律规范的各个构成要素；第七步和第八步中的要件指与法律规范构成要件相对应的能够引发法律效果的主要事实；第九步中的要件指对比基础规范中的构成要件与证据证明的要件事实，认定基础规范中

① 参见邹碧华：《要件审判九步法》，法律出版社2010年版。

的构成要件是否都已经成就。

上述要件审判方法已经成为法院系统倡导的审判方法，因此，律师团队同样可以采取要件分析的方法全方面分析和讨论案件。分析相应的诉讼请求，分析相应的请求权基础规范，分析相应的抗辩权基础规范，分析基础规范的构成要件，分析要件事实的证明情况，分析和评估诉讼方案的合理性。

（四）证据分析法

证据分析法同样是律师团队讨论时常用的方法。

证据分析法包括如下分析内容：分析当事人主张的事实及对应的证据，分析当事人主张的事实和证据证明事实的差异，分析案件的举证责任分配，分析是否存在举证责任的转移，分析证据的证据能力和证明力，分析要件事实或案件主要事实是否达到了相应的证明标准，从证据方面评估诉讼请求获得支持的可能性，从证据方面评估代理方案的合理性，分析是否还有完善证据的其他方法。

（五）风险分析法

风险分析法同样也是律师团队讨论时常用的方法。

风险分析法是指在案件讨论过程中，从诉讼风险的角度，对案件进行全方面分析和讨论。风险分析包括以下内容：诉讼主体风险分析、诉讼请求风险分析、事实认定风险分析、法律适用风险分析、诉讼管辖风险分析、诉讼效率或结案时间风险分析、被告偿付能力及执行风险分析、司法环境或非法律因素干扰的风险分析、如何降低本方的诉讼风险、如何从诉讼风险的角度合理增加对方当事人的难度。

（六）其他分析方法

除要件分析法、证据分析法、风险分析法外，律师团队使用的分析方法还包括方案比较分析法和头脑风暴法等。

方案比较分析法，是指承办律师或律师团队提出不同的诉讼代理方案，对每个诉讼代理方案进行比较，最终确定相对合理的代理方案，或者确定一个代理方案，同时将另一方案作为备用，在必要时或条件成就时替换使用。

头脑风暴法，是指律师团队在正常融洽和不受任何限制的气氛中以会议形式进行讨论、座谈，打破常规，积极思考，畅所欲言，充分发表看法。法律思维和法律人的思维一般比较严谨，容易受限于固定的思维模式，因此在有些案件中可以考虑采用头脑风暴法进行适当的发散式思考，以取得更好的效果。

头脑风暴法一般要坚持四个基本原则。第一，自由畅谈的原则，即参加者不受条条框框的限制，放松思想，从不同的角度大胆进行想象，提出独创性的想法。第二，以量求质的原则。第三，禁止批评的原则，每个人都不得对别人的设想提出批评意见。第四，见解无专利原则，每个人都可以在别人的想法上或设想上提出新的想法，创意加创意就是新的创意。

第16步 专家论证

（一）专家论证的作用

从流程管理的角度，大部分案件在团队讨论之后即可直接进入完善方案步骤，并没有专家论证步骤。只有对部分重大案件或复杂疑难案件才在团队讨论的基础之上组织专家论证。基于专家论证的独特价值，在商事诉讼仲裁案件中，笔者仍将其单独列为一个流程步骤。

专家论证主要发挥以下几方面的作用：

第一，从专家的角度分析和论证案件来看，方便更合理地确定和完善案件代理方案，这是专家论证最主要的作用。参与论证的专家利用自身在案件所涉领域的深厚法学理论或实务经验，就争议的法律适用问题、特定的事实认定问题，发表自己的见解，方便律师团队在更广阔的视野上把握好案情，更稳妥地、更合理地确定和完善案件代理方案。

第二，专家论证一般会形成专家论证意见书，在有些案件中，将专家论证意见书提交给人民法院或仲裁庭，能起到积极的推动作用，有利于人民法院或仲裁庭对案件的相关问题进行认定和裁判。

第三，增加当事人对律师团队代理方案的信心。

另外，专家论证有利于律师团队做好代理准备工作。论证会中律师团队的案情介绍、专家对承办律师的提问、专家之间的相互辩论都有利于律师团队做好代理准备工作。

（二）专家论证的组织方式及参加人员

专家论证有两种组织方式：一是由律师事务所组织，即由律师事务所负责人，或律师事务所的专业部门，或律师事务所律师团队的负责人组织；二是律师事务所外委法学院校、法学研究所或某一研究中心组织，或者当事人在律师团队的协助下外委法学院校、法学研究所或某一研究中心组织。

参与论证的专家一般为涉案法律领域的权威理论专家或实务专家。要保证邀请的论证专家在专业领域有一定的交集度，如至少邀请3位左右的专家是案件所涉领域的专业权威。另外根据案件需要，也要注意保证专家之间一定的互补性，如理论界专家和实务界专家的互补、实体领域专家和程序领域专家的互补。

除受邀专家参加外，律师团队参与代理的人员也应当列席参加，当事人本人、企业负责人、企业法律部门负责人、原审代理律师一般也可以列席参加。

（三）专家论证会程序分解

组织论证会要历经论证准备、开会论证和出具专家论证意见书这3个小的步骤。这3个小的步骤都对专家论证会非常重要。

1. 论证准备

论证准备的事务比较多。首先是确定召开专家论证会，一般由律师团队和当事人根据案件需要协商确定。在案件委托阶段当事人有可能就提出了这方面的要求，在前期代理阶段，律师团队负责人也可以根据团队讨论情况或案件情况和当事人协商确定召开专家论证会。

确定召开专家论证会后，由律师事务所组织论证的，应由律师事务所邀请相关专家；由律师团队协助当事人外委其他单位组织论证的，应由外委单位邀请相关专家。确定专家名单时，可以听取当事人的意见。确定专家名单后应及时将名单通报给当事人。

会议召开前律师团队应当准备好论证所用的相关材料，包括案情的基本介绍、主要的证据材料、需要论证的问题，律师团队应提前将相关材料发给论证专家，方便专家提前进行预备。律师团队还应制作案情介绍的PPT，方便论证时对案件进行介绍。承办律师应当在律师团队集体讨论的基础上进一步对相关问题进行归纳和梳理，对案情进行熟悉，以便更好地配合参加专家论证会。

在确定好论证会的时间和地点后，律师团队应做好会务准备，包括制作座签、打印会议程序单、通知相关参会人员等。

2. 开会论证

论证会一般按如下程序进行：第一，主持人发言。主持人介绍组织本次论证的目的和意义，介绍出席论证会的专家和其他参会人员，介绍论证会参会人员的注意事项，如要求各参会人员遵守保密义务等，介绍论证会的程序安排。第二，承办律师进行案情汇报。承办律师可以结合会前准备的PPT及其他材料，介绍案情、介绍提请讨论和论证的问题。第二，论证专家提问。论证专家就承办律师介绍的情况，或案件材料的相关情况，或相关问题向承办律师发问，或向当事人或当事人单位工作人员发问，进一步了解案情。第四，参会论证专家逐一发表论证意见。第五，参会论证专家相互讨论和论证。第六，专家代表作总结性发言，或主持人作总结性发言，论证会结束。

3. 出具专家论证意见书

论证过程中律师团队要做好记录。论证会结束后应及时整理出书面的论证意见，供论证专家参考、修改、定稿和签署。如果论证专家推选了专家论证意见书的起草人，则律师团队应当将论证会会议记录及时发送给起草人和其他专家，方便论证专家及时出具专家论证意见书。

（四）专家论证意见书内容分解

专家论证意见书一般应当记述案件的事实、论证的材料、论证的过程、论证分析及论证结论。专家论证意见书常常包括以下内容：

1. 论证委托人

明确论证的委托人，如案件的当事人、代理案件的律师事务所等。论证委托书可以作为论证书的附件。

2. 论证人

受邀请参加的论证专家。一般应介绍论证专家的学术职务或工作身份。

3. 前言说明

简要说明论证的过程，如论证委托的背景、论证委托的情况、论证的主要问题、论证会的召开情况、形成专家论证意见的情况等，对专家论证意见书的使用范围限制或其他声明等。

4. 案情介绍

介绍当事人陈述的案情，介绍纠纷的情况，介绍案件的诉讼或仲裁状况。

5. 论证所依据的材料

介绍委托人交付的材料，论证所依据的材料。

6. 委托论证事项

介绍委托论证的事项，论证的主要问题。

7. 论证分析

对论证问题逐一论证和分析，详细阐述论证意见。

8. 论证结论

概括总结论证意见。

第 17 步　完善方案

（一）完善方案步骤的作用和要求

本步骤及本步骤之前直接涉及代理方案的步骤有3个，即第5步代理函件、第 14 步分析报告、第 17 步完善方案。在这 3 个步骤中，代理方案一步一步地被细化和完善。

第 5 步代理函件处于案件委托阶段，当事人并未办理委托，律师团队仅在当事人的介绍和当事人已经提供材料的基础上，出具初步方案。该方案比较概括和原则。

第 14 步分析报告中的代理方案，是律师团队在接受委托后，进行了事实准备和法律准备，然后由案件秘书或承办律师负责提出的方案。分析报告中的代理方案比较详细，但仍需要律师团队进行集体讨论，需要律师团队集体进行分析、论证和完善。

第 17 步完善方案实际是律师团队集体讨论的延续。即承办律师结合律师团队的讨论，结合专家论证意见，对分析报告中的代理方案进行修改、补充和完善。

经本步骤完善后的最终代理方案应当满足正确、全面和优化的要求。

正确是最基本的要求。代理方案应当与法律规定相符，有证据和事实支持，且切实可行。代理函件或分析报告中的代理方案如果存在偏差，经过集体讨论后，这些偏差就应当得到及时修正。如果代理函件和分析报告的代理方案没有偏差，经过集体讨论后，这一方案就应当得到肯定，并最终确定下来。

全面也是基本的要求。分析报告中的代理方案已经体现了全面的要求，律师团队在集体讨论后，应结合讨论的情况审查原代理方案是否有需要补充的地方，确保方案的完整性。

在满足正确、完整这两个基本要求的基础上，代理方案还应当进一步优化。即比较不同的方案，选择其中的最优方案。在诉讼请求的确定方面，保证最合理且风险最低。在事实陈述方面，保证详略得当。在理由陈述方面，保证切中要害，有说服力。

在案件代理的PDCA循环来看，前期代理阶段主要是P阶段，即案件代理的计划阶段。完善方案步骤又是前期代理阶段的中心环节。代理方案的完善和确立，说明案件代理的计划工作基本完成。

（二）完善方案的内容

完善方案的内容可以参考分析报告中代理方案的内容。完善代理方案主要集体中在以下几方面：

第一，诉讼方案的完善，如诉讼主体的选择和确定、诉讼请求的优化、诉讼理由的优化和补充、诉讼证据的补充和完善。

第二，诉讼相关措施的完善，如保全措施的准备、管辖的选择、其他配合的措施等。

第三，预备方案的准备。

第四，确定主要代理工作的时间节点。

第五，细化团队成员的分工。

第18步 方案函件

（一）方案函件的作用

为保证律师团队和当事人之间的有效交流，在关键的流程节点上，一般应当以律师工作函的方式书面与当事人交流。完善和确定代理方案是前期代理阶段的中心环节，因此在完善方案之后，一般应当向当事人发送方案函件。

在之前的代理步骤中，律师团队已经给当事人发送过律师工作函件。如第5步代理函件步骤的函件，即律师团队与当事人确定代理关系前发送的函件；又如第9步收集证据的函件，即律师团队指导当事人收集和提供证据的函件。

本步骤发送函件的主要目的是向当事人通报律师团队讨论和确定的代理方案，最终听取当事人的意见。

（二）方案函件的内容

一般来说，方案函件作为律师团队和当事人之间阶段性的工作交流，包括以下几方面的内容：

1. 前期工作通报

前期工作通报通报的是律师团队前期开展的主要工作，如证据收集方面的工作、法律检索方面的工作、案件讨论方面的工作等。

2. 代理方案通报

代理方案通报是对律师团队经讨论后完善的代理方案的通报。一般情况下，律师团队向当事人通报代理方案并作一定说明即可。也就是说，律师团队代客户确定了代理方案，通报给客户，并不需要客户作出选择或进行决策。因为一般来说，客户选择了律师团队，就委托律师团队对案件代理方案进行选择和决策。如果律师团队又将法律专业问题的选择权和决策权交还给当事人，要求当事人作出专业判断，这样势必增加当事人的负担，甚至使有些当事人认为律师团队在推卸专业方面的责任。但在有些案件中，当事人，包括当事人的负责人或法务部门，深度地参与了案件代理方案的制定，当事人的法务部门在法律专业上有很强的决策能力和判断能力。在这种情况下，律师团队通报代理方案时，则应当主动征求和倾听当事人的意见，由律师团队和当事人共同对代理方案进行最终确认。

3. 告知需要补充的材料

收集完善证据的过程可能贯穿案件代理的大部分阶段。如仍有需要当事人收集和完善的证据，在方案函件中应及时书面提出。

4. 告知后续工作计划

在方案函件中通报后续代理工作计划，代理工作的时间安排、人员安排，以及当事人后续需要配合的相关事务。

第四节　撰写文书和整理证据

第19步　撰写文书

（一）起诉类文书的重要性

在完善代理思路之后，律师团队就应当及时撰写法律文书，推动案件的立案工作或答辩工作。

起诉类文书主要包括一审案件的民事起诉状、民事答辩状、民事反诉状，二审案件的民事上诉状、上诉答辩状，再审案件的再审申请书，仲裁案件的仲裁申请书、仲裁答辩书、仲裁反请求申请书；它们在各自的案件中都非常重要。

第一，该起诉类文书是案件审理的基础，案件将围绕起诉类文书提出的请求及主张的事实和理由进行审理。错误的请求或错误的事实和理由将使本方的诉讼一开始就陷入被动，有些失误甚至很难在今后的诉讼中得到修正或弥补。起诉类文书对案件事实的表述如果构成自认，除非人民法院裁定同意，否则很难被撤销。另外，起诉类文书的内容一般会被直接表述到裁判文书中，最终成为裁判文书的一部分。

第二，起诉类文书在说服法官和仲裁员的过程中发挥着非常重要的作用。起诉类文书往往是法官或仲裁员查看的第一份文书。表述严谨、条理清晰、有说服力的起诉类文书很容易给法官和仲裁员留下深刻的印象，从一开始就吸引法官和仲裁员的注意，在说服法官和仲裁员的过程中起到很好的效果。在上诉案件中和申请再审案件中，一篇好的民事上诉状或再审申请书甚至在一定程度上直接决定了案件的胜败。

第三，起诉类文书陈述的思路一般就是案件代理的思路。今后的证据整理工作、举证质证工作、庭审辩论工作基本上都会围绕这一思路展开，对案件的整个代理工作在一定程度上会起到提纲挈领的作用。

（二）起诉类文书的要求

起诉类文书是承办律师和律师团队专业能力的综合体现。起诉类文书首先要满足法律文书的基本要求。在本书第四章第三节中，笔者对法律文书的基本要求用“信达雅”进行了概述和总结。即法律文书要满足表达准确、层次清晰、主题突出、规范美观等基本要求。

除满足上述基本要求外，起诉类文书还应当特别注意以下两个方面：

第一，要尽力提高起诉类文书的说服力。

要使法官和仲裁员初次接触本方起诉类法律文书时就被吸引并对本方观点形成较为深刻的印象，重要的前提条件是本方提交的起诉类文书有较强的说服力。因此，在撰写起诉类法律文书时，除满足准确、清晰、规范等基本要求外，还应当重点关注和提升文书的说服力。尤其是民事上诉状和再审申请书，一定要有说服力地指出和论述原审的重大错误，让首次接触文书的法官形成确需对原审进行改判的印象。

第二，要注意不同起诉类文书的区别。

民事起诉状和仲裁申请书整体来说属于以叙述为主的法律文书，对事实和理由的陈述更多表现为正向的陈述，而且一般以事实陈述为主、以说理为辅。因诉讼和仲裁不同，民事起诉状和仲裁申请书二者之间又有细微的区别。仲裁申请书一般强调对案件事实作较为详细的陈述，方便仲裁庭全体成员先行详细了解案情。而在有些诉讼案件中，对案件事实的陈述不一定要很详细地展开，概括性的陈述便于在诉讼中根据情况进行适当的调整和补充。

民事上诉状和再审申请书整体来说属于以论述为主的法律文书，主要反驳和论述原审判决的错误。在论述之前，可以对案件事实进行一个整体介绍，但文书的重点是对原审判决的错误进行反驳，上诉理由部分或申请再审理由部分应当围绕原审错误之处展开。因程序的不同，再审申请书和民事上诉状二者之间又存在较大的差异，再审申请书要求必须围绕《民事诉讼法》规定的法定再审事由展开。

起诉类文书是最基本的法律文书，是律师专业能力的综合体现。每一种起诉类文书都很重要，都有需要特别关注的地方。笔者在下文分别对民事起诉状、民事上诉状、再审申请书进行分析和探讨。

（三）民事起诉状

1. 民事起诉状的结构分解

民事起诉状由标题、正文、落款三部分组成。正文又包括当事人及基本情况、案由、诉讼请求、事实和理由。

2. 民事起诉状的标题

依据2016年6月28日发布的《最高人民法院关于印发〈人民法院民事裁判文书制作规范〉〈民事诉讼文书样式〉的通知》，民事起诉状的规范名称为“民事起诉状”。因此，不宜再使用“起诉状”或“民事诉状”等名称。

笔者团队对“民事起诉状”的标题一般用小二号黑体加粗。标题居中，上面空一行，下面空两行，空行用小四号。全文除标题用小二号字体外，其余全部用小四号字体。

3. 当事人及基本情况

当事人主体的确定涉及案件的基本代理思路，在完善方案步骤中就应当对其进行确定。以谁的名义提起诉讼、列哪个主体或哪几个主体为被告、是否要列第三人等问题都非常重要。确定主体遵循的基本原则是准确和全面。任何主体的确定都应当有法律依据和事实依据，当事人应当是某一法律关系的主体，或者与法律关系的处理相关联。另外，列当事人主体时不应当有遗漏，除基于代理方案的特殊考虑外，一般不要遗漏共同的被告。

《民事诉讼法》规定，原告是自然人的，民事起诉状应当写明原告的姓名、性别、年龄、民族、职业、工作单位、住所、联系方式，原告是法人或其他组织的，应当写明法人或其他组织的名称、住所和法定代表人或者主要负责人的姓名、职务、联系方式。被告是自然人的，民事起诉状应当写明被告的姓名、性别、工作单位、住所等信息，被告是法人或其他组织的，则写明被告的名称、住所等信息。要尽可能提供被告有效的联系方式，方便人民法院立案后及时通知被告。

原告是自然人的，其姓名应当与其身份证或其他身份证明上的名称一致；原告是单位的，其名称应当与营业执照或其他主体证明材料上的名称一致。被告的姓名或名称也应当准确无误。原告是自然人的，其住所应当写明身份证上的住所，实际住所与身份证上的住所不一致的，也可以在民事起诉状中写明。在民事起诉状中可以写明原告自然人的身份证号码和被告自然人的身份证号码。

原告委托诉讼代理人的，一般应当在民事起诉状中一并写明委托诉讼代理人的姓名及基本情况。如果同时有单位员工代理人和代理律师，则单位员工代理人一般列在前面，代理律师列在后面。单位员工代理人应当写明姓名、性别、出生年月、民族、住所及工作人员身份，代理律师写明律师姓名并写明某某律师事务所律师即可。

原告委托代理律师的，可以不再写原告的联系方式，写明代理律师的联系方式即可。这样方便人民法院与代理律师联系，避免人民法院直接和当事人联系而增加当事人的工作量和负担，同时也方便由代理律师与人民法院保持联系，有利于律师团队全面掌握案件的诉讼信息。

原告是自然人的，“原告”和原告姓名之间用冒号，原告姓名之后用逗号，该段结束时用句号，对原告基本信息的介绍中间一般不另行起行。

原告是法人或其他组织的，“原告”与原告名称之间用冒号，然后另行起行写明原告的住所，再另行起行写明原告的法定代表人或主要负责人及职务。

有委托诉讼代理人的，另行起行，在“委托诉讼代理人”和代理人姓名之间用冒号，代理人姓名之后用逗号，写明代理人的基本情况。

单独起行时，该行前面要空两格。笔者团队一般对原告和原告姓名或名称、被告和被告姓名或名称用黑体加粗、委托诉讼代理人及代理人姓名、代理律师的身份表述用黑体加粗，其余部分一般用小四号宋体。

不同当事人之间可空一行。当事人部分结束之后应当空一行。

4. 案由

民事起诉状一般应当写明案由。案由可以参照最高人民法院《关于民事案件案由规定》来确定。

案由部分一般只单独占一行。笔者团队同样对案由部分用黑体加粗。

5. 诉讼请求

确定诉讼请求同样涉及案件的基本代理思路，在完善方案的步骤中同样应当已经确定。

（1）确定诉讼请求时应注意的因素：

①充分考虑当事人的诉讼目的，考虑对当事人权利的全面维护，这是最需要重点考虑的因素。

②考虑案件的管辖法院、诉讼成本、对被告的影响、诉讼调解的回旋空间等因素。

③每项诉讼请求的法律依据、事实依据及相关证据情况。

④步步为营、层层递进法对诉讼请求风险的预防。即对总目标进行分解，一步一步递进式提出诉讼请求，减少诉讼风险和阻力。

（2）民事起诉状的诉讼请求应当满足的基本要求：

①全面、不遗漏。

诉讼请求应当全面且不遗漏。如在建设工程施工合同纠纷案件中，对工程款的主张、对工程进度款利息损失的主张、对工程结算款利息损失的主张，这三方面的诉讼请求均不重复，如有这方面的损失，应当单独作为诉讼请求列出。工程价款优先受偿权的主张也非常重要，在建设工程施工合同纠纷案件中，如果能够主张工程价款优先受偿权，则一定要主张，不能遗漏这项诉讼请求。又如，对双倍支付定金的主张、对逾期支付双倍定金的利息损失的主张，这二者也并不重复，如存在，则应当分别作为诉讼请求列出。

对诉讼请求全面的要求，就是要对比当事人的诉讼目的，全面分析当事人可以提出的主张及请求，最大限度地维护当事人的合法权益，不遗漏诉讼请求。

②准确、具体。

诉讼请求必须准确、具体。“准确、具体”的要求包括：

第一，诉讼请求中的主体名称或主体称呼要用全名，不宜使用简称。

第二，诉讼请求指向的对象要准确具体，如请求解除的合同，则应当明确原告和被告何时签订的合同，而且要写明合同的全名。

第三，诉讼请求的术语表述或概念表述要准确，应当与法律条文中的术语表述一致，或者与合同条款中的术语表述一致。如果法律条文中的术语表述与合同条款中的术语表述不一致，则应当优先以法律条文中的术语表述为准。如果法律条文中和合同条款中均没有表述，或者合同条款中虽有表述，但合同条款中的表述并不正确，则应当参照相同的案例判决，尽可能使用规范的表述。

比如，在房屋买卖合同纠纷案件中，要求被告将房屋过户给本方当事人的请求表述应是“请求判令被告协助办理某某房屋所有权转移登记”，而不是“请求判令被告办理某某房屋过户登记或者变更登记”。因为“所有权转移登记”是法律规定中的术语，所以应当以法律规定中的术语进行表述。

第四，对利息、利息损失、违约金的计算要明确具体。计算起止的时间要具体：从哪一天开始，计算到哪一天为止，或计算到实际付清之日止；计算的基数和标准要具体：以什么金额为基数，每日按什么标准计算，计算到起诉之日的金额是多少。这些都必须明确，最好列明具体的计算公式。如果计算较为复杂，则应当以附件或附表的方式列明。

第五，诉讼请求涉及的金额都应当准确具体。每一项金额都应当有具体的计算依据和计算过程，计算应当准确无误。如果诉讼请求中有多项金额，则应当列明起诉时的总金额，以方便立案时计算诉讼费。

（3）诉讼请求的书写格式

“诉讼请求”四个字前面应空两格，后用冒号。笔者团队一般对“诉讼请求”用黑体加粗。

每一项诉讼请求单独起行，前面空两格，且用”一、二、三……”汉字数字作序数。前面的每一项诉讼请求结束后用分号，最后一项诉讼请求结束时用句号。

诉讼请求表述结束后，应空一行。

6. 事实和理由

（1）事实和理由概述

事实和理由是民事起诉状的主要内容和主体部分，包括事实部分和理由部分。事实和理由部分的撰写非常重要，它在诉讼中至少有以下几个方面的作用：

第一，完成原告方对案件争议的立论。在以后的诉讼中，原告的诉讼将围绕诉讼请求及相应事实和理由展开。

第二，给承办法官形成案件的第一印象，成为合议庭归纳双方争议焦点及开展案件审理的出发点。

第三，在被告接到民事起诉状副本后，有说服力的事实和理由陈述能促使对方客观理性面对已经发生的争议，增加庭前和解的概率，提高诉讼效率。

（2）事实陈述的逻辑顺序

事实陈述一定要有清晰的逻辑顺序。一般应当考虑两个方面的逻辑顺序，一是法律关系逻辑顺序，二是时间顺序。这两个方面的顺序大多数情况下相互对应、相互吻合。民事起诉状中事实陈述的逻辑顺序一般与庭审陈述的逻辑顺序相一致，也与证据清单中的证据编排的逻辑顺序相对应。

（3）合同纠纷案件中的事实陈述

合同纠纷案件中的事实陈述一般根据合同法律关系和时间展开。一般包括合同主体、合同签订的背景、合同签订的过程、合同的主要约定、合同的履行、合同的违约情况、违约的损失、催促和联系情况，等等。对这些事实的陈述，常常可以结合时间的先后顺序展开。

（4）侵权纠纷案件中的事实陈述

侵权纠纷案件中的事实陈述一般根据侵权法律关系展开。一般，首先陈述权属主体情况、权属情况，包括权属的取得、权属的价值、权属的状态；其次再陈述侵权的情况，包括侵权主体、侵权的过程、侵权的范围等；最后陈述侵权所造成的损失以及权属人为制止侵权或处理纠纷所做出的努力。

（5）相关证据的提及

在陈述案件事实时，一般可视需要提及主要的证据，但并不需要对证据作过多的阐释。可以在事实陈述中用括号的方式标明该部分事实对应的证据，包括证据的编号、证据名称和证据的页码。

（6）理由的陈述

在事实陈述之后，应陈述相应的理由。理由部分一般包括主要的法律依据及具体规定、本案依据事实和法律应当支持诉讼请求的理由。为减弱被告答辩的影响，或者为使说理更加充分和全面，在理由部分也可以预先提及对方的观点，并简要指出对方观点不成立的理由。

（7）总结陈述

在事实和理由陈述完毕后，应当有简短的总结，并回应前面的诉讼请求。常见的总结陈述如“基于上述事实和理由，依据《中华人民共和国民法典》第 ×× 条和《中华人民共和国民事诉讼法》第 ×× 条的规定，特向贵院提起诉讼，敬请公正判决如上所述请求”。

（8）事实和理由部分的注意事项

事实和理由部分应注意以下几点：

第一，事实和理由的陈述一般用叙述性表述，慎用和少用议论性表述。一般使用陈述语气，慎用和少用反问语气或感叹语气。

第二，事实和理由陈述的详略程度和案件复杂难易程度相匹配。案情简单的，可以作相对简短的陈述；案情复杂的，一般应作较为翔实的陈述。

第三，对双方争议事实的表述应注意一定的技巧，把握好相应的度。如果对争议事实在民事起诉状中作很翔实的陈述，则会在起诉时对本方的事实主张作了较大的限定，今后如果需要对事实表述进行调整就会遇到较大的困难；如果过于简单，又不便人民法院了解本方的观点。一般来说，对本方没有确认的事实，不应在民事起诉状中作肯定的表述。

第四，对案件事实各部分的表述也应详略得当。对与案件争议相关的事实、能支持本方诉讼请求的事实，应作详细的表述；对与案件争议无关的事实，或与本方诉讼请求关联性不强的事实，陈述应尽可能简略。

第五，应注意事实之间的前后呼应，使全文浑然一体。比如，在合同纠纷案件中，本部分前面是对具体条款的表述，后面是对被告违约行为的表述，前后相互呼应。又如，在侵权纠纷案件中，本部分前面是对权属价值的表述，后面是对侵权损失的表述，前后相互呼应。

第六，事实和理由的表述应与诉讼请求相呼应。每一项诉讼请求都应当在事实和理由部分找到相应的依据，诉讼请求中的每一项主张的金额都应在事实和理由中有具体的依据或相应的计算说明。

（9）事实和理由部分的格式要求

“事实和理由”的前面应空两格，后面用冒号。笔者团队一般对“事实和理由”这几个字用黑体加粗。

事实和理由的主文部分应注意分段，应尽可能避免使用很长的段落。一般一部分相对独立的事实陈述完毕就应当及时分段。如果以时间为叙述主线，不同的时间节点就可以单独分段，甚至每一段都以相应的时间表述开头，使陈述的条理非常清晰。

7. 结尾和落款

民事起诉状以“此致”结束正文部分。“此致”的原本含意是“到此为止”。“此致”应在正文结束后单独起行，且前面空两格。“此致”后面不用标点。

“此致”后另起行，写明呈送的人民法院全名，人民法院的名称应在该行顶格书写。人民法院的全名应与法院印章上的名称一致。县基层人民法院的名称不应当冠上地级市的名称，只需冠上省、自治区或直辖市名称即可。

在人民法院全名之后，应当空两行，再具体落款。

落款处第一行写明“起诉人”或“原告”，尔后冒号，再写上原告的全名。笔者团队将“起诉人”“原告”及原告全名用黑体加粗。自然人起诉的，由原告本人签字；单位起诉的，则加盖单位印章，并由法定代表人或负责人签字，或加盖法定代表人或负责人人名章。

在有些案件中，虽然当事人在授权委托书中授权代理律师代为签署民事起诉状，但考虑到民事起诉状是基本的法律文书，且涉及对案件基本事实的陈述，一般仍应当由当事人本人或当事人单位亲笔签名或盖章。这样一方面符合人民法院通常的要求，另一方面也有利于降低代理律师的执业风险。当然对部分涉外案件，当事人签章确有困难的，代理律师在授权范围内也可以代为签署民事起诉状。

落款时间应写明年月日，落款部分的时间数字应用汉字数字。如果到人民法院当场立案，则可以将具体日期预先空出来，在人民法院立案时当面填写。

落款部分应在行的右侧，落款部分的最长一行离最右侧空两格，其他部分参照此行居中对齐。

（四）民事上诉状

1. 民事上诉状的作用和特点

民事上诉状非常重要，它不仅是启动二审程序的法律文书，而且是二审审理的基础。二审将围绕民事上诉状中的上诉请求和上诉理由进行审理。一篇有说服力的民事上诉状能给承办法官留下深刻的印象，有力地推动二审代理工作。

民事上诉状不同于民事起诉状，它针对的是一审判决或裁定，它的目的是进行充分说理和论述，指出和凸显一审判决或裁定的错误，进而使上一级人民法院纠正一审判决或裁定的错误。

民事上诉状属于议论文体，它一般以论述为主，以叙事为辅。对案件事实的叙述，要服务于说理和论述。

2. 撰写民事上诉状的注意事项

撰写民事上诉状要注意以下几个方面：

第一，撰写民事上诉状前要全面分析一审判决和裁定。分析主要应涉及以下问题：一审判决和裁定对案件性质的认定是否正确；对原告的诉讼请求及理由的表述是否正确；对被告的答辩及理由的表述是否正确；对双方的证据的表述是否正确；案件事实认定是否正确；有哪几个方面的错误；错误的原因是什么；法律适用是否正确；有哪几个方面的错误；错误的原因是什么；一审在程序上是否存在错误。只有全面分析一审判决和裁定，才能有针对性地确定二审的上诉思路。

第二，上诉理由应当具体，而且应当重点突出。在分析一审判决和裁定后，要归纳并确定具体的上诉理由。上诉理由一定要有针对性，不能宽泛，不宜泛泛地说一审事实认定错误、法律适用错误、程序错误，而应当具体指出哪一方面的基本事实认定错误，哪一条法律适用错误。上诉理由不仅要具体，而且要重点突出，不宜过于分散。一起案件一般有两到三个关键的上诉点就可以了。

第三，对每一项上诉理由均应有充分的阐述。确定具体的上诉理由后，对每一项上诉理由均应当进行阐述，从证据、事实、案例、法律适用等方面进行纵向深入的阐述。上诉理由不应当仅仅停留在简单的观点表述上，而应当有充分的说理和论述。

第四，注意上诉期的要求。提交民事上诉状有严格的上诉期限制，因此，一定要统筹安排上诉工作，保证及时提交民事上诉状。

第五，注意整体上把握民事上诉状的篇幅。笔者团队的民事上诉状的篇幅一般在 5~11 页。篇幅过短，不利于将上诉理由说透；篇幅过长，不利于突出重点，也不方便承办法官有效阅读。

3. 民事上诉状的结构分解

民事上诉状由标题、正文、落款三部分组成。正文又包括当事人及基本情况、上诉说明或上诉来由、上诉请求、上诉理由。

4. 民事上诉状的标题

依据 2016 年 6 月 28 日发布的《最高人民法院关于印发〈人民法院民事

裁判文书制作规范〉〈民事诉讼文书样式〉的通知》，民事上诉状的规范名称为“民事上诉状”。

笔者团队对“民事上诉状”的标题一般用小二号黑体加粗。标题居中，上面空一行，下面空两行，空行用小四号。全文除标题用小二号字体外，其余全部用小四号字体。

5. 当事人及基本情况

民事上诉状中对当事人主体情况的表述可以比照一审判决或裁定中的表述。上诉期间如有变化，则作特别说明；如无变化，直接引用即可。

上诉人和被上诉人应当同时以括号的方式列明其在一审中的诉讼地位。上诉人和被上诉人以外的其他当事人仍按原审诉讼地位列明。

当事人及基本情况的格式可以参考民事起诉状中的格式。笔者团队一般对上诉人和上诉人姓名或名称、被上诉人和被上诉人姓名或名称、原审当事人及原审当事人姓名或名称用黑体加粗，委托诉讼代理人及代理人姓名、代理律师的身份表述也用黑体加粗。其余部分用小四号宋体。

6. 上诉说明

民事上诉状上诉说明或上诉来由的一般表述是：“某某因与某某……（写明案由）一案，不服某某人民法院某年某月某日作出的某某民事判决 / 裁定，现提起上诉”。

7. 上诉请求

上诉请求一般包括两个部分。第一部分是对是否全部或部分撤销一审判决或裁定的请求。这部分请求中应当写明一审法律文书的全名，而且应当明确是全部撤销一审判决或裁定，还是只撤销一审判决中的哪一项或哪几项。第二部分是对是否支持原审诉讼请求的请求。如一审中的诉讼请求被驳回了，在二审中还坚持该部分请求，则在民事上诉状中应当继续列明原一审的该部分诉讼请求。如仍然不同意一审中对方的诉讼请求，则应当请求驳回对方的诉讼请求。

在上诉请求中提出发回重审的请求应当谨慎。除一审程序严重错误必须发回重审的案件外，上诉人没有必要提出发回重审的请求。因为是否发回重审的决定权在二审法院，对一审事实认定错误的案件，二审可以直接查明并改判。一般情况下，上诉人没有必要将发回重审单独作为一项诉讼请求提出。

上诉请求的格式可以比照民事起诉状中诉讼请求的格式。

8. 上诉理由

依据 2016 年 6 月 28 日发布的《最高人民法院关于印发〈人民法院民事裁判文书制作规范〉〈民事诉讼文书样式〉的通知》，“上诉理由”的规范表述为“上诉理由”，而民事起诉状中的表达为“事实和理由”。

如果民事上诉状篇幅相对较长，笔者团队习惯于在上诉理由的开头部分，先概要列出主要的上述理由。该概述部分用方框标示出来，并且全部用黑体加粗，以示凸显。上诉理由概述部分可以是下文中上诉理由一级标题内容的汇总。

另外，考虑上诉理由是对一审判决和裁定错误的辩驳和论述，二审法官在阅读民事上诉状前可能并没有阅看一审判决或裁定，可能对案件的基本事实并没有全面的把握，为方便二审法官阅读上诉理由，方便二审法官在阅读上诉理由前了解全案事实，在上诉理由的开始部分，可以采用叙述的方式较为完整地陈述案件事实。

每一项主要的上诉理由均要有独立的标题，并应用“一、二、三……”汉字数字编序。标题应当是该部分上诉理由的概括和浓缩，观点明确。

对一级标题下的各部分上诉理由阐述时，可以根据情况再下设“（一）（二）（三）……”二级标题。如有必要，在二级标题之下可以再下设“1、2、3……”三级标题。一般来说，上诉理由的标题纵向分级不要超过三个层级。

上诉理由的一级标题用黑体加粗以示突显。各一级标题内容之间可以空一行。二级标题一般只加粗而不用黑体。二级标题内容之间一般不空行。

在上诉理由逐一陈述完毕后，如有必要，可结合案件的特殊性、一审判决的错误和二审改判的必要性进行综合论述。

最后可以用“综上”开头，再次概括总结主要的上诉理由，并请求人民法院对上诉请求进行判决。

上诉理由部分的其他格式要求可以参照民事起诉状的中“事实和理由”部分。

9. 结尾和落款

民事上诉状结尾和落款的格式可以参照民事起诉状结尾和落款的格式。

（五）再审申请书

1. 再审申请书的作用及重要性

再审申请书在申请再审程序中非常重要。基于审判监督程序的特殊性，它在申请再审程序中的重要性，不仅高于民事起诉状在一审程序中的重要性，而且还高于民事上诉状在二审程序中的重要性。

申请再审是纠错审，它审查的对象是生效的法律文书，人民法院在审查案件时，只有认为确有可能存在重大错误，才会裁定再审。在裁定再审前，人民法院对案件的审查不会进行开庭审理，也不会中止原法律文书的执行。

在审判监督程序中，再审申请书的作用和重要性直接表现在以下几个方面:

（1）避免人民法院径行驳回再审申请，促使人民法院调卷审查、询问审查或听证审查

人民法院对申请再审案件的审查有四种方式，即径行裁定、调卷审查、听证审查和询问审查。如果书面审查再审申请书等材料后，承办法官认为再审申请人主张的再审事由明显不能成立，或者再审理由明显不足，人民法院可能径行驳回再审申请人的申请，不再进行调卷审查，也不再组织询问或听证。在再审审查案件较多的情况下，人民法院对相当一部分申请再审的案件会以这种方式处理。

因此，要避免人民法院径行驳回再审申请，再审申请书显得非常重要。再审申请书应使审查法官了解到案件再审的必要性，进行调卷审查、询问审查或听证审查。

（2）促使人民法院裁定再审

整体来说，案件再审改判的概率远低于二审改判的概率。绝大部分申请

再审的案件并不会被裁定进行再审。再审申请书的重要目的不仅是要避免人民法院径行驳回，促使人民法院采取调卷审查、询问审查和听证审查的方式，更重要的是，促使人民法院通过审查，裁定进行再审。只有进行再审，才有可能纠正原审判决和裁定的错误。

在促使人民法院裁定再审的努力中，再审申请书发挥着极为重要的作用。如果对再审申请人代理律师的代理工作进行评价，一篇优秀的再审申请书在案件被裁定再审的过程中至少起到了 60% 以上的作用。

（3）构成人民法院再审审查和再审审理的基础

人民法院的再审审查将围绕当事人的再审申请书进行，即围绕其再审申请书的再审请求、再审事由、再审理由进行。人民法院认定案件具备再审的法定事由，裁定再审后，再审过程中仍将围绕再审请求和再审理由进行审理。

（4）代表着承办律师和律师团队的专业水平

再审申请书是专业性要求最高的一种起诉类法律文书，它是承办律师或律师团队专业能力的综合体现，体现着承办律师和律师团队的案件分析判断能力、逻辑思维能力和语言组织能力。

2. 再审申请书的要求

再审申请书有两个基本要求：

（1）围绕再审事由展开

再审审查主要对再审申请人主张的再审事由进行审查，再审申请书一定要围绕再审理由展开。

如果是对生效判决或裁定申请再审，则要将再审理由回归到《民事诉讼法》规定的 13 项法定再审事由，如第 1 项，有新的证据，足以推翻原判决、裁定；又如第 2 项，原判决、裁定认定的基本事实缺乏证据证明；再如第 6 项，原判决、裁定适用法律确有错误。

如果是对调解书申请再审，则应回归到调解违反自愿原则或调解内容违反法律这两项法定再审事由。

上述法定再审理由是对“事实认定错误、法律适用错误、程序错误”的具体量化，只有达到上述错误程度，符合法定再审事由所述的情形，才能启动再审。因此，再审申请人应当围绕法定再审事由展开，所有的再审理由都要围绕法定再审事由展开，并回归法定再审事由。

（2）有说服力

再审申请书不仅要围绕再审事由展开，而且要有说服力。再审申请书只有具有足够的说服力，让承办法官阅读完再审申请书后认为原审确实可能有重大错误，确需再审时，才达到再审申请书的目的。

再审申请书的说服力表现在以下三个方面：

第一，重点突出。原审可能有多处错误，但每起案件真正的关键点只有一到两点，一般不会超过三点。对再审申请书理由的组织一定要重点突出，不能泛泛而谈。要全面剖析案情，综合分析，找出能启动案件再审的最为关键的点，最大限度地凸显该关键点。

第二，说理充分。针对案件的关键点，要进行充分的阐述。避免言之无物，依托证据、事实、法律和案例，保证论据充分。要层次清晰，从横向和纵向层面展开，保证说理的广度和深度，充分论述原审的错误，充分论述案件符合法定再审事由中的再审情形。就再审申请书的篇幅而言，笔者团队一般要求在 5~15 页。篇幅过短，不利于将再审事由说透；篇幅过长，不利于突出重点，也不方便承办法官阅读审查。

第三，阐释再审的必要性。除紧扣法定再审事由进行论述外，要结合案件的情况，阐释案件再审的必要性。包括本案对法律适用统一的影响，对当事人利益重大失衡的影响等，以促使人民法院及时启动再审程序。

重点突出、说理充分、情势所需，这些都有益于加强再审申请书的说服力，都有益于人民法院对申请再审案件裁定再审。

3. 再审申请书的结构分解

再审申请书由标题、正文、落款三部分组成。正文又包括当事人及基本情况、申请再审说明或申请再审来由、申请再审请求、申请再审事由、申请再审理由。

4. 再审申请书的标题

依据 2016 年 6 月 28 日发布的《最高人民法院关于印发〈人民法院民事裁判文书制作规范〉〈民事诉讼文书样式〉的通知》，再审申请书的规范名称为“再审申请书”，不应再不规范地表述为“申请书”。

笔者团队对“再审申请书”的标题一般用小二号黑体加粗。标题居中，上面空一行，下面空两行，空行用小四号。全文除标题用小二号字体外，其余全部用小四号字体。

5. 当事人及基本情况

当事人包括再审申请人、被申请人和原审其他当事人。

“再审申请人”是规范表述，不宜再用“申请人”或“申请再审人”的表述。再审申请人应用括号的方式列明其在原一审、二审中的诉讼地位。

“被申请人”也是规范表述，不宜再用“再审被申请人”的表述。被申请人也应当用括号的方式列明其在原一审、二审中的诉讼地位。

原审其他当事人按原审身份列明。

再审申请书中对当事人主体情况的表述可以比照生效法律文书中的表述。申请再审期间如有变化，则作特别说明；如无变化，直接引用即可。

当事人及基本情况的格式可以参考民事起诉状中的格式。笔者团队一般对再审申请人和再审申请人的姓名或名称、被申请人和被申请人的姓名或名称、原审当事人及原审当事人姓名或名称用黑体加粗，委托诉讼代理人及代理人姓名、代理律师的身份表述也用黑体加粗。其余部分用小四号宋体。

6. 申请再审说明

申请再审说明或申请再审来由的一般表述是：“再审申请人某某与被申请人某某、原审某某……（写明案由）一案，已由某某法院于某年某月某日作出的某某判决书一审判决，由某某法院于某年某月某日作出的某某判决书二审判决。再审申请人不服某某人民法院某民事判决，认为该判决……依据《中华人民共和国民事诉讼法》第 ×× 条第 × 项和第 × 项的规定，向贵院申请再审。”

7. 再审请求

再审请求一般包括三部分。

第一，再审的程序请求，即请求再审。是指令再审还是提审属于人民法院的权限，再审申请人在提出再审请求时没有必要加以区分。

第二，对原审法律文书的请求。即是请求全部撤销原审判决，还是只请求撤销原审判决中的一项或几项；是同时撤销二审判决和一审判决，还是撤销二审判决和维持一审判决。陈述该部分请求时，先表述对二审判决的请求，再表述对一审判决的请求。

第三，对原审诉讼请求的请求。在全部或部分撤销原审判决后，一般需要请求人民法院对原审诉讼请求进行判决，如支持本方的诉讼请求，或驳回对方的诉讼请求。

再审请求的格式可以比照民事起诉状中诉讼请求的格式。

8. 再审事由

再审申请书要求写明再审事由。再审事由也是对详细的再审理由的总结和概括。笔者团队习惯在陈述详细的再审理由之前单独写明申请再审事由，并用方框标示出来，而且全部用黑体加粗，以凸显其内容。再审事由部分一般是下文中部分一级标题内容的汇总。

9. 事实和理由

依据 2016 年 6 月 28 日发布的《最高人民法院关于印发〈人民法院民事裁判文书制作规范〉〈民事诉讼文书样式〉的通知》，再审申请书正文的主要部分为“事实和理由”。“事实和理由”部分实际是申请再审事由的详细阐述。

申请再审审查时，承办法官最初一般没有调取原审案卷，没有系统查看原审案件材料。承办法官阅看的主要是再审申请书和原审法律文书，而原审法律文书可能没有对案件事实作一个全面的表述和认定，因此，在部分案件中，在陈述详细的申请再审理由之前一般有必要从再审申请人的角度完整地陈述案件的事实。这样安排，一方面方便承办法官审查时对案件事实的整体了解，另一方面也方便下文中对再审理由的详细阐述。

如前所述，为保证再审申请书的说服力，一般要从横向和纵向对再审事由进行详细阐述。因此，一定要统筹确定说理论述的思路和结构。一般来说，每一项再审事由应当单独设定为一个一级标题。一级标题是对该部分再审理由的概括和浓缩，观点要明确，而且要与法定再审事由相对应。一级标题用“一、二、三……”汉字数字编序。

对一级标题下的各部分理由阐述时，可以根据情况再下设“（一）（二）（三）……”二级标题。如有必要，在二级标题之下可以再下设“1、2、3……”三级标题。一般来说，申请再审理由部分的纵向标题分级不要超过三级。

无论是横向展开论述，还是纵向分级论述，所有的论述都要围绕一级标题的该项再审事由进行，前后呼应。而且要依托证据、事实、法律和案例等素材，言之有物。

为说明案件再审纠错的必要性，在再审理由逐一论述完毕后，一般应结合案件的特殊性、原审判决的错误等方面在宏观层面进行综合论述。

最后可以用“综上”开头，再次概括总结本案的申请再审事由和再审理由，并请求人民法院再审并对再审请求进行判决。

申请再审书事实和理由部分的其他格式要求可以参照民事起诉状的中“事实和理由”部分。

10. 结尾和落款

再审申请书结尾和落款的格式可以参照民事起诉状结尾和落款的格式。

（六）起诉时的其他法律文书

1. 授权委托书

代理人应当提交授权委托书。授权委托书非常适合进行模板化管理。比照示范模板，根据案件情况，可以方便快捷地准备该案相应的授权委托书。律师团队应当准备不同的模板，包括自然人委托的模板、单位委托的模板、一审原告代理模板、一审被告代理模板、二审上诉人代理模板、二审被上诉人代理模板、申请再审代理模板等。

（1）授权委托书的结构分解

授权委托书包括标题、正文、落款三部分。正文部分又包括主体部分和授权表述部分。

（2）授权委托书的标题

依据 2016 年 6 月 28 日发布的《最高人民法院关于印发〈人民法院民事裁判文书制作规范〉〈民事诉讼文书样式〉的通知》，授权委托书的规范表述是“授权委托书”，因此不宜再使用“委托书”等表述。

为保证法律文书格式的统一，笔者团队对授权委托书标题的格式采取与民事起诉状标题相同的格式，即标题用小二号字体，黑体加粗。标题上方空一行，标题下方空两行。空行均用小四号。

（3）授权委托书的主体部分

授权委托书的主体部分要依次写明委托人或委托单位、受委托人。

如果是自然人委托的，授权主体的规范表述为“委托人”，应写明委托人的基本信息，包括姓名、性别、出生年月日、民族、工作单位和职务或职业、住所。如果是法人或其他组织委托的，授权主体的规范表述为“委托单位”，应写委托单位的住所、法定代表人或负责人的姓名及职务。

被授权主体的规范表述为“受委托人”，不宜再表述为“代理人”或“委托代理人”。受委托人是律师的，写明律师的姓名并表明是哪一家律师事务所的律师。受委托人是以公民身份代理的，应当写明受委托人的基本信息，包括姓名、性别、出生年月日、民族、住所，同时应当写明委托人和受委托人的关系。

一般来说，为方便人民法院统一与代理律师联系，减少当事人的负担，可以不写当事人的联系方式，但详细写明代理律师的联系方式，包括代理律师的电话、收件地址、电子邮箱等。

笔者团队习惯将委托人及委托人姓名、委托单位及委托单位名称、受委托人及受委托人姓名、代理律师所在律师事务所身份的表述用黑体加粗，其余部分都用宋体。

每一位委托人和每一位受委托人均应独立起行。委托单位的法定代表人表述也应独立起行，委托单位的住所表述可以独立起行。独立起行时前面空两格。

（4）授权委托书的授权表述部分

授权表述部分的通常格式是：

“现委托某某、某某在某某（写明当事人和案由）一案中，作为我方的委托诉讼代理人。

“委托诉讼代理人某某的代理事项和权限包括：……”

（5）代理权限

授权表述部分应当详细写明受委托人的代理权限。代理权限包括一般授权和特别授权。特别授权是规范表述，不宜称呼为“全权授权”。

作为原告代理人授权的完整表述为：“某某的代理事项和代理权限包括：提起诉讼，起草、修改、签署和提交民事起诉状等法律文书，提出回避申请，申请保全，收集、提供证据，发表质证意见，参加庭审，进行陈述和辩论，发表代理意见，请求调解，签署和解协议，签收法律文书，提出上诉，申请执行。其中，修改和签署民事起诉状、签署和解协议、签收法律文书、提出上诉、申请执行属于特别授权的范围，需要特别写明，否则，即使受委托人担任委托诉讼代理人，也无权代为开展上述行为。”

作为被告代理人授权的完整表述为：“某某的代理事项和代理权限包括：进行答辩，起草、修改、签署和提交民事答辩状等法律文书，提出回避申请，申请保全，收集、提供证据，发表质证意见，参加庭审，进行陈述和辩论，发表代理意见，请求调解，签署和解协议，签收法律文书，提出上诉，申请执行。其中，修改和签署民事答辩状、签署和解协议、签收法律文书、提出上诉、申请执行属于特别授权的范围，需要特别写明，否则，即使受委托人担任委托诉讼代理人，也无权代为开展上述行为。”

（6）授权委托书的落款

授权委托书正文结束时，另行起行，空两格写明“特此委托”，正式结束正文。

特此委托后空两行进行落款。由自然人委托的，在委托人后用冒号，写明委托人的姓名，委托人签名并捺印。由单位委托的，委托单位后用冒号，写明委托单位的全名，加盖单位印章，并由法定代表人或负责人签名，或者加盖法定代表人或负责人人名章。然后另行起行，用汉字数字写明具体的年月日。

2. 法定代表人身份证明书、主要负责人身份证明书

对法人当事人，还需要准备法定代表人身份证明书。法定代表人身份证明书是模板化很强的法律文书。直接按固定模板填写即可。标题为“法定代表人身份证明书”。正文内容一般包括：“某某在某某（单位名称）担任某某职务，系某某（单位名称）的法定代表人”。最后另行起行，以“特此证明”结束正文。落款处写明单位全称，加盖单位印章，并注明年月日。法定代表人身份证明书一般要附上联系方式。为方便法院与律师团队联系，也为了减少法定代表人的工作量，可以写上代理律师的联系方式，并以括号的方式注明联系方式是“代理律师”的联系方式。法定代表人身份证明书的格式要与民事起诉状的格式统一。

对非法人组织当事人，准备主要负责人身份证明书，内容和格式和同法定代表人身份证明书。

3. 保全申请书

在需要申请保全的案件，还需要同时准备保全申请书。关于保全申请书，本书将在第 24 步申请保全中再作探讨。

第 20 步　整理证据

（一）整理证据的作用

在撰写法律文书的同时，应当整理证据。整理证据是程序性很强的工作，

可以由律师团队分工完成。整理证据有以下几个方面的作用：

第一，满足系统性提交证据的要求。提交证据一个很重要的原则是系统性原则。系统性提交证据的前提是对证据进行专业科学的整理。没有整理，就谈不上系统性提交证据。

第二，方便举证。对证据进行整理后，不仅使证据在形式上更加规范，而且还方便对本方证据的检索和引述，方便本方对证据的当庭举证和阐述。离开了证据整理，庭审中很难做好举证工作。

第三，更好地发挥证据的作用。举证的目的是要使裁判人员形成对本方有利的心证。整理证据后使裁判人员更方便查看本方证据，更方便裁判人员了解证据对案件事实的证明作用，可以使证据在诉讼过程中更好地发挥作用。

（二）整理证据的步骤分解

我们团队将整理证据进一步细化为 10 个小步聚，即证据取舍、证据组织、形式规范、辅助说明、证据编号、证据页码、证据清单、与当事人交流、证据装订、证据标注 10 个小步骤（见图 6.6）。下面我们逐一进行探讨。

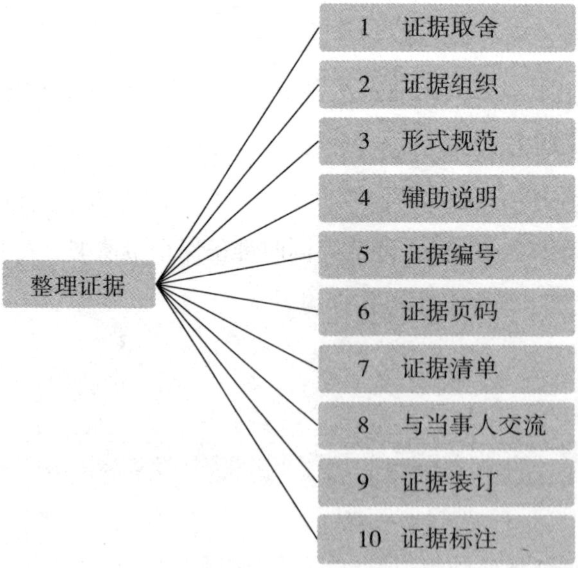

图 6.6 整理证据步骤分解

1. 证据取舍

在完成主要的证据收集工作之后，在第 10 步可视图表步骤中，已经整理了材料清单。材料清单中的材料并不一定都是要作为案件的证据材料，应当本着攻防兼备的原则和完成举证责任、达到证明标准的原则对材料进行取舍。

第一，对当事人提供的每一份材料都要从有利和不利的两个方面思考，仔细审查提交该份证据是否对本方不利，有利的地方是否大于不利的地方。对本方不利的材料不能作为证据提交。

第二，对于和案件事实无关的材料，基于证据的关联性要求，不应当作为证据提交。

第三，对于不真实的材料，不应当作为证据提交。对真实性可能存疑的材料，应当与当事人进行仔细核对，向当事人说明如实举证的重要性。如确有提交的必要，在当事人书面确认的情况下，才能作为证据提交。

第四，只要是对本方有利的证据就要尽可能提交，以实现充分举证。这样不仅满足完成举证责任、达到证明标准的基本要求，而且在证据方面提高胜诉的安全系数。

第五，在确保完全充分举证后，一些次要的材料，或关联性不强的材料，或作用相同的材料，可以作为备用材料，不再作为证据提交。

对证据的取舍，尤其是本着攻防兼备的原则对证据进行取舍，是证据整理的第一步，非常重要，绝不能省略或忽视。

2. 证据组织

证据组织是证据整理的重要内容，是保证系统性提交证据的重要措施。证据组织要求所有提交的证据内部之间有严格的逻辑顺序，也就是说，提交的证据的顺序不应当是杂乱无章的，或者随意安排的，而应当按一定的逻辑顺序进行组织，使之在案件事实的证明方面是一个有序的整体。

常见组织证据的逻辑顺序有法律关系顺序、时间顺序和主次顺序。这三个顺序中最主要的是法律关系顺序，其次是时间顺序和主次顺序。

合同纠纷案件中的证据顺序一般按合同法律关系的基本事实的顺序来确定，即证据顺序一般是：合同主体证据、合同签订背景的证据、合同签订的证据、合同约定证据、本方履行合同的证据、对方违约的证据、本方的损失证据、本方主张权利的证据等。

侵权纠纷案件中的证据顺序一般按侵权法律关系基本事实的顺序来确定，即证据顺序一般是：权属方面的证据、侵权方面的证据、损失方面的证据、权利主张方面的证据。

由于证据的组织顺序主要是法律关系的顺序，因此，证据组织的顺序基本上与民事起诉状中的事实陈述顺序一致，也基本上和法庭调查中的事实陈述顺序一致。

在证明同一法律关系相同案件事实方面的证据中，如果有时间先后顺序，一般对这一方面的证据又按时间先后进行排序。在证明同一法律关系相同案件事实方面的证据中，如果时间因素并不突出，则可以考虑按主次顺序进行排序。另外，对某一主要证据的辅助说明证据，或者补强证据，也一般进行主次顺序排序。

依据上述三个逻辑关系对证据进行组织和排序后，证据之间的条理性就会非常清晰，证据之间的相互关系也会非常明显，不仅方便本方的举证，也更容易促使裁判人员形成对本方有利的心证，从而更好地发挥证据的证明作用。

依据上述证据组织原则，一起案件中，无论有多少份证据，每一份证据都有其最佳的位置，这一位置不应该随意更换。

3. 形式规范

使证据形式规范同样是证据整理的重要内容。证据形式规范至少包括以下方面：

（1）书证的复印应满足纸张的规范要求。要统一使用 A4 纸张；为方便裁判人员查看，一般只单面复印，不双面复印。

（2）书证的复印应保证复印的完整性，中间不能有缺页，不仅要复印封面和首页，而且还应当复印相应的附件。

（3）书证的复印还应当保证复印件的清晰。对票据的复印，应当保证复印件票据数据的清晰；对盖有印鉴的文书的复印件，应当保证印鉴复印的清晰。如果原件字迹或印章较浅，确实难以清晰复印，对复印件上不清楚的文字、数据和印鉴，要用签字笔清晰描写。

（4）对外文书证，应当附上准确的中文翻译文本。

（5）对于物证，为方便证据整理，可以用打印的照片代替，并将物证复制品或物证的视频光盘作为附件。

（6）对于视听资料证据，如录音证据或录像资料，应当刻录光盘，作为附件，同时应当将录音或录像中的语言表述部分整理出文字版本。文字整理时应对谈话的主体、谈话的背景、谈话的时间、谈话地点、谈话场合、谈话的过程、谈话的主题等有一个完整介绍，文字整理的内容应当完整、客观。

（7）对电子数据证据，应当打印清晰的纸质版，并保证内容的完整性。电子邮件证据应当有完整的发件主体、收件主体、邮件主文内容、邮件附件内容、邮件的其他附属信息。微信聊天记录证据应当有各方微信主体的信息、完整的微信聊大内容，微信中语音部分应当有对应的文字整理，而且应当刻制光盘；微信中的文件或图片，应当单独打印。网页证据不仅应当有完整的网址信息，而且应当保证网页内容的完整性。

（8）对证人证言证据，可以将证人庭前书写的书面证言或作证的视频作为证据先行提交，同时申请证人当庭作证。

4. 辅助说明

为了方便举证，对一份证据内的多份材料，如作为一份证据的多份或数十份票据，作为一份证据的多份或数十份工程签证单，作为一份证据的多份或数十份材料单等，需要对这些材料进行统计，列出详细的统计表格。在表格中列明共有多少份材料，说明每份材料的时间和金额，计算出总的金额。这样不仅方便举证，也方便裁判人员审查和认定。

另外，为了更好地发挥证据的证明作用，需要对证据内部材料之间的关系、证据之间的关系、证据某一数据之间的关系、证据在案件中的证明作用进行一定的说明。说明可以采用可视化图表的方式。

辅助说明的图表或文字本身不是证据，但可以将其放置在证据之前，一并编写页码。

5. 证据编号

在对证据进行组织之后，需要对证据进行分组和编号。《最高法证据规定》第 19 条第 1 款规定，“当事人应当对其提交的证据材料逐一分类编号，对证据材料的来源、证明对象和内容作简要说明，签名盖章，注明提交日期，并依照对方当事人人数提出副本”。该条规定中的逐一分类编号即对证据分组和编号的要求。

（1）证据的分组

一般来说，将证明同一主要案件事实的证据或证明同一争议焦点的证据分为一组。分组的重要目的之一是方便举证和质证。庭审调查时，一般是一个争议焦点、一个争议焦点地进行，即举证和质证时通常是一组证据接一组证据地进行，按上述逻辑顺序对证据进行分组，自然方便举证和质证。

在合同纠纷中，一般按“合同约定”“合同履行”“合同违约”“合同损失”“权利主张”等内容分组。在侵权案件中，一般按“权属证据”“侵权证据”“损失证据”等内容分组。当然，分组也可以不局限于上述固定的模式，可以根据案件特点，尤其是根据案件可能争议的事实，进行灵活处理。在案情相对简单、只有一个争议焦点、证据份数不多的案件中，也可以对证据不进行分组。

（2）证据编号的固定

每一份证据都应有独立编号。该份证据的编号一旦确定，编号就不应再变更。一审中是这一编号，二审中，申请再审中，还应当是这一相同的编号。

（3）一份证据及多份证据的区分

给证据进行编号的一个前提是区分该部分材料是一份证据，还是多份证据。一般来说，一份独立完整的文件就应当单独成为一份证据。一般来说，不宜将一份完整的材料拆分为几份证据予以提交，也不宜将多份独立的材料合并作为一份证据提交。

在国外形成的书证，如果有当地公证机构或公证人员公证、使领馆认证、境内翻译及公证的相关材料，则这些材料可以作为一份证据提交。因为当地公证、使领馆认证、翻译、境内公证只是完善和满足该份书证的形式要件，它们本身是该份书证的一部分。因此比较适合以一份证据进行编号和提交。

如果一份公证书对几项内容进行了公证，如一份公证书对数份微信聊天记录进行了公证，对数份电子邮件进行了公证，则该份公证书只能作为一份证据提交。当然每一份单独的微信聊天记录、每一份电子邮件都可以根据需要，单独打印，单独作为一份证据提交。这样提交可以方便对每一份微信聊天记录、每一份电子邮件进行单独描述，进行单独阐释，进行单独举证和质证。在这种情况下，公证书作为另一份独立的证据，只是对这些证据的补证。

一般情况下，合同和合同的附件应当作为一份证据进行编号和提交，但如果合同的某一附件具有相对的独立性，而且是案件事实所依据的主要材料之一，将该附件单独作为一份证据更方便对该附件进行阐释和引用，在这种情况下，也可以将该附件单独作为一份证据进行编号和提交。如在设备买卖合同纠纷中，虽然技术协议是设备买卖合同的附件，但也可以将技术协议作为一份单独的证据提交和编号。

合同和多份补充协议一般应分别作为单独的证据提交和编号。因为合同和补充协议一般都是案件的重要证据，它们形成的时间不同，反映和证明的案件事实并不完全相同，一般都需要分别加以阐释和说明，所以一般应当分别作为证据提交和编号。

对证明律师费损失的委托代理合同、律师费发票、律师费付款凭证可以归类到一组证据中，但一般也应当分别作为证据提交和编号。这样方便对证据进行描述和阐释。

证明损失赔偿标准的同类型的几份判决书，也适合分别作为证据提交。证明市场价格的同类型的几份买卖合同，也同样适合分别作为证据提交。

有些材料虽然是相互独立的材料，但这些材料性质相同，证明目的也相同，而且数量较多，这时，也不宜将这些材料分别作为证据提交和编号，可以将它们作为一份证据进行提交和编号。比如，证明某一时段内一系列相同买卖行为的多份或数十份买卖合同，这些买卖合同可以作为一个整体，作为一份证据予以提交。提交这些合同即这一份证据时，在这些合同的前面列表进行统计说明。又如，证明某一时段内出具发票行为的一系列发票，也可以作为一个整体，作为一份证据予以提交。同样在提交这些发票即这一份证据时，在这些发票的前面列表进行统计说明。再如，在工程纠纷案件中，工程的一系列现场签证单，这些签证单往往数量较多、内容庞杂，它们有可能共同成为工程鉴定的材料，因此，也比较适合于汇总起来按一份证据提交。当然在将这些材料作为一份证据提交时，同样应当在这份证据前列表说明。

对双方当事人之间的往来函件，包括电子邮件，一般应当分别作为证据提交。分别提交的原因同样是基于它们反映了不同的案件事实。但如果不是要强调它们反映了不同的案件事实，而是强调它们作为一个整体来证明相同的案件事实，且它们数量较多时，也可以将它们作为一份证据提交；作为一份证据提交时，同样应在这份证据的前面列表说明。

（4）证据编号的方法

笔者团队对证据有两种编号方法。

第一种方法是用汉字序数对证据进行编号。比如，证据一、证据二、证据三，以此类推。证据的编号不受分组的影响，依次进行。这样编号的好处是可以直观地看出本方有多少份证据，方便表述。不便之处是，证据编号中没有同时体现出证据组别。补充提交证据时，虽然补充的证据应当归类到前面的证据组别，但只能按原序号接续编号，最终导致一个证据组别中的证据编号不连续。这种方法比较适合证据数量相对较少，或证据基本上一次性可以提交完毕的案件。

第二种方法是证据编号中同时有两个序号，前一序号是证据组别，后一序号是该份证据在该组证据中的序号，上述序号均用阿拉伯数字表示，中间用短横线分隔号联结，如证据 1-1、证据 3-5、证据 6-2。这种编号的好处是在证据编号中同时可以看出证据组别和证据在证据组别内的编号，补充提交证据时，能保证同一组内部证据编号的连续性。不便之处是不能直接看出案件中证据的总数。比较适合案情复杂、需要强调证据的分组且分次提交证据的情况。

6. 证据页码

证据一定要编写页码，这样一方面方便举证和质证，另一方面也方便代理词等法律文书对证据内容进行引述。在司法实践中，现在仍然有相当部分当事人或代理人对提交的证据没有统一编写页码。

证据页码使用阿拉伯数字，一般编写在页面的右上角。证据页码应在空白处，不能与证据本身的文字重叠或混在一起难以辨认。

证据页码要连续编号，包括证据本身的编号，也包括附在证据前对证据的辅助说明图表的编号。如果在一个诉讼程序中分多次提交了证据，下一次提交的证据的页码要接续上一次提交的证据页码，保证全案中本方证据页码的连续性。当然，二审中的新证据、申请再审中的新证据应当单独编写页码。

7. 证据清单

证据清单的撰写是证据整理的重要内容。证据清单不仅要书面阐释每一份证据在案件中的证明作用，而且也要体现前面证据取舍、证据组织、证据编号等工作的成果。

考虑到证据清单的重要性，也考虑到证据清单在案件流程管理中和法律文书模板化工作中的作用，笔者将证据清单独设定为了一个流程步骤，即第

21 步证据清单。关于证据清单的其他内容，本书将在该步骤中再详细探讨。

8. 与当事人交流

编写好证据页码并撰写完证据清单后，还有一项重要的工作，即需要将拟提交给人民法院的证据与当事人再次讨论交流。这一工作非常重要，尤其对重大复杂的案件，对当事人或当事人法务部门共同参与的案件，这一工作更显得重要。

遗憾的是，在相当部分案件代理中，律师团队往往忽略了这一项工作，从而可能给案件的举证质证工作，甚至给全案的代理工作带来风险或不利影响。

这一步骤中的证据交流是律师团队对证据进行系统整理后的交流，不同于之前的收集证据阶段的交流。系统整理后的证据能清晰地反映出案件的证据思路。律师团队将整理好的证据和证据清单反馈给当事人，不仅方便当事人进一步了解律师团队的证据思路，方便当事人在证据思路上和律师团队保持同步，而且可以在此基础上进一步征询当事人的意见，核实和确认当事人对全案证据是否有进一步的补充和完善。

律师团队在上述证据的交流讨论中重点需要核实以下问题：

第一，当事人在了解全案证据思路后，在查看整理后的证据后，对本案的证据有无新的补充；是否还有其他证据或证据线索。

第二，对方当事人对本方拟提交的证据可能提出何种异议；对方可能提出何种反驳证据；对这些异议如何进行应对。

第三，这些证据有无瑕疵；有无原件。

在与当事人充分交流后，在得到当事人确认后，律师团队才能对拟提交的证据最终定稿。

9. 证据装订

在与当事人交流确认后，需要对证据进行装订。证据装订时一般要注意如下事项：

（1）不同的人民法院或仲裁机构对证据的装订可能有不同的要求，要注意它们之间可能存在的细微差异，按照受理案件的人民法院或仲裁机构的习惯或要求装订证据。

（2）除部分人民法院要求证据不装订外或证据比较简单没有装订的必要外，一般情况下应当将证据装订成册。一般来说，仲裁案件更强调将证据装订成册。对提交给人民法院或仲裁机构的证据即使不装订成册，也应当整理好，用燕尾夹夹好。无论是否装订成册，都不宜在证据上打孔。

（3）如果证据较多，宜分册装订，每册证据的厚度不宜过大。最高人民法院知识产权庭要求每册证据的厚度不超过 199 页。

（4）应当将证据清单和证据装订或整理在一起。如果装订成多册证据，也可以在每册证据的前面分别配置证据清单。

（5）装订成册的证据应当有封面。封面上应当写明案件的名称、哪一方提交的证据、证据册数序号、提交的时间等内容。证据册的侧面最好也标明案件的名称及哪一方提交的证据及证据册序号。为方便区分，一般原告、被告、第三人分别选用不同的封面颜色。笔者团队习惯于原告证据册封面用蓝色或绿色，被告证据册封面用红色或橙色，第三人证据册封面用白色。要确保案件中本方所有证据册的颜色一致。

（6）证据应准备合理的份数。除提交给人民法院和仲裁机构的份数外，一般应当给当事人预留一份，给律师团队每位主办律师一份。

10. 证据标注

在证据装订之后，还有一项重要的工作是对证据进行标注，即依据证据清单中对证据的阐述，对证据的相关部分进行标注。

证据标注主要有三个方面的作用：（1）方便本方的举证。对证据进行标注后，方便举证时对证据的重要部分进行宣读，方便对证据进行阐释。（2）方便裁判人员对证据进行审阅。证据的内容可能比较多，但与案件争议焦点相关的内容可能只能几条或一条，对该部分标注，方便裁判人员阅读。（3）凸显证据关键部分的证明作用。对证据的重要部分或关键内容进行标注了以后，在视觉效果上进行了强化，自然能更加凸显该部分的证明作用。

证据标注时应当使用彩色笔。不应当对证据的文字部分进行改动。应当使标注部分和原文明显地区分开来。

必要时，也可以用标签条对证据制作索引。

第 21 步 证据清单

如前所述，证据清单的撰写是证据整理的重要内容。为更好地发挥证据清单在案件流程管理和法律文书模板化工作中的作用，我们将证据清单设定为了一个单独的流程步骤。这一步骤重点探讨证据清单的制作要求、证据清单的内容、证据清单的格式。

（一）证据清单的制作要求

制作一份证据清单要满足以下要求：

（1）便于检索查找。即证据清单中要表述每一份证据编号、证据名称、证据页码，方便裁判人员和双方当事人检索和查找。要使裁判人员和双方当事人在证据清单的指引下，非常容易检索和查找到任何一份证据。事实上，证据清单不仅要满足证据查找的要求，而且要方便本方当事人在庭审中，在法律文书中对证据的引述。

（2）对证据证明内容或证明作用进行恰当的阐述。证据清单不仅应便于查找证据，更重要的是要汇总阐释每一份证据在案件中的证明作用，方便裁判人员了解。相较而言，仲裁案件比诉讼案件更强调证据清单中对证据证明作用的阐释。

（3）美观、简洁。证据清单是一份重要的法律文书，也是一份典型的可视图表，要满足美观简洁的要求。

（4）模板化。证据清单是很容易进行模板化管理的法律文书。律师团队应当有不同类型的证据清单模板，团队成员在模板复制的基础上，能结合案件的特点高效地制作出该案的证据清单。证据清单样本见本章第七节。

（二）证据清单内容分解

证据清单包括证据清单的标题、证据清单正文、证据清单的提交信息三部分。

笔者团队一般用可视化表格的方式来组织证据清单正文。证据清单正文包括证据编号、证据名称、证明内容和证据页码，笔者一般将其依次分列为四栏，分栏表述。

证据整理时的证据一般是复印件，因此，笔者没有将是否是原件或复印件单独设为一栏进行说明。如果提交给人民法院的证据是原件，在法院出具的证据材料注明原件即可。如果整理的证据是原件，在证据名称一栏中特别注明原件即可。

民商事诉讼中，大部分证据来自当事人本人，因此，笔者也没有将证据来源单独设为一栏进行说明。完整的证据名称中一般包含证据来源的信息。如果需要对证据来源特别说明，同样可以在证据名称一栏中作相应的说明。

（三）证据清单的标题

证据清单的标题应当包含案件名称，即双方当事人名称和案由。当事人名称可用简称，简称最好和民事起诉状、民事答辩状或一审判决书中的简称一致。如果当事人人数较多，在案件名称中表述主要的当事人简称即可。如果该案件已经有案号，则应当注明案号。案号和案件名称可以表述到一行，也可以将案号单独表述为一行，将案件名称单独表述为一行。

证据清单的标题还应当写明是哪一方当事人提供的证据清单，如“原告刘某某证据清单”。如果是二审证据，证据清单中还应当写明二审证据的字样，如“上诉人朱某某二审证据清单”。笔者团队习惯将标题的该部分内容用小二号黑体加粗。

证据清单的标题部分应当居中。标题上方一般可空一行。标题下方也可以空一行。

（四）证据名称

证据编号和证据页码在前面的证据整理部分已经作了探讨，这里不再重复。除证据编号、证据页码外，证据名称也是证据清单的主要内容之一。

证据名称应当完整准确。证据名称一般应当与证据本身的名称表述一致，证据名称还应当包含证据形成的时间信息，参与形成证据的主体信息。如“某年某月某日，某某公司的情况说明”；又如“某年某月某日，某某公司与某某公司签订的建设工程施工承包合同”。

在证据清单中的证据名称一般不再用书名号。笔者团队习惯将证据本身的名称部分加粗，这样与证据形成的时间信息和主体信息进行区分。

（五）证明内容

证明内容是证据清单最主要的内容。证明内容有时也被表述为证明目的或证明对象，它是指本方提交这份证据想要证明的案件事实或证明对象，或者本方提交这份证据想要达到的证明目的。

证明内容一般与民事起诉状、民事答辩状中主张的事实或陈述的事实相对应。证明内容应当尽可能具体。如果有不同的证明内容，应当分项详细列明，这样不仅方便本方的举证阐释，也方便裁判人员对本方证据的了解。如果该份证据篇幅较长，为方便查找，阐释某一证明内容时，最好以括号的方式标明该证明内容所对应的证据页码及相应条款。

考虑到仲裁和诉讼的细微差异，仲裁案件的证据清单更强调对证明内容的细化。

（六）证据清单正文的格式

如前所述，笔者团队对证据清单正文一般采用可视化表格的方式。

为了达到美观简洁及模板化管理的目的，笔者一般采用 Word 文档的表格方式。为方便阅读，表格应当采用 A4 纸张的竖表方式，而不应当采用 A4 纸张的横表方式。

纵向依次设立证据编号、证据名称、证明内容和证据页码四栏。笔者团队习惯将横向的标题栏和纵向的证据编号栏用小四号黑体加粗，证据清单正文的其他部分一般用小四号宋体。

（七）证据清单的提交信息

证据清单的最后应当注明证据清单的提交信息。写明“提交人”及提交人的全称，并写明具体的提交日期。

证据清单可以由当事人签字盖章，也可以由代理人签字。如果案情重大复杂，或者对证据的真实性有可能存在争议，证据清单应当由当事人签字盖章。

第 22 步　立案函件

（一）立案函件的作用

前期代理阶段第 18 步是方案函件、第 22 步是立案函件。这两个步骤的函件，都是流程管理中关键节点上律师团队与当事人交流时发送的重要函件。前者涉及诉讼方案的确定，后者涉及案件的立案。

实际上，在案件的前期代理阶段，除上述两个步骤的函件后，律师团队在其他步骤中也有可能需要给当事人发送函件。比如，在第 9 步收集证据步骤中，需要书面指导当事人进行证据的收集、整理和提交，需要当事人配合律师团队进行证据的收集。又如，在第 20 步整理证据步骤中，需要征询当事人对证据提交的最终意见。再如，在第 23 步办理立案步骤中，告知当事人的立案情况，通知当事人及时缴费。

律师团队向当事人发送立案函件，主要起到以下几方面的作用：

第一，立案函件是律师团队前阶段工作的总结，也是前阶段工作成果的书面交付。律师团队依据确定的案件代理思路，撰写定稿相关法律文书，收集和整理相关证据，完成了前期代理阶段的主要工作。立案函件实际是律师团队对前阶段工作的书面总结，也是对民事起诉状、证据清单等书面工作成果的交付。

第二，文书和证据的确认和签章。民事起诉状涉及案件的基本代理思路，涉及权利请求的主张，尤其涉及基本事实的陈述，因此，一定要征询当事人的意见，提请当事人审查确认。即使当事人完全信赖律师团队，即使当事人习惯于法律务完全由律师团队直接决策，律师团队也应当将民事起诉状呈送给当事人，并向当事人作相应的介绍和说明。民事起诉状在当事人确认后，如果是单位诉讼的，应当加盖当事人单位印章。一般情况下，还应当由当事人法定代表人或负责人本人签字，或加盖当事人法定代表人或负责人人名章。证据清单也同样应当呈送给当事人审阅，如要案情重大复杂，或者如果双方当事人对证据的真实性有可能存在争议，则证据清单也应当由当事人签字或盖章。

第三，告知立案时需要当事人配合的其他工作和下一步工作计划。比如，预估案件的诉讼费，通知当事人提前做好准备。又如，通知当事人准备立案时需要携带的原件，如合同的原件、身份证原件。另外，告知当事人下一步工作计划。

（二）立案函件注意的事项

立案函件步骤中要重点注意如下事项：

第一，立案函件是典型的律师工作函，文书模板在这一步骤中能发挥很好的作用。为方便管理，律师团队对给当事人的函件应当统一连续编号。

第二，立案函件的受文主体是当事人单位，包括当事人单位负责诉讼决策的管理人员，也包括当事人单位承办法律事务的具体工作人员。因此，对需要当事人审查和参与共同决策的事项应当列明，对需要当事人配合的具体事务也应当列明。最好以清单的方式呈送给当事人，告知当事人需要准备的每一份材料、每一份材料的签章要求及份数要求。

第五节　办理立案和申请保全

第23步　办理立案

（一）立案步骤分解

做好诉讼准备工作后，就应当依据工作计划及时办理立案。立案工作常常包括办理立案、缴纳诉讼费、取得案件受理通知书等几个小步骤；办理立案又包括网上立案、邮寄立案、现场立案等几种方式。

1. 网上立案

随着法院网络化办公的加强，人民法院或仲裁机构一般都提供了网上立案服务或网上预约立案服务。

互联网法院案件一般要求全程网上立案，即网上递交立案材料、网上缴费、网上办理完全部立案手续。

相当一部分人民法院或仲裁机构都要求网上立案预约和网上立案审查，经网上预约和网上预先审查之后，线下办理立案就非常方便。

2. 邮寄立案

邮寄立案即直接将案件材料邮寄给人民法院或仲裁机构办理立案。二审上诉案件，一般将上诉材料邮寄给一审承办法官或法官助理。最高人民法院申请再审的案件，最高人民检察院申请法律监督的案件，都可以以邮寄的方式立案。

3. 现场立案

现场立案即当事人或代理人到人民法院和仲裁机构现场申请立案。现场立案一般当场递交已经准备好的材料，当场填写人民法院或仲裁机构的相关材料。现场立案的优势是可以当场取得人民法院或仲裁机构的立案材料收据，迅速办理缴费事宜，迅速办理立案。

4. 缴纳诉讼费

人民法院或仲裁机构决定立案受理后，会及时给当事人出具缴费通知，要求当事人在收到缴费通知之日起 7 日内缴纳诉讼费。

律师团队成员一般不宜为当事人代交诉讼费和仲裁费。诉讼费和仲裁费最好由当事人或当事人单位通过银行转账的方式向人民法院或仲裁机构缴纳，对诉讼费或仲裁费金额较大的案件，应当坚持由当事人或当事人单位通过银行转账的方式支付，对诉讼费和仲裁费金额较小的案件，为提高缴费效率，也可以由当事人或当事人单位员工在人民法院或仲裁机构指定的银行直接完成缴费。

5. 取得案件受理通知书

立案手续完成的标志是取得人民法院或仲裁机构的案件受理通知书。案件受理通知书一般确定了案件的案号，同时也告知当事人的权利义务，告知当事人的注意事项，诉讼案件一般会在送达案件受理通知书的同时，送达举证通知书，确定案件的举证期限。取得案件受理通知书，标志着案件前期代理工作的完成。

（二）立案注意事项

办理立案时要注意如下事项：

第一，立案前，通过网络查询等方式了解各地人民法院和仲裁机构在立案方面的细微差异。如立案时对当事人主体资格证明原件要求的差异、对合同原件要求的差异、网上预约立案要求的差异、证据材料装订要求的差异，等等。尊重各地人民法院和仲裁机构这些要求和差异。

第二，仲裁立案可以由辅助担任代理人的团队助理或案件秘书办理，诉讼立案应当由担任代理的律师办理，不能由实习律师单独经办。无论由谁经办立案，在立案时如果需要对诉讼请求或仲裁请求进行调整时，一定应当由主办律师决定或由主办律师报请律师团队负责人决定，必要时应当报请当事人共同决定，否则不能对诉讼请求或仲裁请求进行调整。

第三，取得人民法院或仲裁机构的缴费通知后，应当书面告知当事人及时缴费，并指导当事人缴费，如按人民法院或仲裁机构的要求，在汇款时注明案件号、注明诉讼费等信息。同时要跟踪当事人的缴费情况，确保当事人及时缴费。上述书面通知，最好也采取律师工作函的方式。

第四，取得人民法院或仲裁机构的案件受理通知书后，应及时将案件受理通知书、举证通知书等材料发送给当事人。这样一方面是对前期代理工作的总结，对案件代理工作阶段性成果的通报；另一方面也方便当事人了解案件的进展情况。发送上述材料最好也采取律师工作函的方式。

第 24 步　申请保全

（一）申请保全概述

保全，是指因对方当事人一方的行为或其他原因，使今后判决难以执行或者可能给本方造成其他损失的情况下，申请人民法院对对方当事人的财产进行保全或责令对方当事人作出一定行为或禁止对方当事人作出一定行为。

保全这一流程步骤的主要作用包括：第一，保全对方的财产，预防对方转移财产，保证今后的判决书或裁决书能顺利执行，这是最主要的目的。第二，通过保全，促使对方客观面对债务纠纷，推动案件的调解与和解。第三，制止正在发生的侵权行为或不当行为，减少损失。

依据保全的内容来区分，保全既包括财产保全，也包括行为保全。行为保全是指请求责令对方当事人作出一定行为或禁止对方当事人作出一定行为。

依据保全申请的时间来区分，保全包括诉前保全，也包括诉中保全。司法实践中，法院对诉前保全审查得非常严格。大部分保全是诉中保全，即当事人在起诉时申请保全或起诉立案后申请保全。

案件的诉讼方案一般涉及保全，即诉讼方案一般应包括以下问题：是否申请保全；申请诉前保全还是申请诉中保全；财产保全金额是多少；财产保全对象是什么；等等。关于这些方面，在诉讼方案确定过程中就要全面统筹和考虑。

（二）保全申请书

申请保全应当提交保全申请书。保全申请书是模板性很强的法律文书，诉前保全申请书应当在起草民事起诉状前准备，诉中保全申请书一般在起草民事起诉状时同步起草和准备。

保全申请书包括标题、申请人和被申请人主体部分、请求事项部分、事实和理由部分、落款部分。

保全申请书的标题是“申请书”，对财产保全的，标题也可以是“财产保全申请书”。

保全申请书应当载明申请人和被申请人的基本情况，其表述内容及格式与民事起诉状中的表述一致。当然保全申请书中不需要表述第三人。

请求事项部分应当写明具体的请求，如保全某一具体财产，或者冻结被申请人多少金额的银行存款，或查封扣押被申请人等值金额的财产。申请保全的金额应当具体，而且应当等于或少于案件的起诉金额和诉讼费金额之和。申请保全的期限也应当明确。

诉中保全申请书中应表明，在哪起案件申请保全。通常的表述是“在贵院受理的申请人某某单位诉被申请人某某单位某某纠纷一案中，申请人现依法向贵院申请保全”。如果已经确定了案号，应当在该部分中写明案号。

除上述内容外，事实和理由部分一般还应当包括如下内容：纠纷的基本情况、保全的必要性、具体的财产信息或财产线索、担保情况等。

落款部分格式参照民事起诉状的落款格式。即单独起行，以“此致”结束正文；然后，另行起行，顶格写明呈送的人民法院的全名。再空两行，写明申请人全名，由申请人签名或盖章。

（三）财产信息和财产线索

申请财产保全的重要工作之一是收集、整理和提供被申请人的财产信息和财产线索。通常可以通过以下方式搜集和了解被申请人的财产信息和财产线索：

第一，根据申请人和被申请人的业务往来信息，了解被申请人的财产信息和财产线索。如从双方的合同或往来汇款记录及相关凭证了解被申请人的银行账户。又如，通过双方的合同履行，了解案件争议的设备、房产及其他财产信息和财产线索。

第二，通过申请人的介绍，了解被申请人的财产信息和财产线索。

第三，根据工商查询，了解被申请人的对外投资及其他财产信息和财产线索。

第四，通过网络查询和检索，了解被申请人的财产信息和财产线索。如被申请人的年度财务报告、被申请人的涉诉判决书、与被申请人相关的招投标公告等。

收集到相关财产信息和财产线索后，应对这些信息进行整理，有针对性地提交保全价值较高的财产信息和财产线索，并优先申请对这些财产采取保全措施。

依据最高人民法院《关于人民法院办理财产保全案件若干问题的规定》，诉前申请财产保全的，应当向人民法院提供明确的被保全财产信息。诉中申请财产保全的，也应当向人民法院提供明确的被保全财产信息，但确因客观原因不能提供明确的被保全财产信息，提供了具体的财产线索的，人民法院也可以依法裁定采取财产保全措施。在这种情况下，在该裁定执行过程中，申请保全人可以向已经建立网络执行查控系统的执行法院，书面申请通过该系统查询被保全人的财产。

（四）保全担保

诉前保全必须提供担保，诉中保全一般要求提供担保。

依据最高人民法院《关于人民法院办理财产保全案件若干问题的规定》，利害关系人申请诉前财产保全的，担保数额应当相当于保全数额。诉中财产保全的，担保数额不超过请求保全数额的30%，申请保全的财产是争议标的的，担保数额不超过争议标的价值的30%。

担保的方式有财产担保和保证担保。

财产担保即申请人或第三人以其财产为保全提供担保。财产担保的，申请人和第三人应当向人民法院出具担保书。担保书应当载明担保人、担保方式、担保范围、担保财产及其价值、担保责任承担等内容，并附相关证据材料。

保证担保即第三人为保全提供信任保证担保。保证担保的，第三人应当向人民法院提交保证书。保证书应当载明保证人、保证方式、保证范围、保证责任承担等内容，并附相关证明材料。

现在比较方便的做法是由保险公司提供保函担保。即保险公司与申请人签订财产保全责任险合同，然后保险公司向人民法院出具担保书。担保书载明，如因申请财产保全错误，由保险公司赔偿被保全人因保全所遭受的损失。

一般情况下，在准备保全申请的同时，律师团队或者当事人就可以与相关保险公司进行联系，提前做好保全担保的准备。一旦人民法院受理了保全申请，即可及时向人民法院提交保全保函等相关材料。

（五）仲裁案件的保全

仲裁案件立案前的保全，按诉前保全办理。仲裁过程中的保全，应当通过仲裁机构向人民法院提交申请书和仲裁案件受理通知书等材料。

在仲裁案件中受理申请保全的人民法院可以包括被申请人住所地人民法院或被申请保全财产所在地人民法院。涉外案件的保全应当是中级人民法院，其他案件的保全一般是基层人民法院，但现阶段在北京，仲裁保全由中级人民法院办理。

申请人向仲裁机构申请转送相关保全材料的时候，应当在申请书中写明申请转送的具体人民法院的名称、地址、接收部门、联系电话等信息，以方便仲裁机构转送相关材料。除此之外，申请仲裁机构转交相关保全材料时，一般应当多提交一套仲裁申请书、主体资格证明材料及相关证据。另外，一般情况下，应单独准备保全的授权委托书，保全的授权委托书中代理人最多只能有两人，而且没有律师执业证或实习证的助理，不能担任代理人。

（六）保全注意事项

申请保全这一流程管理步骤中，除注意保全申请书的撰写、财产信息和财产线索的提供、保全担保的提供等注意事项外，还应当注意以下事项：

第一，重视保全的作用。对标的额较大的案件，为保证今后裁判的顺利执行，一般应当申请财产保全。在案件的代理方案策划阶段就应当提前统筹规划保全工作。

第二，司法实践中的绝大部分保全为诉中保全。为达到较好的保全效果，在提起诉讼或申请仲裁的同时就应当同时准备申请保全的材料，在案件立案时一并提交相关保全材料。在诉讼案件中，人民法院一般会在采取保全措施前，暂缓向被告送达应诉通知书。在仲裁案件，可以申请仲裁机构在人民法院未实施保全措施前，尽量暂缓向被申请人送达通知书和仲裁申请书副本。

第三，诉讼案件中，人民法院作出保全裁定后，保全裁定一般由执行局或执行庭的法官执行。在申请保全和法院实施保全的过程中，要注意与人民法院的承办法官及执行法官保持联系。

第四，要注意对保全的相关材料及时存档。包括保全的财产信息、保全裁定、人民法院实施保全措施的告知书、保全谈话笔录等。保全材料对今后的执行，对今后的续保等都非常重要。

第六节　被告案件的前期代理阶段

一、被告案件的前期代理阶段概述

本书对案件流程管理55步的设定是以原告诉讼案件为参照的。在流程管理上，原告案件的代理工作和被告案件的代理工作基本上是相通的，如案件洽谈和委托、案件代理思路的确定、庭审代理工作、案件总结工作，等等。

但二者终究还有一定的区别，这些区别比较集中体现在前期代理阶段。

区别之一是时间的差异。原告案件何时起诉由原告决定，因此，在起诉前一般有较为充分的准备时间，在证据收集和整理方面，案件讨论和代理方案确定方面，在法律文书的撰写方面一般都有比较充裕的时间。但被告应诉案件，有严格的时间限制。被告在接到应诉通知书后，需要及时与律师团队洽谈并办理委托，需要在 15 日内或在规定的时间内确定案件代理思路，组织证据并及时进行答辩。

区别之二是被告应诉案件更多表现为诉讼上的防守和反驳。如对诉讼主体的反驳、对证据的反驳、对诉讼时效的反驳等。

区别之三是被告案件有独有的诉讼步骤，如提出管辖权异议、进行答辩、提起反诉，这些步骤都有不同于原告案件的法律文书，如管辖权异议书、民事答辩状、民事反诉状等。

被告案件第 9 步收集证据和第 10 步可视图表这两步中，在进行证据准备和案件事实整理前，应当仔细阅看对方的起诉文件，如民事起诉状、证据清单和证据。被告案件第 17 步完善方案这一步骤中，应包括：是否提出管辖权异议、如何提管辖权异议、如何确定答辩思路、是否应当提起反诉、如何反诉。被告案件第 19 步撰写文书这一步骤中，撰写的法律文书包括民事答辩状、民事反诉状。被告案件第 23 步办理立案这一步骤中，包括提交书面民事答辩状，办理反诉立案手续。

二、管辖权异议

（一）管辖权异议概述

管辖权异议是被告认为受诉人民法院没有管辖权，而向人民法院提出不服该院管辖的意见或主张。原告向人民法院提起诉讼即认可该院对案件的管辖权；无独立请求权的第三人依人民法院的通知参加诉讼，无权提起管辖权异议；有独立请求权的第三人在该院提出独立的请求，而不是向其他人民法院提起诉讼，也视为其认可该院对案件的管辖权。因此，提起管辖权异议的当事人只可能是被告。

被告可能在两个方面提出对管辖权的异议。一是地域管辖的异议，即对一般地域管辖、特殊地域管辖、协议地域管辖或专属地域管辖的异议；二是对级别管辖的异议。被告对法院的指定管辖没有异议权。

对被告应诉的案件，从流程管理的角度进行管辖权审查有以下两个方面的作用：第一，促进人民法院合法行使管辖权，尽力排除非法律因素的干扰，推动人民法院公正审理案件，这是最主要的作用；第二，合理调控诉讼节奏，为积极应诉赢得更充裕的时间。

（二）管辖权异议书

管辖权异议书是模板性很强的法律文书。

管辖权异议书包括标题、主体部分、请求事项部分、事实和理由部分、落款部分。

依据《最高人民法院关于印发〈人民法院民事裁判文书制作规范〉〈民事诉讼文书样式〉的通知》，管辖权异议书的标题为“异议书”。所以不应再表述为“申请书”或“管辖异议申请书”。

主体部分载明“异议人（被告）”“被异议人（原告）”以及其他诉讼参与人及代理人的基本情况，相关内容及格式可以参照民事起诉状的表述。

请求事项表述为“将某某人民法院某某一案移送某某人民法院管辖”。

事实和理由部分写明提出管辖权异议的事实和理由。

落款部分可以参照民事起诉状的格式。

（三）仲裁主管争议

广义来说，管辖权异议还包括对案件主管的异议。即该纠纷是否应当由人民法院审理，以及该纠纷是否应由仲裁机构仲裁。

对仲裁案件，被申请人应当关注仲裁机构的管辖权。如果被申请人认为仲裁机构没有管辖权，或对仲裁协议有异议，则被申请人应在答辩期间提出，或至少应在首次开庭前提出。

被申请人对管辖协议的效力有异议的，可以请求仲裁机构作出决定或者请求人民法院作出裁定。一方请求仲裁机构作出决定，另一方请求人民法院作出裁定的，由人民法院裁定。

向人民法院申请确认仲裁协议效力的案件，由仲裁协议约定的仲裁机构所在地的中级人民法院管辖。仲裁协议约定的仲裁机构不明确的，由仲裁协议签订地或者被申请人住所地的中级人民法院管辖。申请确认涉外仲裁协议效力的案件，由仲裁协议约定的仲裁机构所在地、仲裁协议签订地、申请人或被申请人住所地的中级人民法院管辖。

如果被告收到人民法院的应诉通知书时，认为原告和被告之间有仲裁协议，案件应当由仲裁机构受理，而不应由人民法院审理时，被告应当在答辩时提出。如果不应由人民法院审理的，人民法院应当驳回原告的起诉。

（四）管辖权异议的注意事项

提管辖权异议应注意以下几点：

第一，及时提出管辖权异议，这一点非常重要。对人民法院受理的案件，如果在答辩期内不提出管辖权异议，而只进行答辩，即视为认可受诉人民法院对案件的管辖权。对仲裁机构受理的案件，如果对仲裁机构受理及仲裁协议的效力有异议，也一定应在首次开庭前提出，否则视为接受仲裁机构的管辖。没有提管辖异议的案件，不能以无权管辖为由提起上诉。管辖错误也不是申请再审的法定再审事由。

第二，不能滥用管辖权异议。不能一遇到案件就以明显不成立的理由提出管辖权异议，在管辖权异议被驳回后，又同样以明显不成立的理由提起上诉。提出管辖权异议一定应当根据法律的规定合理地提出。如果滥用管辖权异议，有被人民法院以不诚信诉讼为由予以处罚的风险。

三、进行答辩

（一）答辩概述

答辩，是指被告或被上诉人或被申请人对原告、上诉人或再审申请人的起诉、上诉或申请再审进行辩驳，表明本方观点，并阐述理由。

广义的答辩包括一审案件本诉被告对本诉原告的答辩、反诉被告对反诉原告的答辩，二审被上诉人对上诉人的答辩，申请再审案中被申请人对再审申请人的意见陈述。对应的法律文书包括民事答辩状、上诉答辩状、陈述意见书。

答辩，尤其是一审案件中的答辩，在案件流程管理中的作用非常重要。第一，它是应诉方的重要权利，它是明确和阐释本方观点的重要载体，一般情况下它的主要内容，有时甚至它的全部内容都会被表述到裁判文书中。第二，它方便裁判组织全面了解本方的主张及观点。第三，它是法庭或仲裁庭归纳争议焦点和进行后续审理的重要基础。

基于答辩的重要性，应诉方应当在答辩期内及时提交答辩材料，尤其在一审案件中应当在答辩期间及时提交书面答辩状，在仲裁案件中应当在答辩期间内及时提交答辩书。

（二）答辩内容

答辩时应当明确本方的答辩观点及答辩理由。即明确是否认可对方的诉讼请求；是全部认可还是部分认可；是全部不认可还是部分不认可；不认可的答辩理由是什么；具体有哪几点或哪几方面。

就一审案件而言，一般应考虑从以下四个方面组织答辩理由：

第一，原告诉讼请求有没有事实依据；即原告主张的证据是否真实；原告主张的事实是否证据充分；原告主张的事实是否成立；案件的实际情况是什么。

第二，原告诉讼请求是否有法律依据；原告的主张适用法律是否正确；原告的主张是否与当事人的约定不符。

第三，对原告的诉讼请求被告是否有合理的抗辩理由；如合同中的先履行抗辩权和同时履行抗辩权，合同中约定的条件未成就，原告自身的过错，不可抗力，被告免于承担责任的其他约定或法定情形。

第四，原告的诉讼请求是否已经过诉讼时效或除斥期间。这一点非常重要。如果被告对诉讼时效不提出抗辩，人民法院不会主动审查和适用诉讼时效。

答辩的观点不宜过于分散，应重点突出。答辩的思路在代理方案的相关步骤中应系统而详细地研讨。

（三）民事答辩状

无论是从格式来看，还是从文体来看，民事答辩状明显不同于民事起诉状，它属于典型议论文文体，以反驳和说理为主。

民事答辩状包括标题、答辩人主体部分、答辩说明部分、答辩正文部分、落款部分。

一审民事答辩状的标题是“民事答辩状”。笔者团队习惯对标题用小二号黑体加粗。标题应居中。标题前一般空一行，标题后一般空两行。

主体表述部分可以只表述答辩人的信息，可以不表述被答辩人的信息。答辩人是法人的，写明答辩人的名称、住所地、法定代表人姓名、职务。另外，应当写明答辩人委托诉讼代理人的情况，写明答辩人的联系方式。

答辩说明部分应当写明当事人、案由、案号、人民法院。通常的表述是：“对某某人民法院某某一案，答辩如下……”

答辩正文部分写明答辩的观点和理由。可以分几部分分别阐述，结语部分应当概括总结全文的答辩理由，并再次明确本方的答辩观点。

落款部分可以参照民事起诉状的落款。以“此致”结束主文，另行起行，顶格写明呈送的人民法院全名。空两行后，写明答辩人的全名并由答辩人签章。

四、提起反诉

（一）反诉概述

在案件流程管理中，被告案件中的反诉是重要的流程内容。

反诉，是指在本诉的诉讼程序中，本诉被告以本诉原告为被告，提起与本诉相关的诉。反诉的目的是部分或全部抵销或吞并本诉原告的诉讼请求。反诉的前提是本诉被告针对本诉原告提起诉讼，反诉和本诉在诉讼标的、诉讼请求或案件事实方面存在法律上的牵连关系。

案件的审理以当事人的诉讼请求为前提。被告的权益主张没有提起相应的反诉请求，被告的该部分权益主张就不能成为人民法院的审理范围。当被告的权益主张需要通过诉讼才能得到确认时，这种情况下，如果被告不提起反诉，被告就很难以该部分权益主张对抗本诉中原告对其的权益主张。因此，在这些案件中提起反诉就非常重要。

（二）民事反诉状

民事反诉状的格式可以参考民事起诉状的格式。

民事反诉状的标题应当规范表述为“民事反诉状”。诉讼主体部分，将民事起诉状的“原告”相应改为“反诉原告（本诉被告）”，将“被告”相应改为“反诉被告（本诉原告）”。请求部分将民事起诉状的“诉讼请求”相应改为“反诉请求”。

最高人民法院发布的《民事诉讼文书样式》中的民事反诉状格式中没有关于反诉来由的说明，但笔者团队习惯在反诉请求前写明反诉来由，通常表述为：“在贵院受理的某某（案号）反诉被告某某诉反诉原告某某（案件名称）一案中，反诉原告现依法提起反诉”。

民事反诉状的其他内容和格式可以参照民事起诉状。

（三）反诉的注意事项

在案件流程管理的角度，反诉应注意如下几点：

第一，区分答辩和反诉，在部分案件中注意提起反诉。答辩只是对原告主张的抗辩，只有反诉才能部分或全部抵消或吞并原告的诉讼请求。如果不提起反诉，本方的权益主张就不能成为人民法院或仲裁机构的审理范围。因此，在确定案件代理思路时，应当统筹考虑，区分答辩和反诉，对部分案件，应当积极提起反诉。

第二，需要提起反诉的案件，应尽早及时提起反诉，一般应在被告答辩期间提起，民事反诉状最好和民事答辩状一并提交。及时提起反诉，一方面方便人民法院及时推进诉讼程序；另一方面避免因迟延提起而不被人民法院接受。因为被告提起反诉后是否合并审理的决定权在人民法院。

第七节 前期代理阶段的文书样本

文书样本 4：法律关系图

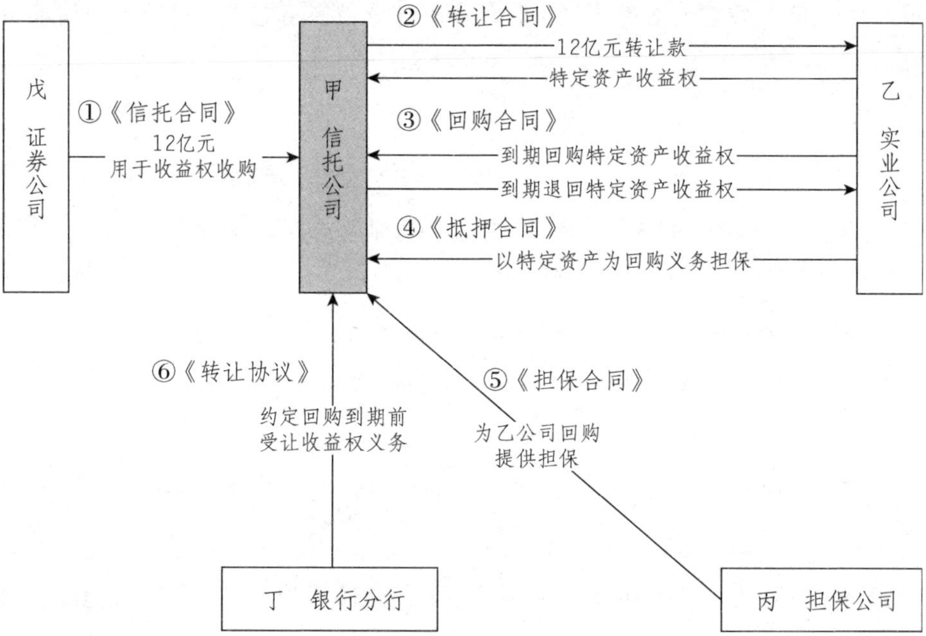

某合同纠纷案法律关系图

文书样本 5：案件事实一览表

北京公司与重庆公司专有技术转让合同纠纷申请再审案
案件事实一览表

序号	时间节点	案件事实
1	2011 年 11 月 23 日	北京公司与重庆公司签订技术合同，约定北京公司以普通实施许可方式向重庆公司提供位于重庆某化工项目所必需的专利及专有技术服务，重庆公司支付总合同款 7000 万元（见一审北京公司证据一）
	↓	
2	2012 年 2 月 15 日	重庆公司向北京公司发送项目进度表（见一审北京公司证据二十）
	↓	
3	2012 年 5 月 22 日	北京公司向重庆公司交付工艺包最终版资料，重庆公司经办人员签收确认（见一审北京公司证据二十一）
	↓	
4	2013 年 8 月 12 日	重庆公司向北京公司发出合同解除通知，以国家产业政策调整为由，通知北京公司解除双方签订的技术合同（见一审重庆公司证据二）
	↓	
5	2013 年 8 月 27 日	北京公司向重庆公司发出异议通知书，表示重庆公司无权单方解除合同，要求继续履行合同（见一审重庆公司证据四）
	↓	
6	2014 年 1 月 21 日	北京公司与重庆公司召开专利实施许可和专有技术合同处置交流会，北京公司表示重庆公司应继续支付合同款 6000 万元（含已支付的 4000 万元），重庆公司表示不再支付任何费用（见一审北京公司证据二十二）
	↓	
7	（略）	（略）

续表

序号	时间节点	案件事实
		↓
8	（略）	（略）
		↓
9	（略）	（略）
		↓
10	2015年2月17日	北京公司再次向重庆公司发送律师函，要求重庆公司务必明确解决方案，并支付合同款、利息等费用（见一审北京公司证据二十五）

文书样本 6：时间轴（横向）

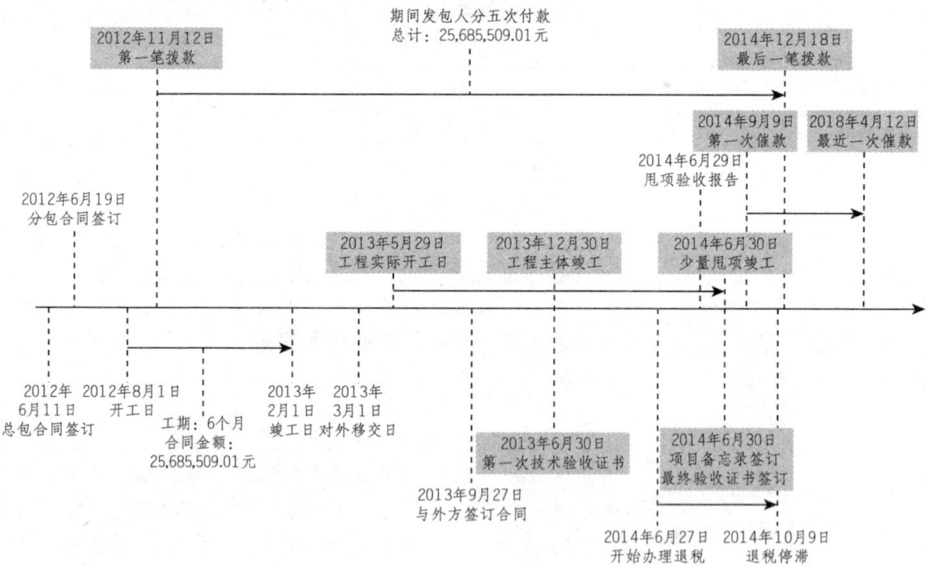

某案案情横向时间轴

文书样本 7：时间轴（纵向）

1. 2006年5月17日，东北A置业公司取得涉案项目土地使用权
2. 2007年12月18日，东北A置业公司与国外B连锁企业签订《国外B连锁企业购物广场意向书》
3. 2008年10月16日，涉案项目开始施工
4. 2009年1月9日，国外B连锁企业再次发送职责清单，明确国外B连锁企业购物广场的定制要求
5. 2009年4月30日，东北A置业公司与国外B连锁企业签订《房屋租赁协议》
6. 2009年12月1日，涉案项目主体工程完工
7. 2010年6~7月，国外B连锁企业对地砖、地面、装修、设备和卫生间等，进一步提出定制要求
8. 2010年9月10日，东北A置业公司完成定制，将国外B连锁企业购物广场移交给国外B连锁企业
9. 2011年11月18日，国外B连锁企业购物广场在经过14个月免租期后开业，开始计付租金
10. 2016年3月8日，仅4年零3个月后，国外B连锁企业即通知东北A置业公司，国外B连锁企业将提前解约
11. 2016年3月23日，东北A置业公司要求国外B连锁企业赔偿损失
12. 2016年8月22日，东北A置业公司申请仲裁
13. 2016年10月24日，国外B连锁企业离场

某案案情纵向时间轴

文书样本8：民事起诉状

文书点评：

1. 本案在诉讼主体上主动将股权代持方列为第三人，这样方便对第三人代持股权实施财产保全。

2. 为控制诉讼成本，2019年11月15日前的违约金只主张了3312万元；2019年11月15日后的违约金拟另案主张。

3. 原告中的自然人为我国香港特区居民，该原告给代理律师的授权办理了公证，但该原告签署的民事起诉状并没有办理公证。因此，民事起诉状签署部分既有当事人的签章，也有代理律师的签字。

4. 事实的陈述基本上围绕股权转让法律关系线索和时间线索展开，即依据合同签订主体、合同签订背景、合同签订过程、合同约定、本方合同履行、对方违约、违约损失的线索展开。前面对项目公司的陈述与后面对损失的陈述相互呼应；前面对合同约定的陈述与后面对被告违约的陈述也相互呼应。事实和理由部分又与诉讼请求相呼应。

5. 本案的争议焦点之一是交割日是否已经成就及交割日成就的时间，为预先减弱被告答辩的影响，事实和理由部分也适当陈述了交割日成就的理由，这非常方便法官在庭审前客观、全面地了解案件的情况。

6. 本案的争议焦点之二是被告是否构成了根本性违约，为说明这一方面的理由，并预先减弱被告答辩的影响，事实和理由部分特意着重陈述了本案合同的性质、双方的主要权利义务等内容。

7. 事实和理由部分注意了分段，层次比较清晰。

民事起诉状

原告：上海某某信息咨询有限公司

住所：上海市 ×× 区 ×××××××

法定代表人：王某某，职务，董事长

原告：王某某，男，汉族，×× 年 ×× 月 ×× 日出生，中华人民共和国香港特别行政区居民，住中华人民共和国香港特别行政区 ××××××，港澳居民来往内地通行证号为 ××× ×××

二位原告共同的诉讼委托代理人：张群力、刘旭旭，北京市盈科律师事务所律师

联系地址：北京市朝阳区金和东路20号院正大中心2号楼23层（100004）

联系电话：××××××

被告：广州某某旅游集团有限公司

住所：广州市 ×× 区 ××××××

法定代表人：×××，职务，董事长

联系电话：××××××

第三人：四川某某旅游开发有限公司

住所：成都市 ×× 区 ××××××

法定代表人：×××，职务，董事长

联系电话：××××××

案由：股权转让合同纠纷

诉讼请求：

一、请求判决解除原告上海某某信息咨询有限公司、原告王某某与被告广州某某旅游集团有限公司于 2018 年 3 月 20 日签订的《四川某某房地产开发公司股权转让协议》及其后签订的《四川某某房地产开发公司〈股权转让协议〉之补充协议》；

二、请求判令被告广州某某旅游集团有限公司将四川某某房地产开发公司

70%的股权（对应的出资为12,600万元）返还给原告上海某某信息咨询有限公司；

三、请求判令被告广州某某旅游集团有限公司向原告上海某某信息咨询有限公司和原告王某某赔偿2019年11月15日前的违约金3312万元（违约金计算明细见附件）；

四、请求判令被告广州某某旅游集团有限公司承担本案的诉讼费用。

事实与理由：

原告上海某某信息咨询有限公司（以下简称上海信息公司）原是四川某某房地产开发公司（以下简称四川房产公司）的控股股东。原告王某某是上海信息公司的唯一股东，原系四川房产公司的实际控制人。

四川房产公司成立于2008年，注册资本18,000万元，原告上海信息公司出资12,600万元，拥有四川房产公司70%的股权。四川房产公司的主要资产是2008年通过股东作价入股方式合法取得的位于四川某地的5529.16亩（约3.68平方千米）国有土地使用权。土地每亩价值130万元，总价值约72亿元。

由于开发资金问题，原告上海信息公司、原告王某某（原告上海信息公司、原告王某某以下合称为原告）需对外转让四川房产公司的股权，退出项目开发。

2017年10月初，原告和被告广州某某旅游集团有限公司（以下简称被告）的关联单位南方某某地产集团四川公司（以下简称南方地产集团）洽谈收购事宜。2017年10月底，原告和南方地产集团就收购事宜达成一致。原告签订了南方地产集团提供的股权转让合同，但南方地产集团一直没有将签订的合同返还给原告。2017年12月，南方地产集团称其集团决定以被告的名义签订合同。其后，原告与被告于2018年3月20日又重新签订了《四川某某房地产开发公司股权转让协议》（以下简称《股权转让协议》）。

《股权转让协议》签订后，原告上海信息公司依约于2018年5月8日将项目公司10%的股权过户给了被告指定的单位，但被告并没有按合同的约定设立共管账户，没有支付任何款项，也没有履行任何《股权转让协议》的义务，而是反复地对四川房产公司进行调查。

2018年5月，被告设立项目部常驻四川房产公司。2018年10月，被告全面介入四川房产公司的日常管理，与原告上海信息公司共管四川房产公司的印章、证照等。

经过被告的反复调查及长期共管印章等，2019年1月20日，被告再次要求原告签订《四川某某房地产开发公司〈股权转让协议〉之补充协议》（以下简称《补充协议》）。《股权转让协议》和《补充协议》的约定基本相同。

本案的收购模式是承债式收购。即被告取得涉案项目约72亿元土地等资产的主要对价是承接四川房产公司的债务，解除原告及原告的关联方对四川房产公司项目中相关债务的担保。被告除象征性地支付3000万元定金外，不需要向原告支付其他股权转让款。

《股权转让协议》第3条第13款和《补充协议》第3条第10款约定，原告将持有的四川房产公司的股权转让给被告，被告应负责在交割日后90日内在实际承担的四川房产公司45亿元对应债务范围内解除原告及原告关联方对四川房产公司债务所承担的担保责任；《股权转让协议》第6条2款第2项和《补充协议》第6条第2款第2项还约定，如果被告逾期解除原告及原告关联方的担保责任，则每逾期1日，应按逾期解除担保责任数额的万分之二支付违约金；如果逾期达到180日以上，原告有权解除《股权转让协议》及《补充协议》。

对交割日，《补充协议》第3条第11款约定："因交割日前的事由产生的所有经济法律责任由甲方（原告）承担，因交割日后的事由产生的所有经济法律责任由乙方（被告）承担。"《补充协议》第4条第4款约定："……本补充协议签订之日至交割日期间，项目公司暂停全部经营。"

《补充协议》签订后，原告于2019年1月31日将持有的四川房产公司余下60%的股权过户至被告指定的关联方即本案第三人四川某某旅游开发有限公司名下。同日，被告关联方亦将其受让的四川房产公司10%的股权过户至四川某某旅游开发有限公司名下。至此，第三人四川某某旅游开发有限公司合计持有四川房产公司70%的股权。

涉案项目的土地位于四川省，原属于军队用地，不存在对村民集体土地征用或拆迁等问题。全部土地办理了国有土地使用权证，权属清晰。

2019 年 2 月 1 日，原告依约向被告移交了四川房产公司证照、印鉴、合同和财务资料等全部移交材料，双方办理了交接手续。被告在此前长期调查和共同管理的基础上，办理交接后正式接管了四川房产公司。交接以后，被告对双方的交割工作没有提出任何异议。随后，被告又依据《补充协议》第 3 条第 11 款和第 4 条第 4 款的约定，对涉案项目进行了开发建设。因此，2019 年 2 月 1 日就是涉案项目的交割日。

被告接管项目公司及项目公司 72 亿元的土地资产后，享有了项目公司的全部权益，但其后，被告再次违反双方约定，不履行《股权转让协议》和《补充协议》中的基本义务，没有在交割日后 90 日内即 2019 年 5 月 1 日前解除原告和原告关联方在涉案项目中的债务担保责任。被告的违约行为严重损害了原告及原告关联方的合法权益，使原告转让股权的基本目的没有实现。由于原告和原告关联方在涉案项目中的债务担保责任没有解除，原告及原告的关联方被债权人起诉或申请强制执行，并且原告及原告关联方在北京等地的多个项目亦无法正常开发，原告和原告的关联方因此蒙受了巨大的损失。

现在被告违约的时间已经远远超过了 180 日，依据《股权转让协议》和《补充协议》的约定，原告不仅有权解除合同，收回四川房产公司 70% 的股权，而且还有权要求被告赔偿由此给原告造成的全部损失。仅从 2019 年 5 月 1 日到原告起草诉状之日止，即到 2019 年 11 月 15 日止，被告应承担的违约金就达到了 3312 万元。违约金计算明细见附件。2019 年 11 月 15 日后的违约金原告将另行主张。

基于上述理由，为依法维护原告的合法权益，特向贵院提起诉讼，敬请公正判决如上所述请求。

此致

四川省某某市中级人民法院

原告：上海某某信息咨询有限公司（章）

法定代表人：×××（签字）

原告：×××（签字）

二位原告共同委托的诉讼代理人：张群力律师、刘旭旭律师

二〇一九年十一月十五日

文书样本 9：民事上诉状

文书点评：

1. 本案涉及合同解除的责任承担问题，一审判决北京某文化公司承担合同解除的全部责任。一审判决后，北京某文化公司委托作者团队代理本案的二审。经过努力，本案二审最终判决撤销一审判决，支持了北京某文化公司的全部诉讼请求。这是一起比较典型的二审反败为胜的案例。

2. 本案中，律师从三个方面，即从先履行抗辩权、同时履行抗辩权、损失金额三方面提出了上诉意见。这三个方面任何一个上诉理由被采纳，一审即被认定为判决存在错误，就应当改判。

3. 上诉理由除从上述三方面横向展开外，还进行了纵向展开，说理较为充分，凸显了一审判决的错误之处。

4. 上诉理由的最后部分，结合文化行业的现状及人民法院的职责，综合发表了上诉意见，也有一定的说服力和感染力。

民事上诉状

上诉人（一审原告）：北京某某文化传播有限公司

住所：北京市 ×× 区 ××××××

法定代表人：×××，职务，董事长

被上诉人（一审被告）：上海某某文化传媒有限公司

住所地：上海市 ×× 区 ××××××

法定代表人：×××，职务，董事长

上诉人北京某某文化传播有限公司（以下简称上诉人或北京某文化公司）因与被上诉人上海某某文化传媒有限公司（以下简称被上诉人或上海某传媒公司）合同纠纷一案，不服某某市某某区人民法院2018年6月29日作出并于2018年7月19日送达的某某民事判决，特向贵院依法提起上诉。

上诉请求：

一、请求判决撤销某某市某某区人民法院某某民事判决；

二、请求判决确认上诉人与被上诉人2015年11月25日签订的《联合摄制合同》已经于2017年11月25日解除；

三、请求判令被上诉人返还上诉人投资款540万元；

四、请求判令被上诉人以540万元为基数，从2015年12月3日起至实际付清之日止，按中国人民银行公布的同期银行贷款利率赔偿上诉人利息损失；

五、请求判令被上诉人承担本案一审和二审的全部诉讼费用。

上诉理由：

一、被上诉人前期已经严重违约，一审法院认定被上诉人不构成违约，认定事实严重错误，判决结果不公

（一）被上诉人未按照合同约定取得涉案电视剧的文学作品版权和编剧版权，已构成根本性违约

本案中，双方合作的项目是版权项目，双方2015年11月25日签订的合同即《联合摄制合同》（以下简称合同）是一份电视剧版权投资合同。对电视剧版权投资合同来说，前期的版权素材来源与后期的电视剧版权保护同样重要。因为，前期的版权素材来源是项目投资的基础。前期没有取得文学作品的版权、编剧版权，就无法进行后续的拍摄，更谈不上对拍摄的电视剧进行商业性发行和经营。

因此，在本案中，取得涉案电视剧文学作品的版权和编剧版权，是双方在本项目中合作的前提和基础。基于此，双方在合同第2条第1款中特别约定，“本剧的文学剧本由甲方（被上诉人）提供，编剧创作费用及版权折价人民

币肆佰伍拾万元整（450万元）投资入股”。合同第3条第7款第1项约定，“本合同签订后的5个工作日内，甲、乙双方按照投资比例向本项目专用账户支付其各自出资额的30%；甲方应电汇捌佰壹拾万元（810万元），扣除剧本版权费肆佰伍拾万元（450万元）后，实际电汇人民币叁佰陆拾万元（360万元）……”根据上述约定，为保证双方合作项目的开展，被上诉人应负责取得涉案文学作品的版权和编剧版权，并在第一阶段出资中，办妥上述版权手续。

但迄至今天，被上诉人既没有取得本案的文学作品版权，也没有取得本案的编剧版权，更没有将上述版权证据提供或备份给上诉人。被上诉人的上述行为已使双方的合作失去了基础，构成了根本性违约。

（二）被上诉人未经上诉人同意，擅自两次转让项目股权，也构成了根本性违约

本案的合作是合伙型合作，双方进行合作的基础是相互之间的信任。因此双方在合同第12条的违约条款中特别约定：“未经甲、乙双方书面同意，任何一方不得抵押或出卖本剧的任何财产、资产等相关权益，不得将其在该剧中的权益转让或抵押。”

依据上述约定，任何一方未取得对方的书面认可，均不得将项目中的权益转让给任何第三人。然而，被上诉人在前期合作中却擅自先后两次转让项目股权。

被上诉人第一次转让项目股权的时间是2015年11月，即第一阶段投资款应付期间。未经上诉人许可，被上诉人通过项目股权转让，让案外人北京C文化有限公司参与本案项目的投资，向本项目投资100万元。

被上诉人第二次转让项目股权的时间是2015年12月。这一次，被上诉人同样未经上诉人许可，在2015年12月30日，擅自与案外人北京D影视文化传媒有限公司（以下简称北京D公司）签订合同，擅自约定北京D公司投资1350万元，受让本项目30%的股权。

被上诉人在未开展任何项目合作事务、未取得涉案文学作品版权和编剧

版权、未取得上诉人同意的情况下，擅自凭空转让项目股权。被上诉人的上述行为，不仅严重违背了双方的合同约定，而且动摇了双方的合作基础，同样构成了根本性违约。

事实上，被上诉人在与上诉人签订项目合作合同后，短短 2 个月内，先后两次凭空转让项目股权，两次向案外人骗取投资款。被上诉人的上述行为，不仅表明被上诉人缺乏基本的电视剧拍摄履约能力，而且表明，被上诉人根本无意真实地拍摄电视剧。被上诉人完全是借拍摄电视剧的名义，骗取上诉人和案外人的投资款。

（三）被上诉人没有按合同约定开机拍摄、没有按合同约定确定导演、编制财务收支表、进行商务开发，被上诉人没有履行基本的合同义务，同样构成了根本性违约

1. 被上诉人没按合同约定开机拍摄

时机对电视剧投资非常重要。双方在合同第 4 条第 1 款中约定，“甲方（被上诉人）作为本剧的承制公司，负责该剧的前期筹备、拍摄制作、发行等工作”。合同第 1 条第 4 款约定，“开机时间定在 2016 年 5 月”，第 5 款约定“拍摄周期为 90 天”，即应在 2016 年 7 月底拍摄完毕。但事实上，被上诉人根本没有在 2016 年 5 月组织拍摄，更没有在 2016 年 7 月完成拍摄。事实上，被上诉人至今也没有取得任何拍摄成果。

2. 被上诉人没有按合同约定确定导演

选择合适的导演是电视剧投资成功的关键。因此，双方在合同第 1 条第 6 款中约定，由“孔某某、李某某、延某某、李某某”等担任导演。但被上诉人并没有按上述约定确定导演。

3. 被上诉人没有按合同约定编制和通报财务收支表

考虑到被上诉人是电视剧的拍摄人、管理人和控制人，相关的财务收支等由被上诉人负责。为保障上诉人的基本知情权和监督权，双方在合同第 3 条第 6 款第 4 项明确约定，“在本剧的筹备、拍摄、后期制作、发行期间，甲方每月应编制一份财务收支表，并通报给乙方”。

但自合同签订后，被上诉人从未向上诉人提供过财务收支表。被上诉人的上述行为，不仅严重违约，而且影响上诉人的后续投资。因为没有收到财务收支表，上诉人作为项目的主要合伙人，就无法知道项目的真实收支情况，无法对项目的财务进行监督和风险控制，也无法放心筹集并投入第二阶段的投资款。一审法院无视上述基本事实，以上诉人派员参与剧组会议为由免除被上诉人承担通报财务收支表的义务是完全错误的。

4.被上诉人没有按合同约定进行商务开发

商务开发也是电视剧投资成功的重要保障。合同第7条第1款约定，“本剧的商务开发指本合同中约定的本剧发行以外的、对本剧有关的一切权利的使用、许可使用或转让，包括但不限于企业赞助、产品植入、制作相关商品、创作游戏、商标、角色形象等”。但被上诉人至今也没有开展任何上述商务开发行为。

综上所述，被上诉人没有按合同约定开机拍摄，没有按合同约定确定导演，没有按合同约定编制和通报财务收支表，没有按合同约定进行商务开发。从上述情况看，被上诉人根本没有履行合同的基本义务，上述一系列行为，同样构成了根本性违约。

综合起来分析，被上诉人没有按合同约定取得涉案电视剧的文学作品版权和编剧版权；被上诉人擅自转让项目股权；被上诉人不按合同约定开机拍摄、不按合同确定导演、不编制和通报财务收支表、不进行商务开发。以上任何一种行为都构成根本性违约。对以上任何一种违约行为，在第二阶段付款前，上诉人均有权单方解除合同，要求被上诉人承担全部赔偿责任。但一审法院却罔顾上述基本事实，认定被上诉人不构成违约，一审认定事实错误。

二、被上诉人未支付第二阶段投资款前，无权要求上诉人支付第二阶段投资款。在双方都没有投入第二阶段投资款的情况下，一审法院却认定上诉人单方构成违约，并要求上诉人承担全部责任，一审法院认定事实和适用法律严重错误

如前所述，被上诉人前期严重违约。

《合同法》[①] 第 67 条规定了先履行抗辩权，即“当事人互负债务，有先后履行顺序，先履行一方未履行的，后履行一方有权拒绝其履行要求。先履行一方履行债务不符合约定的，后履行一方有权拒绝其相应的履行要求”。

因此，在被上诉人前期严重违约的情况下，上诉人不仅有权选择单方解除合同，要求被上诉人承担全部违约责任，而且也有权选择行使《合同法》第 67 条的先履行抗辩权，不支付第二阶段投资款。

《合同法》第 66 条还规定了同时履行抗辩权，即“当事人互负债务，没有先后履行顺序的，应当同时履行。一方在对方履行之前有权拒绝其履行要求。一方在对方履行债务不符合约定时，有权拒绝其相应的履行要求”。

而双方在合同第 3 条第 7 款第 2 项对第二阶段投资款作了如下明确的约定：“本剧确定开机时间 20 个工作日内（开机时间以摄制组通知为准），甲乙双方按照投资比例向本项目专用账户支付其各自出资额的 40%，甲方应电汇人民币壹仟零捌拾万元（1080 万元），乙方电汇人民币柒佰贰拾万元（720 万元）至本剧剧组账户。”即双方约定第二阶段投资款双方应同时支付，其中，被上诉人应支付 1080 万元。

因此，退一步说，即使被上诉人前期不构成违约，即使上诉人无权行使先履行抗辩权，依据合同关于第二阶段投资款的约定，在被上诉人未支付第二阶段投资款前，上诉人也可以依据《合同法》第 66 条的规定，行使同时履行抗辩权。在被上诉人未付清第二阶段投资款前，上诉人有权不支付第二阶段投资款。

令上诉人感到震惊的是，在被上诉人未支付第二阶段投资款前，一审法院却认定被上诉人有权要求上诉人支付第二阶段投资款。在双方都没有投入第二阶段投资款的情况下，一审法院却认定上诉人单方构成违约，并要求上诉人承担全部责任，一审认定事实和适用法律错误。

---

① 本书“文书样本”部分引用作者团队代理过案件的文书时，尽量保持其原本内容，不再对规范性文件的时效性等另外标注。全书同。——编者注

三、一审法院认定合作损失没有任何依据，判决上诉人承担全部赔偿责任错误

（一）一审法院认定的合作损失没有任何依据

合同解除后，双方进行清算有两个基本前提。第一个前提是确定双方的合作损失或共同损失。第二个前提是确定各方的责任比例及各自应分担的损失金额。这两个前提涉及的事实都是案件的基本事实，都需要人民法院根据证据来查证清楚，否则就会造成案件事实不清或裁判错误。

但本案中，一审法院认定合同解除后的损失金额没有依据。对所谓681.890948万元损失或费用，既没有提供基本的证据，也没有经过双方书面的确定，更没有经过专业的鉴定。对这么大的金额，对这么专业的财务问题，原审判决仅仅“经统计，该账户中支出用于剧组拍摄和解散的费用共计681.890948万元”一句话就确定了！

（二）一审法院认定上诉人承担全部责任存在错误

如前所述，因被上诉人的严重违约，上诉人依法解除合同后，所有损失均应由被上诉人承担。

退一步说，即使上诉人也存在过错，至多由双方按过错比例来分担投资损失。而一审法院却判决由上诉人承担全部责任。一审判决错误。

综上所述，一审判决无视被上诉人前期的严重违约、无视被上诉人和上诉人对第二阶段投资款同时投资的义务、认定上诉人无权解除合同、认定681.890948万元巨额损失、认定上诉人承担全部赔偿责任，一审法院认定事实和适用法律错误。

在国家大力发展文化产业的背景下，我们同时也注意到文化行业存在诸多乱象，甚至部分问题已经成为社会关注的焦点。部分单位和个人假冒影视剧的拍摄，到处骗取投资款。部分单位或个人的上述欺诈行为严重影响了文化行业的市场秩序，严重影响了社会的基本诚信。人民法院应坚守法律的底线，依法维护相对人的合法权益，制裁上述严重失信行为！

基于以上理由，特向贵院提起上诉，敬请依法撤销某某市某某区人民法

院某某民事判决，并判决如上所述请求。

此致

某某市中级人民法院

上诉人：北京某某文化传播有限公司（章）

法定代表人：×××

二〇一八年七月二十五日

文书样本 10：再审申请书

文书点评：

1. 这是一起在法律适用上有较大争议的案件，再审申请人一审在北京知识产权法院胜诉，但二审却在北京市高级人民法院败诉。二审败诉后，再审申请人委托作者团队向最高人民法院申请再审。最高人民法院提审了本案，并最终支持了再审申请人的大部分诉讼请求。

2. 接受委托后，律师团队经分析和论证确定了本案三项再审事由。再审申请书紧紧围绕这三项再审事由进行阐述，凸显了二审判决的错误。再审申请书对本案在最高人民法院反败为胜起到了突出的作用。

3. 再审申请书全文的说理均立足于证据、事实、法律、案例，言之有物，文件近 14 页，没有空洞无物的表述。

4. 再审申请书做到了说理的横向和纵向展开，尤其是第一部分，对合同条款的理解部分，再审申请书从多方面进行论述，具有较强的说服力。

5. 再审申请书第四部分针对本案知识产权的特点，将本案的法律适用上升到了一定高度，从而更好地引起了最高人民法院承办法官对本案的关注。

再审申请书

再审申请人（一审原告、二审被上诉人）：北京A工程有限公司

住所：北京市朝阳区××××××

法定代表人：×××，职务，董事长

委托代理人：张群力，北京市盈科律师事务所律师

联系地址：北京市朝阳区金和东路20号院正大中心2号楼23层

联系电话：××××××

被申请人（一审被告、二审上诉人）：重庆B工业集团有限公司

住所：重庆市××区××××××

法定代表人：×××，职务，董事长

联系电话：××××××

再审申请人北京A工程有限公司（以下简称再审申请人或北京A公司）与被申请人重庆B工业集团有限公司（以下简称被申请人或重庆B公司）合同纠纷一案，由北京知识产权法院2016年12月30日作出的（2015）京知民初字第××号民事判决书一审判决和北京市高级人民法院2017年11月1日作出的（2017）京民终××号民事判决书二审判决。再审申请人不服北京市高级人民法院（2017）京民终××号民事判决（以下简称二审判决），认为二审判决认定的基本事实缺乏证据证明、适用法律确有错误，依据《中华人民共和国民事诉讼法》（以下简称《民事诉讼法》）第二百条第二项和第六项的规定，特向贵院申请再审。

申请再审请求：

请求依法再审，并判决如下请求：

（1）撤销北京市高级人民法院（2017）京民终××号民事判决书；

（2）维持北京知识产权法院（2015）京知民初字第××号民事判决书；

（3）二审诉讼费全部由重庆B工业集团有限公司承担。

申请再审事由：

（1）二审判决错误理解《专利实施许可和专有技术转让合同》（以下简称许可转让合同）第 9.5 条的约定，即错误理解“由于买方原因（包括不可抗力）造成的合同提前终止，买方已支付给卖方的款项，卖方不予退还”。进而错误认定“重庆 B 公司的行为已构成合同约定的终止情形”，错误认定“双方当事人签订的《许可转让合同》终止”，错误认定重庆 B 公司不构成违约，二审认定的基本事实缺乏证据证明，适用《中华人民共和国合同法》（以下简称《合同法》）第八条、第六十条、第九十三条第二款明显错误，本案符合《民事诉讼法》第二百条第二项和第六项规定的再审情形。

（2）二审判决错误认定“合同权利义务终止后基于合同产生的权利义务全部归于消灭”，并进而错误认定重庆 B 公司不构成违约，无须支付合同余款和违约金，二审适用《合同法》第九十一条、第九十七条和第九十八条明显错误，本案符合《民事诉讼法》第二百条第六项规定的再审情形。

（3）二审判决错误认定北京 A 公司并没有开展合同余款 1712 万元对应的工作，二审认定的基本事实缺乏证据证明，本案符合《民事诉讼法》第二百条第二项规定的再审情形。

申请再审的具体事实与理由如下：

一、二审判决错误理解许可转让合同第 9.5 条的约定，错误认定重庆 B 公司有权单方任意解除合同，进而错误认定“重庆 B 公司的行为已构成合同约定的终止情形”，错误认定“双方当事人签订的《许可转让合同》终止”，错误认定重庆B公司不构成违约。二审认定的基本事实缺乏证据证明，适用《合同法》第八条、第六十条、第九十三条第二款明显错误。本案符合《民事诉讼法》第二百条第二项和第六项规定的再审情形，应当再审并改判。

（一）除双方协商解除、单方约定解除和单方法定解除的情况外，任何一方单方解除合同均构成违约

我国 1999 年《合同法》颁布后，确立了严格的合同责任。大幅度缩小了无效合同的范围，严格区分了合同的无效和可撤销情形，严格限制了违约解除的条件。《合同法》第八条规定，“依法成立的合同，对当事人具有法律

约束力。当事人应当按照约定履行自己的义务，不得擅自变更或解除合同。”第六十条规定，“当事人应当按照约定全面履行自己的义务。”第一百零七条规定，“当事人一方不履行合同义务或者履行合同义务不符合约定的，应当承担继续履行、采取补救措施或者赔偿损失等违约责任。”

依据《合同法》的上述基本原则，当事人应当全面履行自己的合同义务，除《合同法》规定的下述三种解除合同的情况外，任何一方擅自单方解除合同，均构成违约：

1. 协商解除

即《合同法》第九十三条第一款规定的双方协商解除合同的情形。即“当事人协商一致，可以解除合同”。

2. 单方约定解除

即《合同法》第九十三条第二款规定的单方依据约定解除合同的情形。即“当事人可以约定一方解除合同的条件。解除合同的条件成就时，解除权人可以解除合同”。

3. 单方法定解除

即《合同法》第九十四条规定的单方解除合同的五种法定情形。即“有下列情形之一的，当事人可以解除合同：（一）因不可抗力致使不能实现合同目的；（二）在履行期限届满之前，当事人一方明确表示或者以自己的行为表明不履行主要债务；（三）当事人一方迟延履行主要债务，经催告后在合理期限内仍未履行；（四）当事人一方迟延履行债务或者有其他违约行为致使不能实现合同目的；（五）法律规定的其他情形”。

除上述三种解除合同的情况外，其他任何一方单方擅自解除合同，均构成违约，均应承担违约责任。

（二）许可转让合同第9.5条的约定，不是对重庆B公司单方解除合同的条件的约定，不能被理解为重庆B公司有权依据《合同法》第九十三条第二款单方解除合同，二审判决认定依据许可转让合同第9.5条重庆B公司可以单方解除合同，认定的基本事实缺乏证据证明，适用《合同法》第九十三条

第二款错误

1. 从文字表述来看，许可转让合同第9.5条并没有约定重庆B公司可以单方解除合同

许可转让合同第9.5条约定，“由于买方原因（包括不可抗力）造成的合同提前终止，买方已支付给卖方的款项，卖方不予退还。”从上述文字表述来看，明显不是说，在什么条件出现时，或什么条件成就时，重庆B公司（买方）可以单方解除合同，而且重庆B公司解除合同的行为不构成违约。而只是说，如果因重庆B公司的原因解除合同，重庆B公司应当承担责任，承担的责任至少包括，重庆B公司已经支付给北京A公司（卖方）的款项无权要求退还。因此从文字的表述来看，许可转让合同第9.5条不是赋予重庆B公司对合同的单方解除权，相反，它是对北京A公司的保护，即约定因重庆B公司的原因导致合同终止时，重庆B公司无权要求退还已经支付的费用。（当然，这也并没有限制重庆B公司应承担的违约责任，当重庆B公司违约（不属于不可抗力），北京A公司有损失时，北京A公司仍可以依法向重庆B公司索赔）。

2. 从许可转让合同的整体条款结构来看，许可转让合同第9.5条也不能被理解为重庆B公司有权单方解除合同

许可转让合同共二十一条。第一条至第七条约定技术内容、技术基本情况和服务保证等方面；第八条约定技术的验收和效果；第九条约定合同费用；第十条至第十一条是双方的承诺；第十二条约定新技术成果的归属；第十三条约定合同的变更；第十四条约定违约责任；第十五条约定双方的联系方式及通知方式；第十六条约定合同的解除条件；第十七条至第二十条约定争议解决、合同组成等其他事项。

第九条关于合同费用的约定又包括6个小条。其中，9.1条约定合同费用的组成；9.2条约定合同费用分期支付的时间节点及条件；9.3条约定北京A公司逾期交付工艺包按合同费用承担违约金的标准；9.4条约定重庆B公司逾期支付合同费用应承担的违约金标准；9.6条约定北京A公司接收合同费用的账号。

从许可转让合同和第九条的上述条款结构来看，显然，第 9.5 条是对许可转让合同费用的相关约定，并不是对重庆 B 公司单方解除合同的条件的约定。

3. 从许可转让合同第十三条和第十六条的约定来看，许可转让合同第 9.5 条也不能被理解为重庆 B 公司可以单方解除合同

许可转让合同第十三条约定，“本合同的变更必须经双方协商一致”，只有在一方主体发生变更（如合并、分立）时，一方才可以向另一方提出变更合同权利义务的请求。可见许可转让合同第十三条明确了涉案合同只存在双方协商解除的可能，不存在一方依据约定单方解除的可能。即涉案合同没有关于单方约定解除的条款，许可转让合同第 9.5 条不能被理解为重庆 B 公司可以单方解除合同。

许可转让合同第十六条同样约定，“双方确定，出现下列情形，致使本合同的履行成为不必要或不可能，可以解除本合同：（1）见第二十条：发生不可抗力……”而依据《合同法》第九十四条第（一）项的规定，发生不可抗力解除合同的情形属于单方法定解除的情形，不属于单方约定解除的情形。可见第十六条再一次明确涉案合同没有单方约定解除的约定，许可转让合同第 9.5 条同样不能被理解为重庆 B 公司可以单方解除合同。

4. 从许可转让合同第 9.2 条对合同费用分期支付的时间节点和条件的约定来看，许可转让合同第 9.5 条的约定也不能被理解为重庆 B 公司可以单方解除合同

许可转让合同第 9.2 条约定：“本合同自双方法定代表人或授权代表签署并加盖双方公章生效后，技术转让费用由买方（重庆 B 公司）分期支付卖方（北京 A 公司）。具体支付方式和时间如下：（1）卖方向买方交付第一批资料后 20 个工作日内支付首批款为合同总额的 15%，计人民币 9,720,000 元（大写：人民币玖佰柒拾贰万元整）……”

从上述约定来看，重庆 B 公司支付第一笔款以前，至少经历以下三个时间段：第一时间段，从合同签订到北京 A 公司准备第一批资料；第二时间段，

北京A公司向重庆B公司交付第一批资料；第三时间段，北京A公司交付首批资料后至重庆B公司支付第一笔款以前，如果重庆B公司不违约，第三段时间不超过20个工作日，如果重庆B公司违约，第三段时间还可能超过20个工作日。

如果将许可转让合同第9.5条理解为重庆B公司有权单方随时解除合同，则只要重庆B公司在支付第一笔合同费用前解除合同，无论合同签订生效了多长时间，无论北京A公司是否准备了第一批资料，无论北京A公司是否交付了第一批资料，合同对重庆B公司都没有任何约束力，重庆B公司解除合同前和解除合同时均不会支付或承担任何费用。这样的理解明显背离了基本的公平原则，明显违背了该条款的本意。因此，从许可转让合同第9.2条对合同费用分期支付的时间节点和条件来分析，许可转让合同第9.5条的约定也不能被理解为重庆B公司可以单方解除合同。

综上所述，无论是从许可转让合同第9.5条的文字表述来看，还是从许可转让合同的整体条款结构来看；无论是从许可转让合同第十三条和第十六条关于合同的变更和解除的约定来看，还是从许可转让合同第9.2条对合同费用分期支付的时间节点和条件来看，许可转让合同第9.5条均不能被理解为重庆B公司可以单方解除合同。

（三）将许可转让合同第9.5条理解为重庆B公司可以单方解除合同，违背了《合同法》的基本原则，二审判决适用《合同法》第八条和第六十条明显错误

如前所述，《合同法》第八条和第六十条规定了当事人全面履行合同的基本原则，除双方协商解除、单方约定解除和单方法定解除外，任何一方单方解除合同，都违背了《合同法》的上述基本原则，都应当承担违约责任。

二审判决将许可转让合同第9.5条理解为只要重庆B公司不要求退还已付款的情况下，重庆B公司都可以任意单方解除合同。二审判决的上述认定违背了《合同法》的基本原则，适用《合同法》第八条和第六十条明显错误。

（四）将许可转让合同第9.5条理解为重庆B公司可以单方解除合同，

同样违背了基本的商业惯例

由于买方原因造成合同提前终止，买方已支付的款项不予退还，这样的约定在商业交往中非常常见。这样约定显然是要督促买方严格履行合同，而不是赋予买方任意解除权。二审判决将许可转让合同第9.5条理解为重庆B公司可以单方解除合同，违背基本的商业惯例。

事实上，在人民法院的以往案例中，均没有将“由于买方原因造成合同提前终止已交的款项不予退还”理解为买方可以单方解除合同。如2014年3月12日最高人民法院公布的10起维护消费者权益典型案例中的第八起案例，即孙宝静诉上海一定得美容有限公司服务合同纠纷案。该案由上海市黄浦区人民法院一审，由上海市第二中级人民法院二审，并最终被最高人民法院选为典型案例公布。该案的合同约定，如因孙宝静自身原因不能按上海一定得美容有限公司制定的方案切实履行，则孙宝静不能要求退还任何已支付给上海一定得美容有限公司的费用。在该案的审理中，无论是一审法院，还是二审法院，都没有据此认定孙宝静可以单方随时解除合同，都认为孙宝静因个人原因提前解除合同应当承担违约责任。

综上，二审判决错误理解许可转让合同第9.5条的约定，错误认定重庆B公司有权单方任意解除合同，进而错误认定“重庆B公司的行为已构成合同约定的终止情形”，错误认定“双方当事人签订的《许可转让合同》终止”，错误认定重庆B公司不构成违约。二审判决对事实的认定违背双方在合同中的约定，违背《合同法》的基本原则，违背基本的商业惯例。二审判决认定的基本事实缺乏证据证明，适用《合同法》第八条、第六十条、第九十三条第二款明显错误。本案符合《民事诉讼法》第二百条第二项和第六项规定的再审情形，应当再审并改判。

二、二审判决错误认定“合同权利义务终止后基于合同产生的权利义务全部归于消灭”，并进而错误认定重庆B公司不构成违约、无须支付合同余款和违约金，二审适用《合同法》第九十一条、第九十七条和第九十八条明显错误，本案符合《民事诉讼法》第二百条第六项规定的再审情形，应当再

审并改判

（一）二审判决适用《合同法》第九十一条明显错误

二审判决认定重庆B公司不构成违约，认定重庆B公司无须支付合同余款和违约金的主要理由之一是认为，依据《合同法》第九十一条的规定，“合同权利义务终止后基于合同产生的权利义务全部归于消灭”。很显然，二审判决的该项裁判理由完全不能成立，二审判决适用《合同法》第九十一条完全错误。

《合同法》第九十一条规定：“有下列情形之一的，合同的权利义务终止：……（二）合同解除……”《合同法》该条只是规定，合同解除时，合同的权利义务终止，合同未履行的部分不再履行。该条并没有规定，合同解除时违约方可以不承担违约责任；该条更没有规定，合同权利义务终止后基于合同已经产生的权利义务包括违约索赔的权利义务也一并消灭。

二审判决依据《合同法》第九十一条认为重庆B公司单方解除合同后，重庆B公司和北京A公司之间的全部权利义务消灭，重庆B公司不构成违约，无须支付合同余款和违约金。二审判决适用《合同法》第九十一条明显错误。

事实上，二审判决的上述逻辑错误显而易见，完全不应当发生。因为如果《合同法》存在这样的规定，即不管是依法解除合同，还是违法解除合同，只要是合同已经解除，就认为双方的权利义务均全部归于消灭，双方均不需要再承担任何违约赔偿责任，这样的规定明显是鼓励违约，完全背离了《合同法》的基本原则！这样的规定显然不可能存在！

（二）二审判决适用《合同法》第九十七条和第九十八条明显错误

《合同法》第九十七条规定：“合同解除后，尚未履行的，终止履行；已经履行的，根据履行情况和合同性质，当事人可以要求恢复原状、采取其他补救措施，并有权要求赔偿损失。”

《合同法》第九十八条规定：“合同的权利义务终止，不影响合同中结算和清理条款的效力。”

依据上述规定，合同解除不影响违约方应当承担的赔偿责任，合同的权利义务终止，不影响双方就合同的解除而进行的结算和清理。因此，二审判决认为“合同权利义务终止后基于合同产生的权利义务全部归于消灭”，并进而认为重庆B公司不构成违约，无须支付合同余款和违约金，适用《合同法》第九十七条和第九十八条明显错误。

综上，二审判决错误认定“合同权利义务终止后基于合同产生的权利义务全部归于消灭”，并进而错误认定重庆B公司不构成违约，无须支付合同余款和违约金，二审适用《合同法》第九十一条、第九十七条和第九十八条明显错误，本案符合《民事诉讼法》第二百条第六项规定的再审情形，应当再审并改判。

三、二审判决错误认定北京A公司并没有开展合同余款1712万元对应的工作，二审认定的基本事实缺乏证据证明，本案符合《民事诉讼法》第二百条第二项规定的再审情形，应当再审并改判

（一）合同款包括四部分

许可转让合同第9.1条对合同款的各部分组成及金额均有非常具体的约定。即合同费用为固定价格，总价6480万元。包括四部分，其中：（1）专利实施许可及专有技术转让费5000万元；（2）工艺包编制费600万元；（3）技术服务费800万元；（4）培训费80万元。

（二）工艺包的编制工作和专利实施许可及专有技术转让工作已经完成

1.工艺包的编制工作已经完成且已经交付

2012年5月22日，重庆B公司负责人签署的《某化工项目文件传送单》（见北京A公司一审证据二十一）表明，工艺包的最终版本不仅编制完成，而且北京A公司已按许可转让合同的要求交付给了重庆B公司，并得到了重庆B公司的确认。这一事实，一二审都进行了认定，双方也没有异议。

2.专利实施许可及专有技术转让工作也已经完成

（1）许可转让合同第1.1条就非常明确地约定：“许可技术的内容：卖方（北京A公司）以普通实施许可方式向买方（重庆B公司）提供65万吨/年醋酸装置成套技术工艺包，该工艺包深度满足《石油化工装置工艺设

计包（成套技术工艺包）内容规定》（SHSG-052-2003）的规定”。从以上约定可以看出，许可技术的载体就是工艺包。工艺包的交付标志着技术的许可和交付工作已经完成。

（2）事实上，工艺包的交付是重庆B公司委托的设计单位进行后续设计的基础和前提。重庆B公司及其设计单位进行后续设计表明重庆B公司已经在使用涉案的专有技术。

（3）虽然许可转让合同第四条中也提到了北京A公司还应当提供操作手册、分析手册和培训手册，但是操作手册、分析手册和培训手册并不是许可技术本身，它们只是北京A公司协助重庆B公司使用许可技术所提供的资料，编制这些手册属于技术服务的范畴。关于这一点，在许可转让合同附件1即《65万吨/年醋酸工艺包技术附件》第36页有非常清楚的表述。该附件第9条为技术服务，该条约定总计计费时间为1400人工日；其中第1项为规程编制，计取的人工日为360；内容“包括工艺规程、操作规程、分析规程、安全规程和维修手册的编制”。可见，协助重庆B公司使用许可技术的操作手册、分析手册属于技术服务的范围，已经另行单独计收费用，不属于许可技术本身。

因此，虽然操作手册、分析手册和培训手册的编制工作并没有完成，但它们并不影响双方已经完成专利实施许可和专有技术转让的客观事实。

（4）事实上，在本案诉讼前，双方对专利实施许可和专有技术转让已经完成的客观事实没有异议。在北京A公司一审提供的证据二十二，即《2014年1月21日65万吨/年醋酸项目专利实施许可和专有技术转让合同处置交流会议纪要》中，北京A公司明确表示，“重庆B公司全资企业可在遵守保密协议及其他相关条款的前提下继续使用本工艺包”。重庆B公司明确表示，“重庆B公司的其他下属企业可在保密的前提下使用工艺包，时间不受限制。”

综上所述，从以上四个方面都可以看出，本案的专利实施许可及专有技术转让工作已经完成。

（三）北京A公司已经完成合同余款1712万元对应的工作

许可转让合同第9.2条约定的分期付款时间节点和条件，前半部分主要依据北京A公司交付资料的情况来确定，后半部分主要依据重庆B公司项目建设的情况来确定。

前半部分付款时间节点包括：第9.2（1）条，在北京A公司交付第一批资料后20个工作日内支付15%的合同款972万元为首批款；第9.2（2）条，在北京A公司交付PID图、设备表和设备设计条件图后20个工作日内支付30%的合同款1944万元为进度款；第9.2（3）条，在北京A公司交付工艺包最终版后20个工作日内支付15%的合同款972万元为进度款。

前半部分款项合计3888万元，这些费用都已支付。如前所述，专利实施许可及专有技术转让费为5000万元，工艺包编制费为600万元。这二部分工作都已经完成，二者合计5600万元，扣除上述已经支付的3888万元，未支付专利实施许可及专有技术转让费和工艺包编制费为1712万元。

后半部分付款时间节点包括：第9.2（4）条，重庆B公司对工程设计方基础工程设计审查完成后20个工作日内支付15%的合同款972万元为进度款；第9.2（5）条，重庆B公司合同装置机械竣工后20个工作日内支付5%的合同款324万元为进度款；第9.2（6）条，重庆B公司开车投料，负荷达到80%，产品质量合格，并稳定运行72小时后的20个工作日内支付10%的合同款972万元为进度款；第9.2（7）条，重庆B公司性能考核完成，并经评定合格后的20个工作日内支付20%的合同款1296万元为尾款。

从后半部分的付款时间节点来看，后期主要依据重庆B公司的项目进度来支付合同款。这部分约定的合同款合计2592万元。包括技术服务费800万元、培训费80万元，也包括未支付的专利实施许可及专有技术转让费和工艺包编制费1712万元。

在一、二审中双方已经确认，培训工作没有开展，技术服务只发生78个人工日，折合44.5714万元。因此，后半部分应当支付的费用包括专利实施许可及专有技术转让费和工艺包编制费1712万元和已经发生的技术服务费44.5714万元。显然，北京A公司对上述1712万元合同余款对应的工作已经完成。

综上所述，二审判决错误认定北京A公司并没有开展合同余款1712万元对应的工作，二审认定的基本事实缺乏证据证明，本案符合《民事诉讼法》第二百条第二项规定的再审情形，本案应当再审并改判。

四、重庆B公司应当赔偿北京A公司的可得利益损失。技术许可费的支付不以被许可方实际使用为前提，二审判决驳回北京A公司要求支付1712万元专利实施许可及技术转让费的请求，二审判决没有尊重知识产权的基本特点

（一）重庆B公司应当赔偿北京A公司可得利益损失

如前所述，重庆B公司迟延支付合同款、单方解除合同的行为属于违约行为，重庆B公司应当承担包括赔偿损失在内的违约责任。

《合同法》第一百一十三条规定："当事人一方不履行合同义务或者履行合同义务不符合约定，给对方造成损失的，损失赔偿额应当相当于因违约所造成的损失，包括合同履行后可以获得的利益，但不得超过违反合同一方订立合同时预见到或者应当预见到的因违反合同可能造成的损失"。

依据上述规定，重庆B公司违约造成本案合同终止，重庆B公司应赔偿北京A公司涉案合同中的可得利益损失。

（二）北京A公司在涉案合同中的可得利益损失范围

合同终止时，北京A公司在本案中的可得利益损失至少包括以下几部分：

1. 没有支付的专利实施许可及专有技术转让费和工艺包编制费1712万元

如前所述，本案的工艺包编制工作已经完成且已交付，本案的技术许可工作已完成。合同终止后，这部分费用全部是北京A公司的可得利益损失。这部分费用一审法院作了正确的认定和支持，二审法院错误地没有支持。

2. 已完成技术服务部分对应的技术服务费

已完成的技术服务部分对应的技术服务费44.5714万元。这部分费用一审法院和二审法院均予以了认定和支持。

3. 未完工作的技术服务费和培训费对应的利润

技术服务费总计800万元，扣除已完成部分外，剩余755.4286万元，该

剩余部分技术服务费的相应工作北京A公司没有开展。这部分费用扣除将来的服务成本后，剩余的利润部分也应当是北京A公司应得的利益损失。按20%的利润率计算，这部分的可得利益损失为151.0857万元。本着合作的原则，这些损失北京A公司没有主张。

培训费总计80万元，相应的培训工作都没有开展。这部分费用扣除将来的服务成本后，剩余的利润部分也应当是北京A公司应得的利益损失。按20%的利润率计算，这部分的可得利益损失为16万元。本着合作的原则，这些损失北京A公司也没有主张。

4. 没有及时支付专利实施许可及专有技术转让费和工艺包编制费1712万元的利息损失和违约金

该部分费用北京A公司据实主张了370万元，一审法院作了正确的认定和支持，二审法院错误地没有支持。

5. 已完成技术服务部分对应的技术服务费44.5714万元的利息损失和违约金

该部分费用北京A公司据实主张了7万元，一审法院和二审法院都予以了认定和支持。

（三）技术许可费不以被许可方实际使用为前提，二审判决驳回北京A公司要求支付1712万元专利实施许可及技术转让费的请求，二审判决没有尊重知识产权的基本特点

知识产权的基本特点之一是无形性。对知识产权的尊重表现为，即使知识产权是无形的财产，但也应当像有形财产一样得到尊重和保护。

无论是专利许可，还是技术许可，只要办理了许可，许可方的主要义务就已经完成。除非双方另有约定，否则被许可方是否实际使用，均不影响被许可方向许可方支付许可费用。因此本案中，只要双方签订了转让许可协议，办理了使用许可，不管重庆B公司是否实际使用，不管重庆B公司是否投产，不管重庆B公司是否生产出有形的产品，均不应影响重庆B公司向北京A公司支付合同费用。

二审法院在一审法院认定正确的情况下，以重庆B公司未实际使用，以北京A公司已将同类技术许可其他单位使用为由，驳回北京A公司要求支付1712万元专利实施许可及技术转让费的请求，二审法院的判决不仅背离了《合同法》的基本原则，而且也背离了对知识产权的尊重和保护。

综上所述，二审判决错误理解许可转让合同第9.5条的约定，错误认定“重庆B公司的行为已构成合同约定的终止情形”，错误认定“合同权利义务终止后基于合同产生的权利义务全部归于消灭”，错误认定北京A公司并没有开展合同余款1712万元对应的工作，错误认定重庆B公司不构成违约，错误认定重庆B公司无须支付合同余款和违约金。二审判决认定的基本事实缺乏证据证明，违背《合同法》的基本原则，没有尊重知识产权的基本特点，适用《合同法》第八条、第六十条、第九十一条、第九十三条第二款、第九十七条和第九十八条明显错误。

基于上述理由，依据《民事诉讼法》第二百条第二项和第六项的规定，特向贵院申请再审，请求依法公正再审并改判。

此致

中华人民共和国最高人民法院

再审申请人：北京A工程有限公司（章）

法定代表人（签字）：

二〇一八年二月一日

文书样本 11：证据清单

A 公司诉 B 公司等单位股权转让纠纷案
原告证据清单

证据编号	证据名称	证明内容	证据页码
证据一	2017 年 3 月 4 日，A 公司与 B 公司签订的编号为 G316BJXXXXX 的产权交易合同	1. A 公司将合计持有的某某公司 100% 股权和 1384.312952 万元债权以 5644.73 万元的价格转让给 B 公司； 2. 产权转让价款采用分期支付的方式，即 B 公司在合同生效之日起 5 个工作日内将第一笔款人民币 2844.73 万元（含保证金）汇入北京产权交易所指定的结算账户，剩余价款即第二笔款人民币 2800 万元，在合同签订后十二个月内支付给 A 公司。剩余价款应按照同期银行贷款利率计算利息，利息的起算日为合同生效之日起第 5 个工作日的次日，利息计算至剩余价款实际付清之日止。剩余价款的利息应当与剩余价款同时付清	1~13
证据二	2017 年 3 月 4 日，A 公司与 B 公司、C 公司签订的担保协议	C 公司为 B 公司的债务提供担保，即对 B 公司 2800 万元剩余价款及与之相关的利息、罚息、违约金承担连带清偿责任	14~17
证据三	2017 年 5 月 23 日，A 公司与 B 公司、刘某签订的《产权交易合同》补充协议	1. B 公司实际控制人刘某为 B 公司的债务提供连带保证责任担保，担保范围包括但不限于全部本金、利息（包括复利和罚息）、违约金和律师费等； 2. 如果 B 公司未按合同约定期限支付转让款，则应向 A 公司支付逾期付款违约金，违约金按照延迟支付期间应付价款的每日万分之六的标准计算	18~23

续表

证据编号	证据名称	证明内容	证据页码
证据四	2017年3月24日，流水号为XXXXX的中国建设银行单位客户专用回单	B公司通过北京产权交易所向A公司支付了产权转让款2844.73万元	24
证据五	2017年5月23日，A公司和B公司签订的关于工作、资料、财物等交接表	A公司与B公司办理了某某公司的交接	25~44
证据六	某某公司的企业信用信息公示报告	A公司已经按照合同约定履行了股权转让义务，双方办理了股权变更登记	45~47
证据七	2018年3月15日，A公司发给B公司、刘某的催款函	A公司向B公司和B公司实际控制人刘某发送催款函，催促B公司和B公司实际控制人刘某付款	48
证据八	2018年3月15日，A公司发给催款函的快递单和电子签收单	同上	49
证据九	2018年3月15日，A公司发送催款函的邮件电子签收单	同上	50

提交人：原告A公司

代理人：

二〇一九年十一月二十日

第七章　庭审代理阶段的流程管理

关键词

思维导图　主询问提纲　反询问提纲　庭审提纲

庭前会议　辅导证人　辅导当事人　庭审陈述

庭审辩论的针对性　庭审辩论的说服力　庭审辩论的感染力

思考

庭审代理阶段的每一步分别有哪些独立的价值？

庭前推进阶段中如何围绕证据展开相关工作？

思维导图、庭审提纲和模拟法庭这三个工具在庭审准备中有哪些作用？

如何准备庭审陈述？

如何提高庭审辩论的说服力和感染力？

庭审代理阶段有哪些示范文本？

第一节　庭审代理阶段的流程管理概述

笔者将庭审代理阶段细分为 23 个步骤、4 个小阶段，如图 7.1 所示：

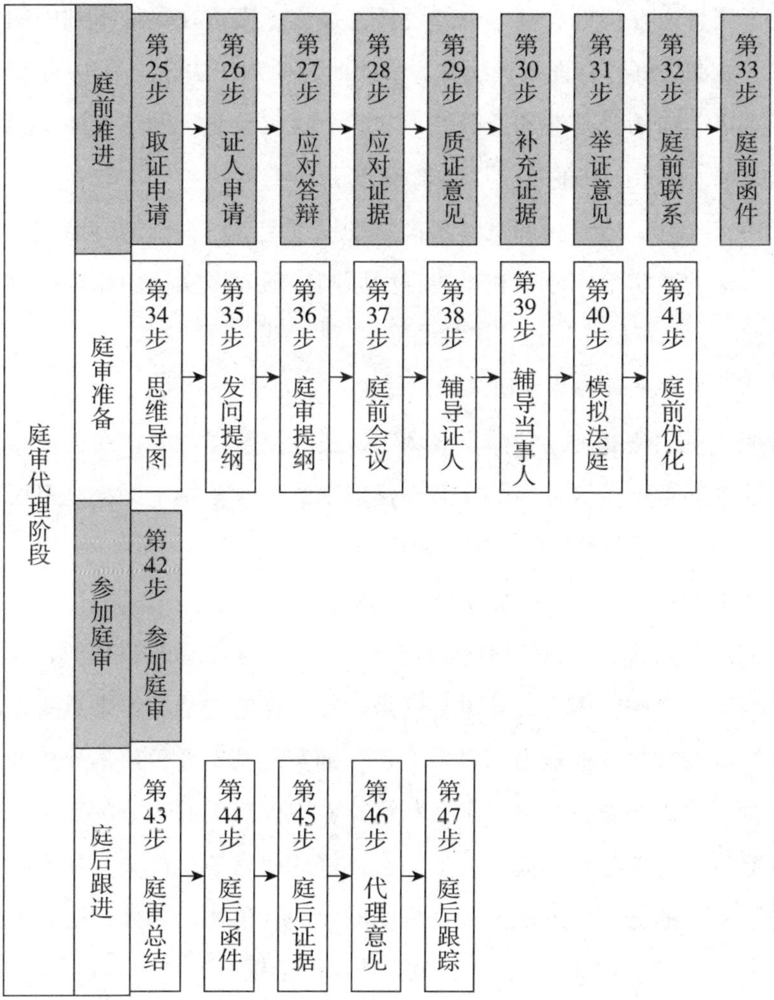

图 7.1　庭审代理阶段步骤

一、庭审的重要性

无论是对当事人，还是对律师团队，庭审工作的重要性显而易见。

（一）随着庭审制度和证据制度的改革，庭审在案件审理中的作用越来越凸显

我国 20 世纪 80 年代末就开启了民商事庭审制度的改革，人民法院民商事审判模式由最初以职权主义为主转变为了以当事人主义为主。庭审制度改革强化了当事人在诉讼和庭审中的责任，强化了庭审在案件审判中的作用，要求有理说在法庭、有证举在法庭、是非曲直评判在法庭。近 10 年来，更加强化了庭审工作的公开性和透明性，基本上实现了庭审网络直播。随着庭审制度的改革，庭审工作的重要性越来越凸显。

2019 年 12 月 25 日发布的《最高法证据规定》，在证据方面进一步加强了民事诉讼的诚实信用原则和直接言词原则。随着诚实信用原则和直接言词原则的加强，庭审的作用也将更加凸显。

（二）庭审是诉讼律师团队的工作中心

我们常说“法庭是律师的主战场”，实际就是强调庭审在诉讼律师团队工作中的中心地位。律师团队在案件代理中的工作基本上围绕庭审展开，包括庭前的准备、庭审参与和庭后的跟进。

（三）庭审是律师专业能力的综合体现

我们还经常说：“法庭是律师的舞台”“庭审是律师的荣耀”。为什么这么评价庭审工作呢？因为，庭审不仅是律师工作的中心，非常重要，而且它也是集中展示律师专业能力的舞台，是律师实现其专业价值最聚焦的场所。庭审律师不仅需要熟悉证据、事实和法律，不仅需要有充分的准备，不仅需要掌握庭审的相关技巧，而且还应当有良好的语言表达能力、良好的法律思维能力、良好的分析判断能力和良好的庭审应变能力。因此，法庭不仅是律师的主战场、是律师的舞台，而且也是律师的荣耀。

二、庭审准备的重要性

（一）庭审准备的重要性

庭审工作是律师工作的中心，而庭审工作更多地表现为庭审准备工作。如果参加庭审的时间是2个小时的话，那么庭审准备的时间至少是20个小时，200个小时，甚至更长的时间。

美国律师丹尼尔·艾·斯默在《走向法庭》（*Going to Trial*）一书中说，“人们总是说庭审的三个重要法则是准备、准备、再准备”。这一句话，非常生动地强调了庭审准备工作的重要性。林正编著的《庭审制胜》（*Trial Techniques*）引述另一位美国律师路易斯·尼察的话说，“充分、透彻的准备是办案工作的一切的一切”。[①] 这一句话不仅强调了庭审准备的重要性，而且还强调了庭审准备要达到的要求，即充分而透彻的要求。

庭审准备工作是律师工作的重心，只有做好庭审准备工作，才能取得好的庭审效果，才能提供令当事人满意的诉讼代理法律服务。

（二）庭审准备的内容

广义来说，当事人和律师团队在庭审前的绝大部分工作都可以视为庭审准备工作。包括证据的收集和整理，法律案例的检索，案件的分析，案件代理方案的制订，法律文书的准备等。狭义的庭审准备专指为参加庭审做的庭前准备工作，包括对庭审调查的准备，对庭审辩论的准备。庭审调查的准备又包括庭审陈述的准备、举证质证的准备、庭审询问的准备。

流程管理在庭审代理阶段的重要目的之一就是要通过流程管理高效而规范地做好庭审准备工作，确保庭审准备的工作质量。

三、庭审代理阶段流程管理的步骤及团队分工

笔者将庭审代理阶段的工作划分为23个步骤，这23个步骤又可以概括为4个小阶段，即庭前推进阶段、庭审准备阶段、参加庭审阶段、庭后跟进阶段。

---

① 林正编著:《庭审制胜》，中国法制出版社2016年版，第92页。

（一）庭前推进阶段

第一个小阶段即庭前推进阶段，从第25步到第33步，共9个步骤。这9个步骤分别是：第25步取证申请、第26步证人申请、第27步应对答辩、第28步应对证据、第29步质证意见、第30步补充证据、第31步举证意见、第32步庭前联系、第33步庭前函件。

这一小阶段的重要目的是在法院立案后，进一步做好证据完善工作，另外是对被告的答辩和证据做好应对工作。在这个9个步骤中，第27步应对答辩、第28步应对证据、第30步补充证据最为重要。这3个步骤原则上由律师团队的主办律师承办，由律师助理或案件秘书协助。其他步骤原则上由律师助理或案件秘书经办，由主办律师决策、指导和审核。

（二）庭审准备阶段

第二个小阶段即庭审准备阶段，主要指完成狭义的庭前准备工作，为庭审调查和庭审辩论做好准备。这一小阶段为第34步到第41步，共8个步骤。这8个步骤分别是：第34步思维导图、第35步发问提纲、第36步庭审提纲、第37步庭前会议、第38步辅导证人、第39步辅导当事人、第40步模拟法庭、第41步庭前优化。

如前所述，庭审准备是庭审成功的关键，庭审准备就是要以庭审为目标导向，做好准备工作。在这8个步骤中，每一个步骤都很重要，但第36步庭审提纲最有代表性。庭审提纲其实是所有庭前准备工作的综合和概括，庭审提纲准备完毕，意味着庭审准备工作基本就绪。

庭审代理由主办律师主导参与，因此，庭审准备工作也应当由主办律师本人亲自为主来准备。主办律师只有亲自开展这些准备工作，包括庭审提纲的撰写、庭前会议的组织、证人辅导、当事人辅导，承办律师本人才能做好庭审的准备。当然，律师助理或案件秘书在主办律师的指导下，也可以对准备工作进行有效的协助，如思维导图的草拟、发问提纲的草拟、庭前会议的协助、模拟法庭的协助等，但律师助理和案件秘书的这些协助工作不能代替主办律师本人的准备工作。

（三）参加庭审阶段

第三个小阶段即参加庭审阶段。参加庭审阶段只包括了一个步骤，即第42步参加庭审。

庭审本身有严格的程序，但这一程序是在主审法官主导下的程序。在这一程序中，当事人和律师团队是在前期充分准备的基础上，参加法庭调查和庭审辩论，并结合庭审工作的推进和变化，做好庭审应对工作。

庭审代理应当由主办律师主导参与，律师助理和案件秘书进行协助。在有些案件中，律师助理和案件秘书可以配合主办律师一起出庭。

（四）庭后跟进阶段

第四个小阶段即庭后跟进阶段，从第43步到第47步，共5个步骤。这5个步骤分别是：第43步庭审总结、第44步庭后函件、第45步庭后证据、第46步代理意见、第47步庭后跟踪。

在庭审之后，律师团队需要根据庭审的安排，按要求补充提交新的证据或相关材料，一般也应当根据庭审情况补充提交书面的代理意见。庭审之后应当对庭审工作进行总结，并将庭审情况及时通报给当事人。庭审之后继续保持和法庭的联系，跟踪案件的后续审理情况和判决情况。在这5个步骤中，代理意见是最有代表性的步骤，它是庭后对庭审要求的书面回馈，也是在庭后对本方观点的书面总结、阐述和强化。

第43步庭审总结、第45步庭后证据、第46步代理意见这三个步骤应当由主办律师为主承办，律师助理或案件秘书进行协助。其他步骤如第44步庭后函件、第47步庭后跟踪可以由律师助理承办，由主办律师指导和审核。

四、庭审代理阶段的PDCA循环分析

从律师团队与客户关系的角度来分析，在全案流程的PDCA循环中，庭审代理阶段属于全案流程的D阶段，即执行阶段，它当然属于执行阶段中的主要部分，和前期代理阶段一并构成代理工作的主要内容。

从案件代理的角度来分析，前期代理阶段主要属于P阶段，即确定案件

代理思路、制订代理方案、做好代理规划；庭审代理阶段就是 D 阶段，即将代理方案付诸实施阶段，即在立案之后进行庭前跟进，进行庭审准备，参加庭审，并进一步完善庭后工作。

当然从庭审代理的角度来分析，庭审准备阶段是 P 阶段，参加庭审阶段是 D 阶段，庭后跟进阶段是 C 阶段和 A 阶段。

五、庭审代理阶段的可视化模板和法律文书模板

（一）律师工作函

1. 庭审前的律师工作函；

2. 庭审后的律师工作函。

（二）证据收集类

1. 人民法院调查收集证据申请书；

2. 书证提出命令申请书；

3.（仲裁）特定披露请求申请书；

4. 鉴定申请书；

5. 通知证人出庭作证申请书；

6. 通知有专门知识的人出庭申请书。

（三）庭审准备类

1. 思维导图；

2. 证人发问提纲；

3. 当事人发问提纲；

4. 庭审提纲。

（四）诉讼仲裁主要法律文书

1. 质证意见；

2. 举证意见；

3. 代理词（诉讼）；

4. 代理意见（仲裁）。

第二节　庭前推进

第 25 步　取证申请

（一）取证申请流程步骤

调查收集证据基本上贯穿于案件代理的全过程。有些证据通过当事人或代理人努力是可以收集到的，但有些证据需要借助人民法院的职权调查收集，需要向人民法院提出申请，申请人民法院调查收集。因此，在人民法院立案之后，取证申请这一流程步骤就有其独特的价值。

本步骤的取证申请不仅包括申请人民法院调查取证，还包括申请人民法院责令对方当事人提交证据，申请人民法院委托鉴定，申请人民法院保全证据、申请人民法院勘验。

在流程管理中，取证申请步骤要注意以下几方面：

第一，统一规划。即当事人及代理团队应当注意，在案件代理中，在代理方案制定时，对申请人民法院调查收集证据的对象和范围就有统一规划。提前规划好哪些证据可以申请人民法院调查收集；什么时候提出申请；证据的线索如何查找和提供。对需要由人民法院调查收集的证据，应当提出相应申请。

第二，及时提出取证申请。依据《最高法证据规定》第 20 条的规定，取证申请应当在举证期限届满前提出。这一规定，虽然对申请期限规定得比较宽松，但取证申请涉及人民法院对审理工作的统一安排，涉及人民法院的庭前准备工作以及人民法院庭审时间的确定，因此，对需要申请人民法院调查收集的证据，取证申请一定要尽可能早地提出，以方便人民法院的工作安排。要避免在庭审之前才仓促地提出取证申请，更不能因自身主观原因，在举证期限届满后才提出取证申请。

第三，依法提出取证申请。申请取证的范围要符合法律的规定。即申请取证的范围应当属于人民法院调查取证的范围。申请的形式要符合法律的规定，应当以书面的形式提出取证申请。取证申请书应当有法律规定的必备内容。

（二）申请人民法院调查取证

1. 人民法院依职权主动调查收集证据的范围

人民法院调查收集证据包括人民法院依职权主动调查收集证据和人民法院依当事人的申请调查收集证据。

随着民商事诉讼制度的改革，随着由职权主义为主的诉讼模式转变为以当事人主义为主的诉讼模式，人民法院调查收集证据的范围大幅度减少，人民法院依职权主动调查收集证据的范围更是被严格地进行了限定。

《民诉法司法解释》第 96 条列举了人民法院依职权主动调查收集证据的 5 种情况。只有在这 5 种情况下，人民法院才主动调查收集证据。这 5 种情况是：（1）涉及可能损害国家利益、社会公共利益的；（2）涉及身份关系的；（3）涉及《民事诉讼法》规定的公益诉讼的；（4）可能是虚假诉讼的，即当事人有恶意串通损害他人合法权益可能的；（5）涉及依职权追加当事人、中止诉讼、终结诉讼、回避等程序性事项的。除此之外，人民法院调查收集证据必须依当事人的申请才能进行。

2. 申请人民法院调查收集证据的范围

《民诉法司法解释》第 94 条和第 95 条规定了当事人可以申请人民法院调查取证的范围。

依据《民诉法司法解释》第 94 条的规定，如下三种证据当事人可以申请人民法院调查收集：“（一）证据由国家有关部门保存，当事人及其诉讼代理人无权查阅调取的；（二）涉及国家秘密、商业秘密或个人隐私的；（三）当事人及其诉讼代理人因客观原因不能自行收集的其他证据”。其第 95 条规定，“当事人申请调查收集的证据，与待证事实无关联、对证明待证事实无意义或者无其他调查收集必要的，人民法院不予准许”。

3. 申请人民法院调查收集证据的程序要求

申请人民法院调查收集证据，在程序上应满足以下要求：

第一，应当在举证期限届满前提出申请。如前所述，只要确定需要申请人民法院调查收集证据，就应当尽可能早地提出申请，方便人民法院工作的安排。

第二，应当提交书面申请，这是申请调查取证的形式要求。

第三，取证申请书应当有《最高法证据规定》第20条规定的必备内容。应当载明被调查人的姓名或者单位名称、住所地等基本情况，应当载明所要调查收集的证据名称或者内容，应当说明需要由人民法院调查收集证据的原因及要证明的事实，应当提供明确的证据线索。

（三）申请人民法院责令对方当事人提交证据

1. 申请人民法院责令对方当事人提交证据的范围

《最高法证据规定》第45条至第48条规定了书证提出命令制度。在特定情况下，当事人可以申请人民法院责令对方当事人提交其控制的书证。依据《最高法证据规定》第99条的规定，书证提出命令制度同样适用于电子数据和视听资料。

除此之外，《最高法证据规定》第95条还规定了证明妨碍推定原则，即“一方当事人控制证据无正当理由拒不提交，对待证事实负举证责任的当事人主张该证据内容不利于控制人的，人民法院可以认定该主张成立”。因此，除对对方当事人控制的特定书证、电子数据和视听资料可以申请人民法院责令对方当事人提交外，对对方当事人控制的特定物证等证据，也可以酌情申请人民法院责令对方当事人提交。

《最高法证据规定》第47条第1款明确了可以申请人民法院责令对方当事人提交书证的5种情形：第一，控制书证的当事人在诉讼中曾经引用过的书证。这里的在诉讼中引用过的书证，应该包括在法律文书中引用过的书证，在庭审中引用过的书证，或者在提交的其他证据中引用过的书证；第二，为对方当事人的利益制作的书证；第三，对方当事人依照法律规定有权查阅、获取的书证；第四，账簿、记账原始凭证；第五，人民法院认为应当提交书证的其他情形。

《最高法证据规定》第 46 条第 2 款规定了人民法院不准许当事人申请的情形：第一，当事人申请提交的书证不明确；第二，书证对于待证事实证明无必要或者待证事实对于裁判结果无实质性影响；第三，书证不在对方当事人控制之下；第四，不属于《最高法证据规定》第 47 条第 1 款规定的五种情形。

2. 申请人民法院责令对方当事人提交证据的程序要求

申请人民法院责令对方当事人提交证据，在程序上应满足以下要求：

第一，应当在举证期限届满前提出申请。同样如前所述，只要确定需要申请人民法院责令对方当事人提交的证据，则应当尽可能早地提出申请，方便人民法院工作的安排。

第二，应当提交书面申请，这是申请人民法院责令对方当事人提交证据的形式要求。

第三，申请书应当有《最高法证据规定》第 45 条规定的必备内容。应当载明申请提交的证据名称或内容，需要以该证据证明的事实及事实的重要性，对方当事人控制该证据的根据以及提交该证据的理由。

当事人申请后，人民法院对当事人的申请进行审查时应当听取对方当事人的意见，必要时可以要求双方当事人提供证据、进行辩论。人民法院审查后认为当事人申请理由成立的，应当作出裁定，责令对方当事人提交该证据。裁定作出后，如果对方当事人无正当理由拒不提交该证据，人民法院可以认定当事人主张的证据内容成立。

（四）申请人民法院委托鉴定

1. 鉴定的基本概念

鉴定，是指鉴定人受人民法院或仲裁机构的委托后，运用自己的专门知识、技能和条件，对案件的某些专门性问题进行分析、鉴别和判断，并作出书面鉴定意见。鉴定的范围是专门性问题。对某些专门性问题如果不委托鉴定，人民法院或仲裁机构就很难作出最终的裁判。

常见的司法鉴定包括工程造价鉴定、工程质量鉴定、产品质量鉴定、文书鉴定、技术鉴定、法医鉴定、会计鉴定等。

在民事诉讼中，鉴定由人民法院委托。人民法院委托鉴定包括两种情况。第一种情况是依职权委托，即在属于人民法院依职权调查取证的情况下，人民法院直接依职权委托进行鉴定。第二种情况是依据当事人的申请委托鉴定。不属于人民法院依职权调查取证的情况，当事人又没有申请鉴定，如果人民法院认为专门性问题需要鉴定意见证明的，应当向当事人释明，并指定当事人提出鉴定申请的时间。当然，当事人申请鉴定的事项与待证事实无关联，或者对证明待证事实无意义的，人民法院不会准许。

2. 申请鉴定的注意事项

申请鉴定应当注意如下事项：

第一，申请鉴定应当在举证期限届满前提出，至少应在人民法院行使释明权后指定的期间内提出。事实上，鉴定涉及鉴定意见这一基础证据的取得，涉及专门性问题的认定，如果需要鉴定 ，则应当尽早提出申请，方便人民法院对鉴定委托工作和案件审理工作的安排。

第二，申请鉴定应当提交书面的申请书。说明申请鉴定的事项、申请鉴定的范围、申请鉴定的理由。

第三，重视配合人民法院确定鉴定事项、鉴定范围和鉴定目的。人民法院给鉴定人下达委托书时，委托书会载明鉴定事项、鉴定范围、鉴定目的和鉴定期限。委托书是鉴定人开展鉴定工作的基础，鉴定人只能在委托书载明的鉴定事项、鉴定范围和鉴定目的范围内进行鉴定。如何确定鉴定事项、鉴定范围和鉴定目的，人民法院一般会听取双方当事人的意见，并根据案件的实际情况确定。因此，任何一方当事人都需要重视这方面的工作。作为申请人，如果认为人民法院确定的鉴定范围遗漏某一项或某一方面，可能影响对本方主张事实的证明，一定要及时提出，提请人民法院及时补正。

第四，积极协商选定鉴定人，或者积极配合人民法院选定鉴定人。

第五，申请鉴定时应当全面整理并提交相关的鉴定材料，并配合做好鉴定材料的质证工作。对对方当事人提交的不具有真实性、合法性和关联性的材料，要提出不能作为鉴定材料的意见。

第六，重视对鉴定人的反馈，重视对鉴定意见的书面回复。在人民法院准许的情况下，鉴定过程中鉴定人可能会通知双方当事人，或通过人民法院通知双方当事人，核对材料、勘验现场或接受询问。当事人或律师团队如遇到此种情况，一定要积极配合。

对鉴定人在出具正式鉴定意见前出具的鉴定意见初稿或征求意见稿，应组织专业人员认真核对，如有不同意见，应当做充分说明，并附上相关证明材料。也可以提供本方委托第三方鉴定出具的意见或计算明细表，供鉴定人参考。

对人民法院转交的鉴定意见，如有异议，应及时进行书面回复，提请鉴定人解释、说明和补充。必要时应附上相关证明材料。

（五）申请人民法院保全证据

1. 证据保全的基本概念

证据保全，是指在证据可能灭失或以后难以取得的情况下，人民法院根据当事人或利害关系人的申请或者人民法院依职权，采取一定的措施，对证据加以固定的制度。证据保全的基本前提条件是有实施证据保全的必要，即证据可能灭失或以后难以取得，而且被保全的证据与待证的案件事实有关联。

证据保全按申请的时间来划分，可分为诉前证据保全和诉中证据保全。诉前证据保全，是指因情况紧急，在证据可能灭失或者以后难以取得的情况下，利害关系人在提起诉讼或申请仲裁前向证据所在地、被申请人住所地或者对案件有管辖权的人民法院申请保全证据。本步骤的证据保全专指诉中证据保全。诉前证据保全在第 23 步办理立案、第 24 步申请保全中申请，或在之前申请。

人民法院对证据保全的实施一般包括以下几个步骤：第一，当事人提出申请，或人民法院依职权主动作出决定。第二，当事人提供担保。对申请采取查封、扣押等限制保全标的物使用、流通等保全措施，或者保全可能给他人造成损失的，人民法院会责令当事人提供担保。第三，人民法院审查并作出证据保全裁定。第四，人民法院依法实施保全措施。证据保全措施包括查封、扣押、录音、录像、复制、鉴定、勘验等。人民法院在实施证据保全时应当同时制作证据保全笔录。

2. 申请证据保全的注意事项

当事人申请证据保全，应当注意以下事项：

第一，申请诉中证据保全应当在举证期限届满前提出。事实上，因为证据保全涉及证据可能灭失或今后难以取得等情形，因此，对确定需要申请证据保全的，应当及时申请。如果情况紧急，在必要时，还需要在诉前即时申请。

第二，申请证据保全应当提交书面的申请书。依据《最高法证据规定》第 25 条，申请书应当载明需要保全的证据的基本情况、申请保全的理由以及采取何种保全措施等内容。

第三，要注意公证机构公证保全和人民法院证据保全的区分和衔接，尽可能发挥公证保全的作用。公证保全在当事人的证据收集和固定中发挥着相当重要的作用。对可以通过公证保全进行证据收集、固定的，人民法院一般不会同意实施证据保全。

第四，注意申请证据保全和申请责令对方当事人提交证据的区分和衔接。有些证据在对方当事人的控制之下，不存在可能灭失或今后难以取得的情形，可以申请人民法院责令对方当事人提交该证据，而不是对该证据申请证据保全。

第五，注意申请证据保全和申请勘验的区分和衔接。勘验包括对现场的勘验，也包括对物证的勘验。根据情况，对物证的勘验可以在物证现场进行，也可以在法庭进行。勘验是证据保全的方法或措施之一，在证据可能灭失或今后难以取得的情况下，申请人民法院采取紧急勘验措施，实质就是实施证据保全。

第 26 步 证人申请

（一）申请证人出庭

1. 证人证言的概念及作用

证人证言，是指证人就其感知的案件事实向人民法院所作的陈述。证人证言是常见的证据种类之一。随着直接言词原则的加强，证人证言在案件中起到越来越重要的作用。

证人证言可以发挥以下几方面的作用：第一，单独证明案件的某一方面事实；第二，补强某些证据的不足；第三，和实物证据相结合，共同证明案件的事实。这往往是证人证言最重要的作用。物证等实物证据具有较强的客观性，但却往往是间接证据。相反地，证人证言虽有较强的主观性，但相当部分证人证言却是直接证据，而且当庭作证能很好地体现直接言词原则。因此，当证人证言和实物证据结合起来作证时，就可能起到很好的证明作用。

2. 与证人证言相关的代理工作

在部分案件中，证人证言的相关代理工作也始终伴随着案件的大部分代理阶段。从程序的角度来分析，证人证言的相关代理工作包括：（1）证人的寻访、选择和确定；（2）证人证言的固定；（3）申请证人出庭作证；（4）证人发问提纲的准备；（5）证人出庭辅导；（6）庭审中对证人发问；（7）庭审中对证人证言质证。

对证人的寻访、选择和确定工作，对证人证言的固定工作，这两个方面的工作一般在第 9 步收集证据步骤中完成。申请证人出庭作证的工作就是本步骤的工作。证人发问提纲的准备工作属于第 35 步发问提纲步骤的内容。对证人出庭辅导工作，笔者单独设定了第 38 步辅导证人。庭审中对证人的发问工作及对证人证言的质证工作将在第 42 步参加庭审步骤中进行。

3. 证人出庭作证原则及例外

证人应当出庭作证。《民事诉讼法》规定：“经人民法院通知，证人应当出庭作证”。《最高法证据规定》第 68 条第 3 款规定，“无正当理由未出庭的证人以书面等方式提供的证言，不得作为认定案件事实的根据”。

《民事诉讼法》规定，只有在 4 种特殊情况下，证人经人民法院许可，证人才可以不出庭作证，而通过书面证言、视听传输技术或视听资料等方式作证：（1）因健康原因不能出庭的；（2）因路途遥远，交通不便不能出庭的；（3）因自然灾害等不可抗力不能出庭的；（4）其他有正当理由不能出庭的。

当然，证人在审理前的准备阶段或者人民法院调查、询问等双方当事人在场时陈述证言的，视为出庭作证。双方当事人同意证人以其他方式作证并经人民法院准许的，证人也可以不出庭作证。

4. 申请证人出庭作证的注意事项

申请证人出庭作证应当注意如下事项：

第一，及时提出申请。申请证人出庭作证应当尽早提出申请，方便人民法院通知证人出庭，方便人民法院对庭审工作进行安排。申请证人出庭作证至迟也应当在举证期限届满前提出，要避免当庭仓促提出申请。

第二，注意申请书的内容。申请证人出庭作证应当提交书面申请书，而且申请书应当载明证人的姓名、职业、住所、联系方式，作证的主要内容，作证内容与待证事实的关联性，以及证人出庭作证的必要性。如果当事人申请证人出庭作证的事项与待证事实无关，或者没有通知证人出庭作证必要的，人民法院不会准许当事人的申请。

第三，可以一并提交证人的书面证言和证人的身份证件复印件。如果之前该证人的书面证言没有作为证据被提交的，申请证人出庭作证时最好同时提交证人书写的书面证言，方便人民法院了解证人出庭作证的内容。申请证人出庭作证时，最好同时提交证人的身份证复印件、护照复印件等身份证件的复印件。

第四，申请多位证人出庭作证时，注意申请书上对证人的申请顺序。一般依据案件事实证明顺序和证人主次顺序确定证人的出庭顺序。

（二）申请专家辅助人出庭

1. 专家辅助人制度

我国证人只有事实证人，不包括专家证人。但民事诉讼制度中规定了专家辅助人制度。

《民事诉讼法》规定：“当事人可以申请人民法院通知有专门知识的人出庭，就鉴定人作出的鉴定意见或者专业问题提出意见”。《民诉法司法解释》第 122 条规定：“当事人可以依照民事诉讼法第七十九条的规定，在举证期限届满前申请一至二名具有专门知识的人出庭，代表当事人对鉴定意见进行质证，或者对案件事实所涉及的专业问题提出意见。具有专门知识的人在法庭上就专业问题提出的意见，视为当事人的陈述。人民法院准许当事人申请的，相关费用由提出申请的当事人负担。”《民诉法司法解释》第 123 条规定：“人民法院可以对出庭的具有专门知识的人进行询问。经法庭许可，当事人可以对出庭的具有专门知识的人进行询问，当事人各自申请的具有专门知识的人可以就案件中的有关问题进行对质。具有专门知识的人不得参与专业问题之外的法庭审理活动。”《最高法证据规定》第 83 条和第 84 条也对专家辅助人制度作了相应规定。

依据上述规定，专家辅助人制度的基本内容包括：第一，当事人可以申请一至二名专家辅助人出庭，专家辅助人的诉讼地位依附于当事人，专家辅助人的费用由申请一方当事人负担，专家辅助人的陈述视为当事人的陈述。第二，专家辅助人只能就鉴定意见和专业问题发表意见，不能参与其他法庭审理活动。第三，专家辅助人可以代表当事人对鉴定意见进行质证，经法庭许可，可以就鉴定意见本身的问题询问鉴定人。第四，审判人员可以询问专家辅助人，经法庭许可，当事人可以询问专家辅助人，专家辅助人之间也可以互相对质。

2. 与专家辅助人相关的代理工作

在涉及鉴定或专业性问题的案件中，与专家辅助人相关的代理工作非常重要。从程序的角度来分析，与专家辅助人相关的代理工作包括：（1）专家辅助人的选择和确定。专家辅助人可以是当事人单位的技术人员，也可以是外请的专家，一般由当事人联系、选择和确定，当然，这方面的工作律师也可以积极参与。（2）专家辅助人出具书面意见。在确定专家辅助人后，律师团队和当事人一般应当与专家辅助人进一步交流和讨论，在此基础上，专家辅助人可以就专业性问题起草和出具书面的意见。前述第1项和第2项的工作可以归类到第9步收集证据步骤当中。（3）申请专家辅助人作证，这是本步骤的工作内容。（4）专家辅助人发问提纲的准备，这部分工作可以归类到第35步发问提纲步骤中。（5）专家辅助人出庭辅导，这部分工作也同样可以归类到证人辅助步骤中。（6）庭审中对专家辅助人发问。（7）庭审中对专家辅助人意见的质证。第6项和第7项工作，属于第42步参加庭审步骤的工作内容。

3. 申请专家辅助人出庭的注意事项

申请专家辅助人出庭，应当注意如下事项：

第一，申请专家辅助人出庭应相当谨慎。专家辅助人的诉讼地位依附于当事人，专家辅助人的陈述视为当事人的陈述。因此，如果专家辅助人作出对于本方不利的陈述，或者作出对本方不利的解释和说明，将使本方的诉讼非常被动。因此，申请专家辅助人出庭应当非常慎重，只有对专业问题有全面客观认识的专家辅助人，只有对本案专业问题有全面客观了解的专家辅助人，才能申请其出庭作证。

第二，及时提出申请。如同申请证人出庭一样，申请专家辅助人出庭也应当及时提出申请，以方便人民法院对庭审工作的安排。至迟应当在举证期限届满前提出申请。

第三，注意申请书的内容。《最高法证据规定》第83条规定，当事人申请有专门知识的人出庭的，申请书中应当载明有专门知识的人的基本情况和申请的目的。

第四，申请时可以同时提交专家辅助人的书面意见。专家辅助人事前准备了书面意见的，可以在提交申请时，一并提交该书面意见，方便法庭提前了解。

第五，申请时同时提交专家辅助人的专业资格证明材料和身份证明材料。专家辅助人在专业领域取得一定资格证明的，可以同时提交该方面的证明材料。如学位证书复印件、职称证书复印件、职务聘书复印件、学术成果材料等。另外，应当同样提交专家辅助人的身份证复印件或护照复印件。

（三）申请本方当事人、对方当事人、对方单位员工出庭接受询问

1. 当事人本人接受询问的制度

随着直接言词原则的加强，询问当事人本人在诉讼中起到越来越重要的作用。

《民诉法司法解释》第 110 条规定了询问当事人本人制度。即“人民法院认为有必要的，可以要求当事人本人到庭，就案件有关事实接受询问。在询问当事人之前，可以要求其签署保证书。保证书应当载明据实陈述、如有虚假陈述愿意接受处罚等内容。当事人应当在保证书上签名或者捺印。负有举证证明责任的当事人拒绝到庭、拒绝接受询问或拒绝签署保证书，待证事实又欠缺其他证据证明的，人民法院对其主张的事实不予认定”。

《最高法证据规定》第 63 条至第 66 条，又对询问当事人本人的通知程序、具结程序、虚假陈述处罚规定作了进一步的细化和明确。

因此，在有些案件中，可以主动申请人民法院启动询问当事人这一程序。当然，是否就有关事实询问当事人本人的决定权在人民法院。

2. 申请询问本方当事人

对于有些案件，尤其是本方当事人为自然人的案件，可以主动申请法庭按询问当事人本人的程序询问本方当事人。

在当事人接受询问之前，可以由当事人书写书面的事实经过，并将该事实经过事先提交给法庭。在当事人出庭前应做好相应的准备，包括准备发问提纲，辅导出庭的当事人。

3. 申请询问对方当事人

对于有些案件，尤其是对方当事人为自然人的案件，可以主动申请人民法院通知对方当事人出庭接受询问。对方当事人出庭接受询问有利于对案件事实的对质，有利于客观查清案件的事实。当然是否通知对方当事人本人出庭接受询问的决定权在人民法院。

4. 申请询问对方单位员工

有些案件，如果对方单位某一经办员工的出庭有利于说明案件事实，可以申请人民法院通知对方单位某一员工出庭接受询问。当然，除了该经办员工是对方单位法定代表人外，对方单位该员工的身份只能是证人的身份，而不是当事人的身份。在民事案件中，我国并没有强制证人出庭的制度，人民法院并不能强制对方单位某一员工出庭作证。基于对方单位对证人的影响，在该证人不能出庭作证的情况，在某种情况，相对会加重对方的举证责任，影响合议庭对证据和案件事实的综合认定。

第 27 步　应对答辩

（一）应对答辩步骤分解

对答辩的应对也是庭前推进阶段的重要步骤。从程序的角度来分析，我们可以对应对答辩步骤作进一步的分解，即将其进一步细分为领取答辩状、发送给当事人、答辩研究和答辩应对四个小的步骤。

1. 领取答辩状

《民事诉讼法》规定，“人民法院应当在立案之日起五日内将起诉状副本发送给被告，被告应当在收到之日起十五日内提出答辩状……人民法院应当在收到答辩状之日起五日内将答辩状副本发送原告。被告不提出答辩状的，不影响人民法院审理”。

因此，在立案后，应当及时与法院联系，跟踪和了解被告的答辩情况。

及早领取被告提交的答辩状。

2. 发送给当事人

取得人民法院送达的答辩状副本后，应当及时将答辩状副本的复印件或扫描件发送给当事人，方便当事人了解对方的答辩情况。这一点非常重要，但很容易被律师团队忽略。答辩状是重要的诉讼文书，影响后续诉讼的推进和应对。及时给当事人发送答辩状，一方面方便当事人了解答辩状的内容，另一方面方便律师团队和当事人交流，共同对答辩状进行研究，共同采取应对措施。

3. 答辩研究

律师团队在收到答辩状副本后，一方面应当及时发送给当事人，听取当事人的意见，另一方面应当及时对答辩状进行研究。

4. 答辩应对

在研究答辩状的基础上，律师团队应当和当事人交流讨论，共同采取应对措施，推动代理工作的开展。

（二）答辩研究分解

在对答辩状的研究中可以重点关注以下几个方面：

第一，明确被告已经确认的事实。对原告主张和陈述的事实，被告在哪些方面已经予以了认可。在一般情况下，这些没有争议的事实，不会再成为案件争议焦点，不再是下阶段案件代理工作的重点。

第二，归纳被告否认的事实和证据。应注意：对被告否认的事实，被告如何表述；被告的表述是否有相应的证据证明；被告的证据是否足以反驳原告的证据；是否达到了相应的证据标准；被告否认相关证据的理由是什么；这些理由是否成立。

第三，归纳被告另行主张的事实。应注意：被告对案件事实又提出了哪些新的陈述或主张，这些陈述是否属实；有无相应的证据予以证明。

第四，应注意：被告对法律适用有哪些不同的主张；被告主张的法律依据是什么；被告提供的案例有哪些。律师团队应当对被告提及的法律依据和案例进行深入的研究。

第五，根据被告对案件事实和法律适用的主张，归纳出案件的争议焦点。确定这些新归纳出的争议焦点和起诉时预估的争议焦点的变化或差异。

（三）答辩应对分解

和当事人共同对对方的答辩进行研究后，应及时采取恰当的应对措施：

第一，在证据方面，审查针对被告的事实反驳或事实主张是否需要补充提交证据，审查针对被告对本方证据的质疑是否需要补充提交补强证据。如有必要，要及时收集、整理和补充提交这些证据。

第二，在法律适用方面，必要时进行新的法律检索、案例检索和论文检索。研究如何反驳被告方的观点；研究如何反驳被告方的案例；研究如何从正反两方面对争议焦点问题进行全面的说理；研究如何更加系统地和更加全面地阐释本方的观点；研究如何使本方的辩论意见更有针对性。

第三，针对被告的答辩状，起草书面的反驳意见，必要时，将反驳意见提交给法庭。

（四）仲裁案件中对答辩书的回复

相比于诉讼案件，仲裁案件更强调在庭前双方进行书面答辩和回复。如果被申请人没有及时提交答辩书，部分仲裁机构会催促和强制被申请人及时答辩，以方便仲裁庭了解双方的观点，归纳案件的争议焦点，提前做好庭前准备工作。仲裁规则中一般会规定，如果被申请人不及时答辩，不全面进行答辩，在开庭时提出新的答辩意见，导致庭审延迟的，仲裁庭可以责令该方当事人承担由此增加的仲裁成本。

在被申请人答辩后，仲裁庭也一般期望申请人再对被申请人的答辩进行回复或陈述反驳意见。申请人递交申请书、被申请人提交答辩书、申请人再提交对答辩书的回复意见、被申请人再提交相应的回复意见，如此来回往复，可能在庭前由双方当事人书面进行两至三轮陈述和辩论。这样一方面让双方当事人充分发表意见，另一方面也方便仲裁庭充分了解双方的观点，方便仲裁庭的庭前合议，方便仲裁庭对庭审的组织。

因此，在仲裁案件中应更加重视及时进行答辩，应更加重视对答辩书进行书面回复。

第28步 应对证据

（一）应对证据步骤分解

我们同样可以将应对证据步骤作进一步分解，将其分解为领取证据、发送给当事人、证据研究和应对这三个小的步骤。

1. 领取证据

人民法院在立案后，在给当事人送达立案通知书或应诉通知书时，一般会同时送达举证通知书，指定具体的举证期限，要求当事人在举证期限届满前提交证据。因此，在举证期限届满前后，要主动和承办法官、法官助理或书记员联系，及时领取对方提交的证据。

2. 发送给当事人

对证据的分析和质证，离不开当事人的参与，因此，在取得人民法院送达的对方证据后，应当及时将全部证据的复印件或扫描件发送给当事人，方便与当事人共同进行研究和应对。

3. 证据研究和应对

律师团队和当事人共同对证据进行分析和研究，并采取相应的应对措施。

（二）证据研究和应对分解

证据的研究和应对主要包括以下内容：

第一，认真阅看每一份证据，和当事人共同交流和核对。对每一份证据的真实性、合法性和关联性进行分析，形成书面的质证意见。

第二，评估对方证据对案件事实认定的影响，评估是否需要对案件的思路进行调整。

第三，针对对方的证据，评估是否需要提交反驳的证据；是否需要对相关证据申请鉴定；根据对方提交的证据，有无必要申请人民法院责令对方当事人进一步披露某一证据。

第四，发掘对方证据中对本方有利的地方，成为组织本方辩论观点的素材和理由。

第 29 步 质证意见

（一）质证意见的格式和内容

在对被告证据进行分析和研究后，应当最终形成书面的质证意见。质证意见是庭审前应当准备好的法律文书。

质证意见可以参照证据清单格式，采取可视化表格方式，这样不仅简明美观，而且非常方便裁判人员查看。

质证意见的标题应当注明具体的案件名称，同时注明哪一方当事人对哪一方当事人证据的质证意见。当然标题中的单位名称可以采用简称。

质证意见表格的内容一般包括三项。第一项是对方证据编号，不应该对对方证据重新编号，应当使用对方证据清单或证据目录中原有的证据编号。第二项是对方证据名称，同样应当使用对方证据原有的名称。第三项是质证意见。质证意见应当简明。明确对真实性、合法性、关联性是否认可，明确该份证据是否能够达到证明对方主张的目的。不认可真实性、合法性或关联性的，应当具体阐明理由。如果该份证据能证明本方的观点，也可以在质证意见中简要地说明。

质证意见末尾要落款，注明提交质证意见的主体，由当事人签名或盖章，或者由代理律师以代理人的身份签字，应写明具体的提交日期。

关于质证的原则、质证的目的、质证的内容等方面，可以参看本书第四章第二节的相关内容。

（二）与质证意见相关的注意事项

撰写质证意见时，要注意如下几点：

第一，确定本方的质证意见时，应充分与当事人交流，了解当事人的意见，不应当由律师团队对证据的真实性主观进行认定。

第二，形成书面质证意见时，一定要体现严谨、全面的原则。不能轻易认可对方可能存有疑点的证据。不能草率对证据的真实性、合法性和关联性下结论。

第三，相比于举证意见、证据清单对证明内容的表述，质证意见一般比较简明。

第四，在形成质证意见时，应当对对方的证据进行相应的标注或制作相应的索引，这样方便在庭审中有针对性地对对方证据发表质证意见。

第五，除准备可视化表格的质证意见外，还应当准备纯文字版本的质证意见，可以将质证意见的电子版提前发给法官助理、书记员或仲裁秘书，以方便法庭或仲裁庭记录时参考。

第 30 步 补充证据

（一）补充证据的情形

随着诉讼工作的推进，在下列情况下，要及时补充提交证据：

第一，应对对方的答辩，补充提交证据。即为了反驳对方的答辩，补充提交相应的证据。

第二，应对对方的证据，补充提交证据。即为了反驳对方的证据，补充提交相应的证据。

第三，在诉讼过程中新收集的证据，或公证保全的证据。将新收集的证据或公证保全的证据及时向人民法院提交。

第四，根据举证计划，第一次暂缓提交的证据，需要及时补充提交。

除补充提交证据外，还可以根据诉讼工作的推进，进一步申请人民法院调查收集证据。如根据对方答辩状或证据中提及的线索，请求人民法院责令对方当事人提交某一书证；又如根据案件情况，申请人民法院对某一专门性问题委托鉴定。

（二）补充提交证据的注意事项

补充提交证据时，应当注意如下事项：

1. 尊重充分举证的原则。即补充提交证据是为了完成举证责任，达到证明标准，实现充分举证。在对方提交答辩的情况下，在对方提交证据的情况下，应当再次根据充分举证原则对本方的证据进行审查，并充分举证。

2. 尊重及时举证的原则。应当在人民法院指定的期限内补充提交证据。如果在举证期限内确实无法及时提交全部证据，应当向人民法院及时提交书面申请，申请延长举证期限。即使是补充提交证据对对方证据进行反驳，也应当在举证期限内提交证据。如果不能在举证期限内提交，则应当及时提出延期举证申请。

3. 尊重系统性提交证据的原则。所有补充提交的证据仍应当遵循系统性提交的原则，仍需要对补充提交的证据进行整理。整理时，同样应遵循第 20 步整理证据的相关要求，同样要经历证据取舍、证据组织、形式规范、辅助说明、证据编号、证据页码、证据清单、与当事人交流、证据装订、证据标注等整理证据过程。

4. 同时提交证据清单。无论补充提交多少份证据，即使补充提交一份证据，也应当撰写相应的证据清单。证据清单应连续编写序号，如“证据清单（二）”。补充提交的证据的编号和页码要接续前期提交的证据的编号和页码连续编写。

第 31 步 举证意见

（一）补充提交证据后证据的归纳和整理

在补充提交证据后，应当围绕案件的争议焦点，围绕案件事实，对全案证据进行归纳和整理。这样归纳和整理有以下两方面的作用：

第一，部分案件的审理过程中，人民法院可能会依据争议焦点逐一进行庭审调查和庭审辩论，庭审调查和庭审辩论合并进行。依据争议焦点对全案证据进行归纳和整理后，非常方便庭审中的举证，非常方便庭审中的应对。

第二，对全案证据进行归纳和整理，方便下阶段思维导图的编写，方便下阶段庭审提纲的撰写，方便辩论阶段代理意见的起草和准备。

（二）二审和再审中证据的归纳和整理

在二审和再审中，对新提交的证据，应当有单独的证据清单，单独对新证据进行编号、整理和书面阐释。

除此之外，二审案件中还应根据案件争议焦点对全案的证据重新进行归纳和整理，这些证据，不仅包括二审提交的新证据，还应该包括一审中本方的证据和对方的证据。围绕争议焦点对这些证据进行整理，说明其对案件争议焦点的证明作用。

在再审案件中，这种归纳和整理工作显得更加重要。因为，再审案件中人民法院很可能会围绕案件争议焦点逐一进行调查，而且法庭调查和法庭辩论常常合并进行。而再审案件中，大部分证据是原一审和二审已经提交的证据。因此，再审案件中必须在庭前围绕每一个争议焦点，对全案证据重新进行归纳和整理。

（三）举证意见

在证据清单的基础上，还需要整理出纯文字版的举证意见，提前发给法官助理、书记员或仲裁秘书。纯文字版举证意见主要是为了方便人民法院或仲裁庭的庭审记录。

第 32 步　庭前联系

（一）庭前联系的内容

在庭前推进阶段，律师团队一项重要的工作是保持与裁判组织的联系。

庭前联系主要有以下内容：

1. 核实人民法院查收本方法律文书和证据的相关情况。如有遗漏，及时向人民法院重新提交或补充提交。

2. 了解对方法律文书和证据的递交情况，及时领取对方法律文书副本和证据副本，方便案件代理工作的开展。

3. 跟踪和配合财产保全措施的实施，跟踪和配合证据保全措施的实施。

4. 跟踪申请调查取证、申请鉴定、申请责令对方当事人提交书证的后续情况。

5. 协商和确定开庭日期。

6. 跟踪证人出庭作证的安排情况，跟踪专家辅助人出庭的安排情况。

7. 了解庭审的特殊安排或特殊要求。

8. 在承办法官、法官助理、书记员或仲裁秘书认为必要的时候，将相关法律文书的电子版提前发送给人民法院或仲裁庭，方便人民法院或仲裁庭的庭审记录。

9. 跟踪和推进案件的进展。

（二）庭前联系的注意事项

在庭前联系中，要注意如下事项：

1. 由律师团队统一和人民法院联系。避免律师团队和当事人同时和人民法院联系，不必要地增加人民法院的工作量，同时可以使律师团队第一时间了解案件的情况。

2. 律师团队一般由主办律师负责与人民法院联系，在主办律师安排的情况下，律师助理或团队秘书才可以承担部分书面联系工作或其他辅助工作。民事起诉状、民事答辩状、授权委托书上的联系方式应当留主办律师的联系方式。办理立案时留的联系电话应当是主办律师的联系电话。

3. 和人民法院联系时应当注意司法礼仪，尊重人民法院的工作，不卑不亢。在通话前最好先了解联系的承办法官、法官助理、书记员的姓名及基本情况。

4. 除电话联系外，可以酌情采取书面函件、电子邮件等方式。必要时也可以当面递交材料，或申请向承办法官或法官助理在人民法院当面陈述意见。

5. 定期跟踪案件的情况。

第 33 步　庭前函件

（一）庭前函件的重要性

在确定开庭时间后，一般应当给当事人书面函件。当然，在庭前推进阶段，除庭前函件外，在取证申请、证人申请的步骤中，在应对答辩和应对证据的步骤中，或者在补充证据的步骤中，必要时也可以给当事人发送书面函件。

庭前函件之所以重要，一方面是向当事人通报开庭日期这一重要案件进展信息，另一方面是方便当事人配合律师团队，做好庭审准备工作和庭审工作。

（二）庭前函件的内容

庭前函件一般包括如下内容：

第一，对前阶段代理工作进行回顾。可以视情况，对前阶段开展的代理工作进行回顾，方便当事人全方面了解律师代理工作。

第二，通报人民法院发出的庭审通知。一般可以将人民法院的传票或开庭通知作为庭前函件的附件发送给当事人，让当事人了解开庭的时间、地点，方便当事人提前做好时间安排。

第三，书面告知当事人庭前准备计划及需要配合的事项，如证人辅导工作安排、当事人辅导工作安排、庭前会议安排等。

第四，书面告知当事人庭审准备事项，如证据原件的准备，庭审参加人员注意事项等。证据原件应当由当事人或当事人单位员工携带到庭，并按顺序准备好。

第五，其他相关工作。

第三节　庭审准备

第 34 步　思维导图

（一）思维导图的概念

思维导图，英文为 The Mind Map，又称脑图、心智地图、思维地图，是一种可视化图像式思维工具。20 世纪 70 年代由英国心理学大师托尼 · 博赞发明，其后在世界范围内得到了广泛应用。

思维导图最大优势是模拟人类大脑发散性思维方式，把进入大脑的每一条信息、感觉、记忆或思想都作为一个思维分支表现出来，通过关键词、线条和图形等来传递信息，形象地表现各概念、信息和观点之间的联系与层次，强化思维逻辑和记忆。

思维导图的主要组成要素包括关键词、线条和结构。关键词是概念、信息和观点的高度浓缩；关键词之间用线条连接起来，体现它们相互之间的逻辑、层级和结构。除此之外，还可以通过颜色和图像使思维导图更形象、更丰富、更美观。常见的逻辑结构包括总分关系结构、并列关系结构、递进关系结构和因果关系结构。

思维导图广泛用于文档管理、学习笔记、工作管理和问题研究，可以很好地起到如下作用：第一，帮助思考和讨论。思维导图既方便对问题进行分析和展开，也方便对观点进行归纳和总结。第二，帮助记忆和查找。所有相关信息都形象地表现在思维导图中，既方便记忆，也方便查找。第三，帮助表达。思维导图本身就是一个陈述提纲，它能形象地引导陈述者将全部观点条分缕析地表达出来。

（二）思维导图在案件代理中的应用

思维导图是案件代理中非常重要的可视化工具。

思维导图在案件代理中的作用主要集中在三个方面：

1. 方便代理方案的制定、细化和完善。代理律师可以借助思维导图展开对案件的思考，也可以借助思维导图对证据、事实、法律、案例和观点进行概括和总结，从而制定、细化和完善代理思路和代理方案。

2. 方便代理过程中的交流。思维导图可以帮助律师团队内部进行讨论和交流，也可以帮助律师团队与当事人之间进行讨论和交流。

3. 方便代理律师的庭审工作，这一点最为明显。具体表现为：

第一，方便代理律师在陈述阶段和辩论阶段做到脱稿陈述和脱稿辩论。庭审对代理律师的基本要求之一是能做到脱稿。脱稿可以使代理律师的双眼从稿件中解放出来。脱稿有利于代理律师与法官或仲裁员进行目光交流，有利于代理律师自然而然地使用适当的肢体语言加强表达，提高陈述和说理的效果。不仅如此，脱稿还有利于代理律师观察和掌控全局，做好庭审应变工作。在思维导图工具出现以前，为了做到脱稿，代理律师往往事先总结出关键词或提纲，然后在关键词或提纲的指引下进行陈述和辩论。有了思维导图以后，思维导图不仅简明地记载了上述关键词或提纲，而且还非常形象地标明了它们之间的结构和层级，更方便代理律师在陈述或辩论时做到脱稿。

第二，方便代理律师在庭审调查阶段对证据和材料进行查找，方便代理律师及时回复法庭的询问。在举证质证阶段，在庭审询问阶段，代理律师在思维导图的帮助下，可以非常方便地找到相应的证据和相应的法律规定，及时回复法庭的询问。

第三，方便代理律师在总结陈述阶段进行概括和补充。在总结陈述阶段，代理律师可以依据思维导图对前期的发言进行概括和总结，对遗漏的相关问题进行补充。

当然在使用思维导图时，也要了解到思维导图本身的不足。思维导图最大的优势是将所有信息以思维分支的形式表现出来，因此，思维导图偏重于观点的系统和全面。如果过于依赖思维导图，可能会对案件面面俱到、不分主次，减弱对案件关键点和核心点的关注。因此，在使用思维导图时，始终不能偏离案件的焦点问题，始终不能偏离案件的关键点和核心。

（三）思维导图的绘制

绘制思维导图一般可借助软件工具，如Xmind、MindMaster和Mindmanager等软件工具。

绘制思维导图时在层级上一般分为四级或五级。第一种方法是依据争议问题来列第一级目录，即第一级为案件的争议问题，如争议问题1、争议问题2、争议问题3等。第二级分别为有利观点和不利观点。即每一个争议问题下面都分出有利观点和不利观点。第三级为对有利观点和不利观点的展开。其后对每一个展开的观点再逐级展开，必要时分别形成第四级、第五级。最后细化到证据、法律条文和案例。第二种方法是将本方观点和对方观点列为第一级目录，即第一级为本方观点和对方观点。第二级为本方和对方分别对各争议问题的观点。第三级、第四级再依次展开，最后细化到证据、法律条文和案例。

绘制思维导图时要注意关键词的使用，要注意对观点的浓缩与提炼。在准确表达的基础上，能用词表达的，不用词组；能用词组表达的，不用句子。即使使用句子，句子也应当尽可能简洁。绘制思维导图时最终要细化到证据、法律条文和案例，这样不仅方便查找，也方便完整地进行陈述和表达。另外，绘制思维导图时，可以适当使用颜色、下划线、图框和箭头等辅助元素。

第35步 发问提纲

（一）发问提纲步骤

发问提纲准备是庭审准备的主要内容之一。

发问提纲准备主要是针对庭审询问阶段的准备。在前面的流程步骤中，民事起诉状或民事答辩状可以成为庭审陈述的基础，证据整理、证据清单和举证意见可以成为庭审举证的基础，质证意见可以成为庭审质证的基础。而本步骤的发问提纲则可以成为庭审询问的基础。

发问包括对证人的发问、对专家辅助人的发问、对鉴定人的发问、对当事人的发问。发问提纲准备相应包括对本方证人发问提纲的准备、对对方证人发问提纲的准备、对本方专家辅助人发问提纲的准备、对对方专家辅助人发问提纲的准备、对鉴定人发问提纲的准备、对对方当事人发问提纲的准备、对本方当事人应对发问的准备。

（二）本方证人主询问提纲的准备

1. 询问证人的模式

询问证人有三种模式。第一种是英美法系的交叉询问模式，即对证人的询问主要通过双方当事人对证人交叉询问的方式进行。先由提出证人一方当事人即本方当事人对本方证人进行主询问，然后由对方当事人对证人进行反询问即交叉询问。如有必要，再由本方当事人再次进行主询问，之后由对方当事人再次进行反询问，双方对证人的询问交替进行。第二种是大陆法系的法官询问模式，即对证人的询问主要以法官的询问为主，当事人只有在法官同意的情况下，才可以补充向证人发问。第三种模式是日本模式，它结合了英美法系和大陆法系的特点，询问证人的顺序一般是，先由提出证人的一方当事人对证人询问，然后再由对方当事人对证人进行询问，法官在双方当事人询问终结后再对证人发问。

2. 准备主询问提纲的必要性

我国大部分庭审采取第二种模式，即采取法官询问为主的模式，但也有法官习惯于采取交叉询问的模式，在核实证人身份和证人具结后，要求提出证人一方当事人先行对证人询问。因此，只要是申请证人出庭作证，就一定要准备好对本方证人的发问提纲，即主询问提纲。

3. 准备主询问提纲的简单适用办法

主询问的目的是引导证人将要证明的案件情况客观地陈述出来。在调查取证和证言固定阶段，若已经请证人书写了书面的证言，主询问可以以证人的书面证言为基础。主询问最简单、最常适用的一种方式是，在核实证人身份和证人具结后，直接询问证人出庭要证明的事项，由证人主动作完整的陈述。在证人陈述后，再补充询问证人遗漏的地方，使证人证言表述更完整，提高证人证言的证明力。

4. 准备主询问提纲的注意事项

准备主询问提纲要注意如下事项：

（1）要避免诱导性发问。主询问一般应当采取开放式发问，不能采取封闭性发问、限定性发问或诱导性发问，一般不用一般疑问句、反义疑问句或选择疑问句的发问方式，而选择开放性的发问方式，采用“谁（Who）、什么（What）、何时（When）、何地（Where）、为什么（Why）、如何（How）”的 5W1H 特殊疑问句的发问方式。

（2）证人只能就其感知的案件事实向法庭作证，不能使用猜测、推断或评判性语言。因此，发问时要引导证人就其感知的案件事实向法庭陈述和作证，要避免导致证人对案件事实进行猜测、推断或评判的发问。

（3）证人证言和实物证据结合起来能起到非常好的效果。因此，在发问时要注意对实物证据的引用，如可以请求证人辨认书证上签字的真实性，介绍书证的形成过程；又如，可以请求证人说明电子邮件的发送背景，发送过程，接收电子邮件主体的身份等。

（4）主询问提纲尽可能详细，方便在庭审中选择使用。如果庭审中，法官已经就某些问题作了详细的发问，或者证人已经作了详细的介绍，可以不再重复发问，而只补充发问被遗漏的问题。

（三）对方证人反询问提纲的准备

人民法院准许证人出庭作证申请的，应当书面通知证人出庭作证，并告知双方当事人。

律师团队在庭前应当与人民法院保持联系，在了解到对方当事人申请某一证人出庭作证并得到人民法院准许后，就应当做相应的准备。一方面预估对方证人证明的内容，另一方面要准备好相应的反询问提纲。

向对方证人进行反询问的目的是发现对方证人证言的破绽或矛盾，否定对方证人的资格，或者削弱对方证人证言的证明效力。和主询问不同，反询问一般可以采取封闭性发问方式。

反询问常常从以下几方面展开：

第一，证人和对方当事人是什么关系；证人和案件结果有无利害关系；证人和对方当事人或对方代理人是否有联系或接触；书面证言是否是证人自己单独书写的；书面证人证言是在什么时候或什么地方形成的。

第二，证人陈述的内容是否是证人本人亲身感知的事实，是否含有猜测或推断的成分；证人对陈述的内容是否记忆清楚。

第三，证人对案件的其他细节是否清楚；前后有无矛盾；证人对某些疑点问题能否作出合理解释；等等。

反询问应当结合案件的实际情况及证人可能作证的内容进行准备。反询问提纲也应当尽可能准备充分一些，方便在庭审时选择使用。在全部反询问问题中应当标出重点关注的问题。

（四）本方专家辅助人主询问提纲的准备

在大多数情况下，法庭会按照证人的模式询问专家辅助人，因此，如果申请专家辅助人出庭，同样应当提前准备好对本方专家辅助人的询问提纲。

对本方专家辅助人询问提纲的准备，可以参考对本方证人询问提纲的准备。准备时，应注意以下几个方面：

1. 专家辅助人出庭后，一般由法庭首先核实其身份情况和专业资格情况，询问其要说明的具体事项，询问其相关专业问题。一般法庭询问结束后，再由当事人向专家辅助人补充发问。虽然如此，但同样存在部分法庭采用当事人直接进行交叉询问的模式，因此，只要申请专家辅助人出庭，就必须预先完整准备对专家辅助人的主询问提纲。

2. 主询问最常见和最便捷的方式是，核实专家辅助人的身份和专业资格后，询问专家辅助人拟向法庭说明的专业问题。在专家辅助人作了说明后，再根据情况进行补充发问，要求其对没有陈述的问题，或没有充分陈述的问题进行补充。

3. 可以通过询问和核实专家辅助人的学历、工作经历、职称、发表的专著或论文、获得的奖项等情况，引导专家辅助人陈述和展示其专业情况。如果法庭核实时，专家辅助人陈述不完整，则可以酌情补充发问和引导。

4. 与对证人的发问不同，对专家辅助人的发问集中在请求专家辅助人对案件的专业问题发表意见，请求专家辅助人对鉴定意见发表意见，请求专家辅助人就专业问题作出具体的解释、分析、说明和判断。专家辅助人不能参与专业问题和鉴定意见以外的其他工作，也不能就其他问题发表意见。

（五）对方专家辅助人反询问提纲的准备

《最高法证据规定》第 83 条规定，人民法院准许当事人申请专家辅助人（有专门知识的人）出庭的，应当通知双方当事人。在了解到对方提请某一专家辅助人出庭后，应提前准备好对该专家辅助人的反询问提纲。

准备专家辅助人反询问提纲应注意以下几个方面：

1. 庭前查询了解专家辅助人的情况，就其专业职称或专业证书发问，询问发证单位和发证条件等情况，询问其是否处理过同样的问题、有无相同的经历、有无相应的证据。通过发问，减损其在本案的专业影响力。

2. 询问专家辅助人与对方当事人之间的关系，如合作关系、服务关系等，询问专家辅助人职业的独立性；询问专家辅助人受托参加本案庭审工作的过程。通过发问，减损其在本案的客观中立性。

3. 就案件的专业问题，或鉴定意见涉及的某一专业问题向其发问，询问其作出判断的原因；询问其作出结论的条件；询问其作出结论的唯一性或可信度。通过发问尽可能找到其说明矛盾的地方或说明不确定的地方，减损其专业说明的效力。

4. 必要时，可以提请本方专家辅助人和对方专家辅助人进行当庭对质。

（六）鉴定人发问提纲的准备

2012 年修改后的《民事诉讼法》强化了鉴定人出庭制度。《民事诉讼法》规定，当事人对鉴定意见有异议或者人民法院认为鉴定人有必要出庭的，鉴定人应当出庭作证。2019年修改后的《最高法证据规定》进一步强化了鉴定人当庭回复异议的义务。其第79条第2款规定，委托机构鉴定的，应当由从事鉴定的人员代表机构出庭。第80条规定，鉴定人应当就鉴定事项如实答复当事人的异议和审判人员的询问。当庭答复确有困难的，经人民法院准许，可以在庭审结束后书面答复。

因此，对鉴定意见有异议的案件，对鉴定人出庭的案件，应当提前准备好鉴定人发问提纲。鉴定人发问提纲可以包括以下几个方面的内容：

1. 询问鉴定人的资格情况和专业情况，如学历、专业职称、从业经历、专业领域等情况。

2. 询问鉴定人参与鉴定的情况。询问出庭人员本人是否直接参与了鉴定工作，询问鉴定的过程等。

3. 询问鉴定的材料。询问某一材料是否成为鉴定的依据、某一材料是否经过了双方当事人的质证、是不是由人民法院转送的材料。

4. 询问鉴定的方法。要求鉴定人说明采取的具体鉴定方法，要求鉴定人解释鉴定方法的合理性。要求鉴定人回复是否还存在其他方法，要求鉴定人回复鉴定结论的准确度、误差范围等。

5. 结合对鉴定意见征求意见稿的异议、对鉴定意见的庭前异议，询问鉴定人是否收到了书面异议，询问鉴定人不采纳每一项异议的具体理由。

6. 对鉴定意见没有确定的部分，询问鉴定人是否认为应当由人民法院最终裁决。询问鉴定人是否还可以对鉴定意见进行补充，询问鉴定人是否还可以对相关问题重新进行核查。

对鉴定人发问，律师团队可以与专家辅助人讨论，也可以和专家辅助人确定好分工，提前规划哪些问题由专家辅助人进行发问，哪些问题由代理律师进行发问。

（七）当事人发问提纲的准备

无论本方当事人本人是否出庭，都要准备好法庭和对方当事人可能向本方提出问题的回答。法庭的发问，可以包括对证据的发问，也可以对案件事实的发问，还可能包括对法律适用的发问。

庭前应当熟悉本方的所有证据，了解所有证据的形成过程和取得过程，能对上述过程作出合理的解释和说明。对案件的全部事实都应当清楚，在时间上、逻辑上、细节上都应当客观真实且相互吻合。对某一项诉讼请求所对应的法律依据都应当清楚，对案件有关的法律规定及它们之间的相互关系都应当清楚，对相应的典型案例也应当了解。

除准备好法庭和对方当事人对本方可能提出问题的回答外，还应当有针对性地预备几个问题，在法庭许可的情况下，向对方当事人发问。

向对方当事人发问的问题可以包括对证据方面的问题，也可以包括对事实方面的问题。如某份证据是如何取得的；协议是在什么时候签订的；在什么地方签订的；当时有哪些人在场；合同的价格是如何确定的；标的物交付的过程；等等。对细节的发问，很容易引出和还原案件事实的真相。对方如果作出了对其不利的回答，则可能构成自认。对方如果不能作出合理的解释，则可以减损其证据的证明效力，形成法官对其不利的心证。恰当的发问往往能很好地推动案件的代理工作，起到事半功倍的效果。

第 36 步　庭审提纲

庭审提纲的准备工作如图 7.2 所示：

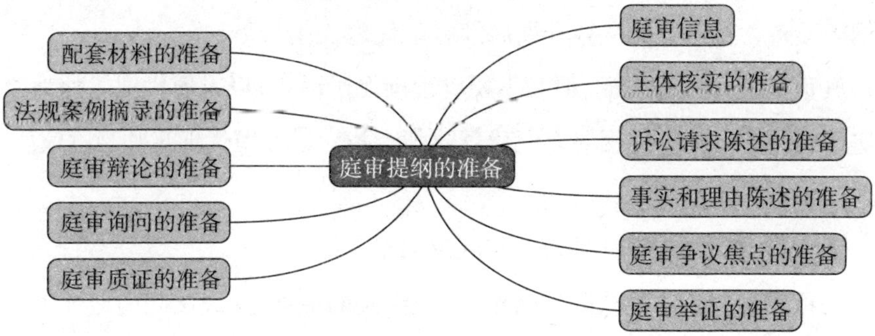

图 7.2　庭审提纲的准备

（一）庭审提纲概述

思维导图、庭审提纲和模拟法庭是庭审准备的三个重要工具。在这三个工具中，庭审提纲的作用又最为凸显。

英美律师同行对庭审提纲的准备非常重视，有时在一起案件中，代理律师准备的庭审提纲长达几百页甚至上千页，大小事情都详细地预备在庭审提纲中。在流程管理中，庭审提纲是必备步骤。它是庭审准备工作的中心环节，庭审提纲准备完毕，标志着庭前准备工作基本就绪。

庭审提纲的准备是以前面开展的代理工作为基础。包括前面的法律文书准备、证据准备、举证意见和质证意见准备、法律案例检索、发问提纲准备等。庭审提纲是对前述工作的汇总和梳理。

庭审提纲的准备又以结果为导向，即以将要开展的庭审代理工作为导向。它是依照庭审的要求，为方便庭审而做的预备。庭审准备需要对之前的案件材料和代理成果进行熟悉、提炼和概括，同时也需要按照庭审的要求拾遗补阙，为庭审全面做好准备。

庭审提纲的准备应当以主办律师为主亲自准备。主办律师通过准备庭审提纲进一步熟悉案件的每一份材料，了解双方的每一个观点。主办律师通过准备庭审提纲后，要能做到对案情和材料了然于胸，在任何场合都能脱稿陈述和脱稿辩论。

庭审提纲的准备要全面，要涉及庭审的方方面面，包括庭审主体、庭审陈述、争议焦点、举证质证、庭审询问、庭审辩论、法律案例等。有了庭审提纲的准备，就应当能从容开展后续庭审代理工作。

庭审提纲有示范模板，但又不要过于拘泥于形式，以方便代理律师为原则，以实用为原则。庭审提纲要方便代理律师查找，也方便代理律师当庭使用。

（二）庭审信息

庭审提纲的开头部分最好记载庭审的基本信息。

庭审信息包括人民法院的名称，人民法院的地址。人民法院的地址很重要，尤其是外地人民法院或人民法院有多个办公区的情况下，庭审提纲中记载好人民法院的地址，能带来方便，避免失误。

庭审信息还应当包括人民法院承办的庭室，包括审判长、承办法官和其他合议庭成员的姓名，包括法官助理和书记员的姓名，包括承办法官的联系电话，法官助理的联系电话和书记员的联系电话。

庭审信息中最主要的信息是庭审时间和法庭序号。这两个信息，可以在庭审提纲中用黑体加粗进行标注。

（三）主体核实的准备

如同庭审一样，准备庭审提纲时，首先是对主体方面相关信息的核实。包括对本方当事人信息、本方代理人信息、对方当事人信息和对方代理人信息的核实，也包括对可能申请追加被告或申请追加第三人的准备。

1. 本方当事人信息

在民事起诉状和民事答辩状中已经书面表述了本方主体的基本信息。为庭审方便，在庭审提纲中最好再次完整表述本方当事人的基本信息。如当事人是自然人，则应当包括姓名、性别、民族、出生年月、住所、工作单位、职务等基本信息；如当事人是单位，则应当包括名称、住所地、法定代表人或负责人姓名、职务等基本信息。

要核实主体资格证明材料是否已经提交，且预留一份备用。在人民法院需要时再次补充提交。

如果庭审前当事人上述信息发生了变更，则应当在庭审提纲中作说明，记载变更后的相关信息，准备好主体信息变更的相关证明材料，方便在庭审时及时向法庭作出说明并提交相关材料。

代理律师应当提前熟悉上述基本信息，方便在庭审时能流利地报告本方当事人的上述基本信息。

2. 本方代理人信息

要核实本方的代理手续是否已经提交；代理人是否有变更；如果代理人有变更，则应核实原代理人的授权是否已经撤回；新代理人的授权手续是否已经准备并已经提交。

代理提纲要记载代理人的代理权限，方便庭审时能流利地向法庭汇报代理人的具体代理权限。

3. 对方当事人及代理人的信息

在起诉阶段和应对答辩阶段已经关注了对方当事人的基本信息，在庭审提纲中最好列明对方当事人的基本信息，方便庭审时使用这些信息。了解对方当事人的经营状态、资信状态和涉诉情况。

如果对方当事人有多个主体，则关注他们之间的关系。如自然人之间的亲属关系，法人之间的关联关系。

做好对方当事人缺席庭审的应对工作。打印对方当事人工商查询信息。

了解对方代理人的基本信息，在庭审提纲中作相应的记载，方便庭审时使用这些信息。了解对方代理人的手续是否齐备？如果对方代理人是以单位员工身份参与代理，了解单位员工的职务及相关信息。如对方代理人是代理律师，了解该代理人的基本情况，如业务范围、执业经历、职务等。

4. 追加当事人的情形

如果需要申请追加被告，核实是否在庭前已经提交追加被告申请书。如果申请追加第三人参加诉讼，核实是否在庭前已经提交追加第三人申请书。核实申请追加的被告或第三人的工商信息是否已经打印。在庭审提纲中应当记载申请追加被告或第三人的理由，庭审提纲还应当记载申请书对应的证据，核实这些证据是否已经准备。核实因追加被告或第三人而需要多准备的民事起诉状和证据等材料是否已经准备，是否已经提交给了人民法院。

（四）诉讼请求陈述的准备

诉讼请求是民事起诉状的核心，是案件审理的基础，非常重要。在确定案件代理方案步骤中和撰写民事起诉状步骤中，应该已经进行了详细探讨和研究，应该已经确定了具体诉讼请求。在庭审提纲的准备中，同样应该重视并进行相应的准备。

1. 审查诉讼请求是否准确、具体

根据案件的推进，用准确、具体的标准对诉讼请求再一次进行审查。应审查：每一项诉讼请求是否准确具体；是否需要进一步明确；如果需要进一步明确，如何明确；如何表述；有无明确诉讼请求的书面材料；诉讼请求中的金额是如何计算的；是否有相应的计算公式；是否有计算附件；计算附件是否已经准备。

2. 审查诉讼请求是否全面

根据案件的推进，再一次审查诉讼请求是否全面；是否有遗漏；是否要增加或变更诉讼请求；如果需要增加或变更诉讼请求，是否已经准备或提交了增加或变更诉讼请求申请书。

3. 熟悉诉讼请求

庭审提纲中应当完整记载全部诉讼请求，必要时可用彩笔作相应的标注。准备庭审提纲时，应当熟悉全部诉讼请求，做到在脱稿的情况下可以完整地陈述每一项诉讼请求。

4. 明确诉讼请求的事实和法律依据

在庭审提纲中应当明确每一项诉讼请求对应的事实依据和法律依据。如诉讼请求对应的是合同中的哪一条、哪一款；诉讼请求对应的是哪一部法律的哪一个条款。

5. 被告对原告诉讼请求应对的准备

应明确：民事答辩状中已经明确是否部分认可原告的诉讼请求；哪些诉讼请求认可，哪些诉讼请求不认可。除此之外，被告在诉讼请求方面的准备时，要重点审查原告的诉讼请求是否明确，是否具体；是否有必要发问要求被告固定他的诉讼请求；被告追加或变更诉讼请求是否是按程序提出；本案是否应当合并审理。如果存在上述情况，应当在庭审提纲中作详细的记载和预备。

（五）事实和理由陈述的准备

1. 庭审提纲中事实和理由陈述部分准备的概述

事实和理由的陈述是法庭陈述的主要组成部分，非常重要。事实和理由陈述部分的准备也是庭审提纲准备的主要内容之一。对这部分内容的准备，有以下几方面的特点或要求：

（1）庭审提纲对事实和理由部分的准备实际上是在民事起诉状、民事答辩状和思维导图的基础上进行的准备。它是对民事起诉状、民事答辩状陈述部分的梳理和概括，它比思维导图要具体，但比民事起诉状和民事答辩状可能要简略一些。

（2）一审中，原告对事实和理由的陈述相当于从法律的角度向法官讲述一个故事，讲述一个他存在某方面的权利需要得到确认的故事，或者他某方面权利受到侵害或损害而需要得到保护的故事。它有非常强的叙事性，但同时又需要结合法律关系从法律角度展开。它的目的是要让法官在很短的时间内清楚明白，并形成较深的印象。

（3）事实和理由陈述最基本的要求是条理清晰。庭审提纲中要依据法律关系线索、时间先后顺序线索，整理出事实和理由陈述的具体思路，做到条理清晰。

（4）陈述要有重点，事实陈述要详略得当。确定哪些内容要着重陈述和介绍，确定哪些内容可以简要介绍，确定哪些内容可以省去不予介绍。庭审提纲中对这部分详略的取舍，应当在民事起诉状、民事答辩状的基础上进一步确定，应当根据案件代理工作的变化作进一步的整理和完善。

（5）在准备庭审提纲时，要熟悉事实和理由的全部内容，在思维导图或庭审提纲的帮助下，要能做到脱稿陈述。

2. 合同纠纷案件事实陈述的准备

合同纠纷案件的事实陈述一般依据合同法律关系线索展开，中间辅以时间先后线索。在庭审提纲中可依次对合同签订的背景和过程、合同约定、合同履行、合同违约及损失进行表述，将这几个方面作为陈述的节点。

合同签订的背景和过程可以包括：合同的主体情况、市场环境、双方签订合同目的、双方的联系、合同签订的具体过程等。

合同的约定情况可以包括：合同的编号、标的、数量、质量、合同价款的组成、违约责任、管辖等相关内容。

合同履行情况可以包括：本方对合同的履行情况，对方对合同的履行情况。

合同违约及损失情况可以包括：对方的违约行为，对方违约造成的损失，本方与对方的催促联系情况等。

以上内容可以根据案件的争议及特点，而进行相应的详略取舍。但在买卖合同纠纷中，无论双方对标的物及交付情况、对货款及支付情况是否有争议，一般都应当对这些情况作相应的介绍。在建设工程施工合同纠纷中，无论双方对重要的时间节点是否有争议，对重要的时间节点也应当有相应的介绍，如开工日期、主体结构封顶日期、竣工验收日期、报送竣工结算书日期等。

3. 侵权纠纷案件事实陈述的准备

侵权纠纷案件的事实陈述，一般根据侵权法律关系线索展开。在庭审提纲中可依次对主体情况、权属取得、权属证书、权属现状、权属价值、侵权主体、侵权行为、制止侵权情况、侵权损失等进行陈述。在民事起诉状的基础上，根据案件代理工作的变化，对其详略进行取舍。

4. 事实陈述时证据提及的准备

事实陈述时，可以根据需要提及主要的证据。因此，在庭审提纲的陈述部分可以列明陈述时拟提及的主要证据，并作一定的标示。在陈述部分不需要对所有的证据详细列明，对提及的主要证据也不需要详细展开。

5. 理由陈述部分的准备

理由陈述部分的准备一般包括：（1）主要的法律依据，包括主要实体方面的法律规定，也包括程序方面的法律规定。（2）依据事实和法律应当支持诉讼请求的理由或者驳回对方诉讼请求的理由。（3）为预先减弱对方答辩的影响，使本方陈述更充分和全面，在陈述时可预先提及对方的观点，并简要否定对方的观点。如果需要做这样的提及和反驳，一定要注意陈述与辩论的区分，陈述一定要简明。（4）支持本方请求的必要性。

6. 二审和再审案件法庭陈述的准备

对二审和再审案件，除按上述要求进行准备外，还应当对一审判决或原审判决进行梳理和标注。一审或原审在程序表述部分、在事实认定部分、在裁判说理部分有哪些错误或不当，对应的正确表述应当是什么。在庭审提纲中应当对这些错误进行相应的记载，记载的内容包括：错误之处的序号，如第一处、第二处等，所在的页码及行序，错误的具体内容，应当进行正确表述的内容。除在庭审提纲中进行相应的记载和准备外，最好还在一审或原审法律文书的复印件中用彩笔进行编号，并逐一标注出来，在旁边写明应当正确表述的内容。

7. 配套可视图表的整理

除庭审提纲外，为方便法庭陈述，相配套的材料还包括：民事起诉状、民事答辩状、思维导图，案件事实一览表、法律关系图、时间轴、辅助图表等。如果是二审或再审案件，还应当包括一审裁判文书或原审裁判文书，一审民事起诉状、一审民事答辩状等。在准备庭审提纲的同时，应当同时对上述材料进行整理，必要时，在相应的材料上进行标注。

（六）庭审争议焦点的准备

庭审中，法庭对争议焦点的归纳非常重要。为此，在庭审前应当对争议焦点进行预判，从本方的角度归纳出案件的争议焦点，方便庭审时对法庭归纳的争议焦点及时进行回应，必要时及时申请补充并陈述相应的理由。

庭审提纲对争议焦点的准备时，可能根据情况概括出一到几个争议焦点，然后在每一个焦点之下又可以概括一到几个小的具体问题。

（七）庭审举证的准备

庭审提纲的举证准备是在先前证据整理、证据清单和举证意见的基础之上进行的准备。庭审提纲的举证准备要达到进一步熟悉证据和举证意见的目的，进一步优化举证方案和举证意见的目的。庭审提纲中举证准备应注意如下几点：

第一，进一步熟悉案件的所有证据，包括熟悉证据的形成过程、证据的取得程序和证据的内容等。对案件的主要证据，如合同、鉴定意见等主要证据，应当反复阅读，做到基本上能脱稿说出其主要内容的熟悉程度。

第二，进一步优化举证方案和证据阐释方案。计划在举证时重点阐释哪几份证据，而不是对所有证据平均分配举证时间。对重点阐释的证据，进一步确认主要阐释和说明哪些内容，了解相关需要说明的内容在证据及证据清单中的标注情况，优化举证意见的表述方式。

第三，如举证意见没有变化，可以在庭审提纲中注明证据及举证意见见证据清单，也可以将证据清单中的证据序号、证据名称及举证意见再一次表述在庭审提纲中。如果举证意见有变化，则应当在庭审提纲中特别说明，并在证据清单中作相应的标注，以方便在庭审时进行陈述并向人民法院作特别的说明。

第四，如果有申请人民法院调查取证的情况，或者有申请证人出庭作证的情况，则在庭审提纲的举证部分应对这一部分进行说明，以避免在举证阶段遗漏这些申请。

第五，在准备庭审提纲的举证部分时，应当再次核实是否已经通知当事人准备原件。

第六，在二审案件中，或再审案件中，庭审提纲对举证部分准备时，除对新证据依上述要求进行准备外，还应当梳理一审或原审的证据。对一审或原审证据的梳理应当满足如下要求：（1）围绕争议焦点问题，逐一对新证据和一审或原审证据进行分组和整理，即梳理出具体哪些新证据和一审或原审哪些证据能证明哪一个焦点问题，方便人民法院在对焦点问题逐一进行调查时及时举证和作出说明。（2）一审证据或原审证据的证据编号不应当调整，表述时仍应当沿用原证据编号，如一审原告证据二、二审原告证据四等。（3）有必要的话，应当单独准备对原审证据的补充质证意见，以方便在二审中或再审中阐释一审或原审原来已经提交的证据在本案中的证明作用。

第七，在准备庭审提纲的举证部分时，还应当对举证相配套的材料进行整理。这些材料包括：证据清单、举证意见、装订并已经做好标注和索引的证据册、申请人民法院调查取证的申请书、申请证人或专家辅助人出庭的申请书等。

（八）庭审质证的准备

庭审提纲的质证准备是在先前的证据应对及质证意见的基础之上进行的

准备。庭审提纲中的质证准备要达到进一步熟悉和优化质证意见的目的。庭审提纲中质证准备应注意如下几点：

第一，了解先前准备的质证意见，可以将对方证据编号、证据名称、质证意见完整表述在庭审提纲中，也可以注明质证意见详见质证意见书。

第二，整理好对方证据，根据质证意见作相应的标注和索引。

第三，核实对每一份证据的质证意见是否有变化。如果有变化，应在庭审提纲中作特别说明，并应当在质证意见中作相应标注。

第四，根据代理工作的进展，进一步优化质证意见。确定哪几份证据需要重点发表质证意见；如何发表质证意见；哪种质证表述方式更为恰当？

第五，如果需要在质证前，就证据本身的问题向对方当事人发问，则需要在庭审提纲中预先准备和记录好相应的问题。

第六，在二审中或再审中，视情况可以补充对一审证据或原审证据的补充质证意见。

第七，在准备庭审提纲时，还应当对与质证相配套的材料进行整理。这些材料包括：质证意见，已经整理、标注并做好索引的对方证据等。

（九）庭审询问的准备

第35步已经对庭审询问进行了全面准备。庭审提纲直接将上述询问准备进行汇总即可。

考虑到对证人询问、对专家辅助人询问、对鉴定人询问在庭审中的相对独立性，而且相应的发问提纲较为复杂，因此，除了将上述发问提纲汇总到庭审提纲外，有时还将这部分内容作为庭审提纲的附件单独整理，只在庭审提纲中注明详见附件即可。即便如此，准备庭审提纲时，还是应当在庭审提纲或附件中标注重点需要发问的问题，这样方便在庭审中应对和选择使用。对对方当事人的发问提纲一般直接汇总到庭审提纲中。

（十）庭审辩论的准备

1. 代理词、辩论提纲的准备

有些案件适合在庭前预先准备好代理词。这些案件通常是被告已经进行了答辩，双方观点比较明确，争议焦点也比较明确，同时双方也已经提交了主要证据。在这种情况下，预先准备好代理词，一方面可以系统准备本方的辩论意见，熟悉本方的辩论意见；另一方面也方便在庭审时及时将代理词递交给法庭。当然，庭后可以根据庭审的情况，补充提交代理意见。

对准备了代理词的案件，庭审提纲中应当对代理词的主要内容进行归纳。方便庭审时发表代理意见。同时也可以用彩笔对代理词进行标注，将代理词作为庭审提纲的附件。

对没有准备代理词的案件，至少应当准备辩论提纲。庭审提纲一般应当记载辩论提纲的内容。当然，辩论提纲也可以作为庭审提纲的附件。

2. 辩论意见的熟悉和优化

在准备代理词和辩论提纲的基础上，在庭审提纲的步骤中，及之后的步骤中，应当进一步熟悉本方的辩论意见。对本方的辩论思路和辩论观点应当了然于胸，在脱稿的情况下，应当能够比较流利地进行辩论。同时，在之后的庭前会议、模拟法庭和庭前优化步骤中，应进一步熟悉本方的辩论意见，进一步打磨和优化本方的辩论意见。

对辩论意见进行打磨和优化的目的是要进一步提高辩论意见的针对性、说服力和感染力。辩论意见的针对性是对辩论意见的内容而言，辩论意见的说服力是对辩论素材及辩论意见的广度和深度而言，辩论意见的感染力则是对辩论中的消极修辞和积极修辞而言。下面我们分别进行探讨。

3. 辩论针对性的准备——确定辩论的内容

要使辩论达到好的效果，一定要合理确定辩论内容，使辩论具有针对性。辩论的针对性表现在两个方面，第一，辩论要紧紧围绕案件的争议焦点进行，辩论意见不能偏离争议焦点。对双方没有争议的问题，可以简略带过，没有必要展开，或者甚至无须提及。对争议焦点问题要详细论述，完整论述本方的观点。第二，应当对对方的观点进行回应。不能各自阐述各自的观点，没有回应，没有辩驳。对对方观点的反驳，可以放在本方的立论中反驳，也可以单独针对性地反驳。

4. 辩论说服力的准备之一——精选辩论素材，确保辩论言之有物

辩论有说服力的表现之一是，辩论不能语言空洞，要言之有物，要选择、组织和使用好辩论素材。辩论素材包括证据、事实、法律、案例。辩论必须依托于这些素材，不能离开这些素材作空洞的辩论。

在思维导图步骤中，思维导图的最后一级要分解到具体的证据、法律条文和案例。在庭审提纲的庭审辩论准备中，同样应当将每一项辩论观点细化到具体的辩论素材，即细化到具体的证据、事实、法律和案例，而且要做好相应的标注，以方便在庭审辩论时使用这些素材。

当然，辩论意见不能仅仅停留在这些辩论素材的表象层面，不能只简单地提及这些辩论素材，而应该对这些素材进行组织、发掘和运用，发挥好这些素材的作用，阐释好这些素材的价值，使这些素材很好地服务于本方的辩论观点。

5. 辩论说服力的准备之二——从横向和纵向展开，确保辩论的广度和深度

辩论有说服力的表现之二是辩论要有广度和深度，即辩论要横向和纵向展开。

横向展开，即保证辩论的广度，从几个方面分别发表辩论意见。横向展开的线索常常包括：争议焦点问题、法律构成要件问题、事实认定问题及法律适用问题，实体问题和程序问题等。横向展开是辩论意见的一级展开，主题之间常常是并列关系，但有时也可能是递进关系，即后一个主题是在前一个主题的基础上的递进。横向展开时，对争议焦点不要遗漏。

纵向展开，即保证辩论的深度，对横向展开的每一方面的辩论意见进行深度的阐述。如果横向展开是一个平面的辩论的话，那么横向和纵向的结合，就是一个立体交叉的辩论。就能体现出辩论的广度和深度，就能使辩论更有说服力。当然，纵向展开的难度要比横向展开的难度大得多。要做好纵向深入的辩论，除有翔实的准备外，还需要有良好的法学理论功底，有良好的法律思辨能力。

在横向和纵向的立体交叉辩论中，部分案件中还有一个措施，可以使立体交叉辩论更具有立体感，更具有说服力。这一措施就是对不同的纵向展开进行对比。不同的纵向展开，从不同的角度分别展开，但却得出相同的结论，它们相互呼应，殊途同归，这样会使辩论更有说服力。

6. 事实认定方面的纵向展开

在事实认定方面的纵向深入辩论，常常可以根据案件情况从以下几方面展开：

（1）从证据证明力展开。在举证质证的基础上，综合阐释某一份证据或某一组证据的证明力，阐释能否依据这些证据认定某一事实或否定某一事实，包括从证据分类的角度进行展开，如实物证据和言词证据的比较、直接证据和间接证据的比较、原始证据和派生证据的比较；也包括从证据种类及属性的角度进行展开，如公文书证的特点、档案材料的特点等；还包括从证据之间的相互印证、证据链的形成等方面展开。

（2）从举证责任展开。从案件的举证责任分配，是否完成举证责任的角度展开，论述是否可以认定某一事实，或不能认定某一事实。

（3）从证明标准展开。结合案件的性质，结合合同的特点，结合案情的经过，阐释是否达到了相应的证明标准，是否缺失哪些基础性证据，是否不能认定某一事实。

并不是每一个案件都必须进行以上几个方面的深入展开。具体可以根据案件情况选择使用，可以从一个方面展开辩论，也可以同时从几个方面分别展开辩论。

7. 法律适用方面的纵向展开

法律适用方面的纵向展开可以从以下方面展开：

（1）法律、行政法规的规定；

（2）司法解释的规定；

（3）法律、行政法规、司法解释之间的相互关系；

（4）立法的变化；

（5）法学理论、法理解释；

（6）案例、案例的比较；

（7）司法实践的变化；

（8）本起案件的特殊性，包括案件性质的特殊性、合同性质的特殊性、法律主体的特殊性、交易背景或案件背景的特殊性等；

（9）法律逻辑，包括充分条件、必要条件、逻辑判断的关系、矛盾律、排中律、同一律等；

（10）经验规则或社会常识或社会普遍认知；

（11）行业规则或行业惯例；

（12）是否会引起双方当事人重大利益失衡；

（13）案件的社会影响。

法律适用可以从上述一方面或几方面展开，如何展开应当根据案件的具体情况确定。

8. 辩论感染力的准备之一——满足消极修辞的要求

消极修辞是对语言表达方面的基本要求，我们在法律文书部分已经提及，在庭审辩论中同样应当注意。在对庭审提纲中庭审辩论部分进行准备时，对消极修辞重点应当注意以下几点：

（1）注意用词准确。对辩论中涉及的法律用语应当熟悉，做到法言法语。其他表述也应当表述准确。对自己可能出错的表述用词，对自己重点关注的表述用词可以在庭审提纲中标明。

（2）注意条理清晰。条理清晰是辩论意见最重要的要求之一。庭审提纲的辩论部分要重点关注条理的安排，厘清各部分的结构层次及相互顺序。明确从哪几方面展开论述，每一部分又从哪几点展开。

（3）注意辩论内容的衔接。庭审提纲的辩论部分准备不同于书面的代理词，要服务于法庭的口头辩论。因此在结构上，它的纵向分层不宜过多，一般使用数字或序数作为引语的分级不宜超过两级。如第一级："第一方面的辩论意见、第二方面的辩论意见、第三方面的辩论意见"等。如对第一方面的辩论意见再分级：“第一、第二、第三”等。在第二级之下，如果需要进一步分级阐述，可以使用“首先、其次、再次”等表述，也可以使用从什么来看、从什么来分析等表述，最好不再使用数字或序数引语。另外，在某些场合，可以酌情使用“退一步说”“再退一步说”“进一步说”“再进一步说”“需要补充说明的是”等引语，既保证了辩论的条理性，也保证了口头发表辩论意见时辩论内容的相互衔接。

（4）注意前后呼应和总分总的辩论结构。

9. 辩论感染力的准备之二——考虑积极修辞的适当运用

辩论中适当运用积极修辞，可以进一步提升辩论的感染力。当然，如前面在法律文书部分所述，使用积极修辞是水到渠成的事，切不可为使用积极修辞而使用积极修辞，切不可刻意追求。辩论中常用的积极修辞有：排比、对比、设问、反问、反复、顶针、归谬等。庭审提纲的庭审辩论部分可以对准备使用的积极修辞作一定的标注，方便庭审口头辩论时使用。当然，对庭审语言的打磨可以在庭前会议、模拟法庭、庭审前优化等步骤中进一步优化。

（十一）法规案例摘录的准备

在前面的步骤中已经对法律、案例和相关论文进行了相应的检索和研究，可能还形成了相应的检索报告。庭审提纲要在上述工作的基础上，进一步对相关法律、法规、案例进行相应的准备。可以将相关法律和案例记载到庭审提纲中，也可以仅在庭审提纲中作简要的说明或标注，而另行单独准备相应的法规摘录及案例摘录。

法规摘录应当完整摘录本案涉及的或需要引用的所有法律、行政法规、司法解释、规章、司法文件，包括该法律或文件发布的单位、发布的时间、文件的编号、相关条文的完整表述。要熟悉所有相关法规和文件，对主要的条文应当能脱稿说出来或能完整地背诵出来。

在制作案例摘录的同时，对主要的案例，或拟提交给法庭的案例，要完整地打印出来。要熟悉这些案例，对案例中对本案有参考价值的内容要标注出来。要比较分析案例与本案的相似性，阐释其在本案中的参考价值。对对方当事人可能提交的不利案例，要分析其与本案的区别，阐释其在本案中不具备参考价值的理由。

（十二）配套材料的整理

在准备庭审提纲时，要对相配套的材料进行整理。制作庭审材料清单，并按材料清单上的顺序准备好相配套的材料。对配套的证据，可另行附卷，并相应标明。

原告方相关材料的一般顺序是：（1）庭审提纲；（2）案件事实一览表、法律关系图、时间轴、思维导图；（3）民事起诉状、诉讼请求计算清单或附件、对方民事答辩状；（4）证据清单、举证意见，对方的质证意见，另行附卷的本方证据；（5）质证意见，对方证据清单，另行附卷的对方证据；（6）对证人、专家辅助人、鉴定人、对方当事人的发问提纲；（7）代理词或辩论提纲；（8）法规摘录；（9）案例摘录；（10）主体资格证明材料、授权委托书、法院程序性材料，这部分材料可以另行附卷。

第37步 庭前会议

（一）庭前会议的概念

刑事诉讼相关司法解释和民事诉讼相关司法解释均规定了庭前会议，但它们专指人民法院的庭前审理措施。

刑事诉讼中法院组织的庭前会议主要是为了向控辩双方了解情况，听取意见。2012年12月20日公布的《最高院人民法院关于适用〈中华人民共和国刑事诉讼法〉的解释》第183条规定，当事人及其辩护人、诉讼代理人申请排除非法证据的案件，证据材料较多、案情重大复杂的案件，社会影响重大的案件，审判人员可以召开庭前会议。第184条规定，召开庭前会议，审判人员可以就下列问题向控辩双方了解情况，听取意见：是否对案件管辖有异议，是否申请有关人员回避，是否申请调取未移送的被告人无罪或罪轻的证据材料，是否提供新证据，是否对出庭证人、鉴定人、有专门知识的人的名单有异议，是否申请排除非法证据，是否申请不公开审理等。

民事诉讼中法院组织的庭前会议主要是为了明确诉讼请求、交换证据和归纳争议焦点。2015年1月30日公布的《民诉法司法解释》第224条规定，人民法院可以在答辩期届满后，通过组织证据交换、召集庭前会议等方式，做好审理前的准备。第225条规定，根据案件具体情况，庭前会议可以包括下列内容：明确原告的诉讼请求和被告的答辩意见，审查处理当事人增加、变更诉讼请求的申请和提出的反诉、以及第三人提出的与本案有关的诉讼请求，根据当事人的申请决定调查收集证据、委托鉴定、要求当事人提供证据、进行勘验、进行证据保全，组织交换证据，归纳争议焦点，进行调解。

民事诉讼代理流程管理中的庭前会议不同于人民法院组织的上述庭前会议，它是诉讼代理团队和当事人进行庭审准备而召开的会议。本书中除非特别注明，否则庭前会议均是指民事诉讼代理流程管理中的庭前会议。它的主要作用是：组织当事人和律师团队进行庭前交流，确定当事人和律师团队在庭审准备中的分工和庭审中的分工，确定律师团队内部的分工。

庭前会议参加人员一般包括律师团队负责人、主办律师、辅办律师、律师助理或案件秘书、当事人本人、当事人单位负责人、当事人单位法务人员、专家辅助人等人员。一审或原审的代理律师也有可能参加庭前会议。庭前会议一般由律师团队负责人主持，在律师团队负责人没有出席时，则由主办律师主持。

随着即时通信方式的普及，庭前会议的形式更加灵活，可以采取线下会议的方式，如在律师事务所或当事人单位召开，也可以采取线上的方式，如采取微信会议、钉钉会议或腾讯会议等方式。

（二）庭前会议的内容

庭前会议的主要内容如下：

1. 律师团队通报案件代理工作

庭前会议是律师团队和当事人进行工作交流的重要场合。在庭前会议中，律师团队一般应当向当事人通报案件代理工作的进展、律师团队已经开展的工作。

2. 律师团队通报案件代理思路

经历了前期代理阶段和庭前推进阶段的代理，在被告提交答辩和证据后，在人民法院调查取证之后，案件的情况已经发生了变化，律师团队通报前期确定的案件代理思路是否需要调整，是否在按预期推进。当面向当事人通报案件的代理思路，介绍后阶段案件代理努力的方向，评估案件的风险。

3. 律师团队通报庭审的信息

律师团队通报拟将开庭的相关信息，包括开庭时间，开庭地点，参加庭审的计划，庭前还需要准备的事项。

4. 律师团队听取当事人的意见

律师团队就案件代理工作及下阶段的庭审工作，主动听取当事人的意见，了解当事人的关切及特殊需求。

5. 确定庭审分工

确定律师团队和当事人之间的分工，确定律师团队内部的分工，包括在庭前准备中的分工和在庭审代理中的分工。

6. 告知当事人参加庭审应注意的事项

告知当事人庭审过程中的注意事项，如携带证据原件和提前按顺序整理好证据原件；注意着装礼仪；拟进入法庭的人员携带身份证原件；参加或旁听庭审的要求；在人民法院会合的时间和地点等。

7. 证人辅导和当事人辅导

申请证人或专家辅助人出庭的，或当事人本人出庭的，需要进行单独的庭前辅导。相关工作我们在下面的步骤中再另行探讨。

第 38 步 辅导证人

（一）辅导证人概述

在英美法系国家，代理律师辅导证人是理所当然的事。辅导证人是代理律师的主要工作内容之一，没有经过辅导而直接申请证人出庭作证是不可想象的，是代理律师明显的失职。但在大陆法系国家，部分人对代理律师辅导证人持保留看法。他们认为，庭前当事人及代理律师不宜和证人单独接触。在我国，并没有禁止当事人和代理律师庭前与证人接触，在民事诉讼案件中，并没有法律规定不允许代理律师辅导证人。

事实上，证人出庭作证一般是依一方当事人的申请，不允许当事人和代理律师庭前与本方申请出庭的证人接触并不现实。没有与证人的提前交流和辅导，证人出庭作证的效果会大打折扣。从民事案件的流程管理而言，如果申请证人出庭作证，则必须对证人进行辅导。

在之前的多个流程步骤中已经涉及证人作证。如第 9 步收集证据步骤、第 26 步证人申请步骤，又如第 35 步发问提纲中有对本方证人的主询问提纲。本步骤的工作是在上述步骤的基础上对证人作证工作的推进，是为证人出庭作证做好最后的准备。

辅导证人的作用主要体现在心理、知识和技能三个方面。心理方面指通过对证人的辅导，使证人了解作证的意义，唤起作证的荣誉感和责任感，消除出庭作证的担心和恐惧，避免出庭作证时的慌乱和不适。知识方面指让证人了解证人的权利和义务，了解证人作证的程序，了解证人出庭作证时的注意事项。技能方面是指引导证人如实陈述和作证，引导证人客观准备和回复在庭审中可能遇到的询问。告知其应当如实回答哪些问题，可以拒绝回答哪些问题。

辅导证人的基本原则是实事求是，律师团队在任何时候都应当谨守不诱导证人作虚假陈述的底线。

基于证人身份的独立性，证人辅导宜分开进行，不宜安排证人参加律师团队和当事人组织的庭前会议，也不宜安排证人参加或旁听模拟法庭。

（二）辅导证人的内容

1. 证人陈述辅导

在前面收集证据固定证言和申请证人出庭作证的步骤中，证人已经准备了书面证言。证人陈述辅导可以在上述书面证言的基础上进行。

可以让证人就本案中需要证明的事项进行模拟陈述，观察证人的陈述是否完整、是否连续，证人对需要证明的内容是否记忆清楚。如果证人陈述的内容比较模糊，可以让证人回看其曾经签署过的合同、会议纪要，或其曾经发送的邮件等实物证据，唤起证人的回忆。通过模拟后，证人的陈述应当客观、完整和连续。

证人只能就其感知的事实向法庭作证，证人不得使用猜测、推断或评判性的语言。如果证人的陈述偏离了上述原则，则应当及时提醒证人，让其注意恰当的陈述方式。

2. 证人回复询问辅导

辅导证人的另一个重要内容是辅导证人对法庭询问的回复。按事先准备好的主询问提纲向证人模拟发问，让证人提前了解本方律师准备向他询问的问题，了解证人对上述问题的回复情况。

预估法庭或对方当事人或对方代理人向证人可能提出的问题，提前进行询问，了解证人对这些问题的回复情况。

3. 证人作证程序辅导

告知法庭中证人作证的程序，即一般情况下，先核对证人身份，证人具结，证人陈述作证，之后审判人员对证人发问，双方当事人依次对证人发问。告知证人如何配合法庭陈述自己的基本情况，告知证人具结的内容和过程。提醒证人身份的独立性，告知证人不得旁听庭审的规定，告知证人携带身份证原件的要求，提醒证人出庭时的着装要求，等等。

（三）专家辅助人辅导

专家辅助人辅导工作可以比照证人辅导工作进行。

专家辅助人的身份依附于当事人，专家辅助人在法庭上的陈述视同为当事人的陈述，专家辅助人可以参加庭前会议和模拟法庭。当事人和代理律师可以和专家辅助人就专业问题和对鉴定意见的质证进行充分的交流和讨论。在专家辅助人辅导环节中，代理律师应当就对鉴定意见的质证、对对方专家辅助人的专业发问等事项，和专家辅助人做好分工。

第 39 步 辅导当事人

（一）辅导当事人概述

并不是所有的案件都需要当事人本人出庭。在当事人本人陈述更有利于法庭对案件事实认定的情况下，一般要安排当事人本人出庭。对法庭通知当事人本人出庭接受询问的案件，当事人本人应当出庭。在其他案件中，如果当事人本人愿意参加庭审，一般也应当满足当事人参加庭审的要求，除非有当事人不能控制自己情绪，或当事人不能控制自己言语表达等特殊例外情况。

对当事人本人出庭的案件，或当事人法定代表人出庭的案件，尤其是当事人本人接受法庭询问的案件，一定要做好当事人辅导工作，不能忽视或省略此项工作。

对当事人的辅导，很多方面均可以参照对证人的辅导。对当事人辅导的作用同样体现在心理、知识和技能三个方面。在心理方面的作用是消除当事人对出庭的担忧和恐惧，避免出庭时的慌乱和不适。在知识方面的作用是让当事人了解庭审的程序，了解当事人接受询问的程序，了解当事人出庭的注意事项。在技能方面的作用是引导好当事人配合参加庭审，配合接受法庭的询问。

辅导当事人陈述和接受询问的基本原则同样是实事求是，律师团队在任何时候都不能诱导当事人作虚假陈述。

（二）辅导当事人的内容

1. 当事人陈述辅导

对当事人当庭陈述案件事实的案件，或当事人本人接受法庭询问的案件，当事人应当就相关事实提前书写好事实经过。律师团队要提请当事人进行模拟陈述，观察当事人的陈述是否完整、是否清楚、是否符合逻辑。如果当事人的陈述比较模糊，或者当事人的陈述可能存在不能合理解释的疑点，则应当引导当事人阅看案件材料，回忆起案件的每一个细节，最终能够作出客观真实且符合逻辑的陈述。为了让法庭更容易了解当事人陈述的事项，加深法庭对当事人陈述的印象，可以对当事人陈述的内容安排、先后顺序、陈述方式提出合理的建议和引导，保证当事人的陈述能取得更好的效果。可以提请当事人重复进行模拟陈述，直至当事人熟悉案件的每一个细节，能流利地对案件事实进行陈述为止。

2. 当事人接受询问辅导

辅导当事人的另一个重要内容是辅导当事人如何回答法庭的询问。应当提前预估法庭或对方当事人或对方代理人可能向当事人提出的问题，提前向当事人进行模拟询问，引导当事人客观地回答这些问题。

3. 庭审程序及注意事项辅导

提前给当事人介绍庭审的程序，如当事人身份核实、庭审陈述、举证质证、庭审辩论、调解、最后陈述。介绍庭审发言的要求，介绍当事人本人接受询问的程序，介绍当事人具结制度。

告知当事人出庭应注意的事项，如携带身份证原件，遵守法庭纪律，未经许可不得发言。提醒当事人着装得体，端庄稳重，着装最好与当事人的职业身份相称。提醒当事人尊重法庭，不要与对方当事人争吵等。

4. 确定当事人和律师团队的分工

核实当事人的身份时，可以由当事人本人介绍自己的基本信息。最后陈述阶段也可以由当事人本人作相应的说明，或者提出相应的请求。如果需要，也可以预先确定，由当事人本人对某方面的事实向法庭作介绍和说明。除此之外，法庭的发言一般由代理律师负责。除上述事项外，当事人如果在法庭中需要发言，应当先征求代理律师的意见，并服从代理律师的统一安排。当事人自行其是的发言是庭审大忌，这样的发言往往不会达到好的效果，相反却可能带来麻烦。

第 40 步　模拟法庭

（一）模拟法庭概述

模拟法庭最初来源于美国法学院的“moot court”课程，它是通过虚拟的民事或刑事诉讼案，来教授法庭程序、举证规则、法律辩论和具体审判制度的一种教学方法。

案件流程管理中的模拟法庭不同于上述法学教学的模拟法庭。它是律师团队以完善和熟悉案件代理工作为主要目的的庭审模拟，是重大案件或疑难案件做好庭审准备工作的一个重要措施。模拟的案件是律师团队正在做庭审准备工作的案件，参加的人员主要为律师团队成员。

案件流程管理中模拟法庭步骤的主要作用有：第一，通过模拟庭审对抗，通过集体分析，进一步完善案件代理工作，尤其是庭审代理工作，包括如何更好地进行庭审陈述、如何更好地进行举证和质证、如何更好地进行庭审辩论、如何完善法庭的语言表达。第二，通过模拟预演，让承办律师更加熟悉案件，更方便参加庭审。第三，通过模拟法庭的集体参与，为全体成员，尤其是为青年律师和律师助理提供一个学习的机会，促进律师的团队建设。

模拟法庭的参加人员一般为律师团队成员。一般由案件的承办律师担任本方当事人的代理人，由律师团队的其他律师担任对方当事人的代理人，由团队负责人或资深律师担任合议庭成员。为提高模拟庭审的效果，担任合议庭的成员，应当准备好审理案件的庭审提纲。为方便担任对方代理人的其他团队成员和担任合议庭成员的其他团队成员的准备，承办律师除对本方代理工作做好准备外，还应当主动与团队其他成员交流，介绍案件情况，方便他们高效地参与模拟法庭。

为取得更好的模拟效果，参加模拟代理或模拟审理的律师最好统一着律师袍。部分律师事务所设有模拟法庭室，可以方便地在模拟法庭内组织模拟活动。没有设置模拟法庭的，则可以在律师事务所会议室等场所内进行，但应当尽可能营造庭审的氛围。

（二）模拟法庭的注意事项

组织模拟法庭应注意如下事项：

1. 做好模拟法庭的录像工作。尽可能对模拟进行全程录像，方便团队成员在模拟后反复观看、总结和提高。承办律师通过观看录像，可以更好地看到模拟庭审的细节，可以更好地修正自己的庭审表达。

2. 发挥点评的作用。模拟庭审结束后，模拟审判人员或现场的其他人员可以对模拟庭审进行点评，切实对案件的代理工作提出意见和建议，一方面方便改进代理工作，另一方面也方便团队成员快速成长。

3. 应当注意模拟法庭的保密工作。参加人员一般只限于律师团队成员、当事人和特邀人员，而且所有参加人员都应当切实做好保密工作，不对外披露案件信息。

4. 证人本人不宜参加模拟法庭。基于证人在诉讼中的独立地位及证人隔离原则，证人不宜参加模拟法庭。但专家辅助人可以受邀参加模拟法庭，参与庭审模拟。

（三）其他模拟形式

基于时间成本的考虑，并不是所有的案件都适合组织模拟法庭。律师团队一般只对重大案件或复杂疑难案件组织模拟法庭，对其他案件，承办律师或律师团队可以采取其他灵活的方式进行模拟。如主办律师和辅办律师进行分工，或者主办律师和律师助理进行分工，一方担任本方代理人，另一方担任对方代理人，共同进行模拟，在模拟中完善和改进案件代理工作，熟悉案件代理工作，共同为开庭做好准备。有时，承办律师一人也可以独立进行模拟陈述和模拟辩论。一般来说，无论是否有人配合，承办律师均应当对法庭陈述和法庭辩论在庭前进行模拟训练，以充分为庭审做好准备，以方便庭审中脱稿陈述和脱稿辩论。

第 41 步　庭前优化

（一）庭前优化的基础

在完成庭审提纲的准备之后，承办律师和律师团队又经过了庭前会议的交流，经过了辅导证人和辅导当事人的交流和模拟，经历了模拟法庭的预演，在此基础之上，律师团队可以进一步对代理工作进行完善，进一步充实、修改和完善庭审提纲、思维导图和发问提纲。

（二）庭前优化的内容

庭前优化主要集中在以下 4 个方面：

1. 优化代理思路。结合庭前会议、模拟法庭等步骤的工作，进一步完善细化或调整代理思路。

2. 优化重点或顺序。根据前期的工作，适当调整举证或质证的重点，调整陈述或辩论的重点，调整陈述或辩论的顺序。

3. 优化庭审表达。进一步注意庭审的表达，使其更符合口语表达的特点。做好炼字和炼句工作，用语更加精准、贴切。注意修辞的恰当运用，提高表达的说服力和感染力。注意连接词的运用，使表达更加流畅。

4. 进一步熟悉案情和代理意见，在思维导图和庭审提纲的帮助下，能做到脱稿陈述和脱稿辩论。

第四节 参加庭审

第 42 步 参加庭审

（一）时间预备

开庭前应做好时间的预备。具体应注意以下几点：

1. 提前规划好时间。在接到开庭通知后，主办律师、辅办律师、律师助理或案件秘书应第一时间在日程表上做好标记，记录案件名称、具体的时间、人民法院及法庭。工作团队至少应每周清点下两周内开庭的案件。对重大案件，承办律师应当适当调节自己的工作生活节奏，确保庭审当天处于良好的身体和精神状态。

2. 注意庭前休息。异地出差、和当事人交流、准备开庭材料，这些都相当耗费时间和精力。承办律师应统筹安排时间，保证庭前适当的睡眠和休息，尽可能避免前天晚上过度熬夜而影响第二天的庭审效果。处理好异地出差的应酬及与当事人交流的应酬。如异地出差，在庭审结束前原则上不参与和案件无关的事务。

3. 提前熟悉庭审地点。重大案件异地参加庭审，如果时间许可的话，可提前到人民法院了解人民法院的地址，了解法庭的情况。提前熟悉人民法院及法庭的情况，有利于第二天从容不迫地参加庭审。

4. 提前 20~30 分钟到达法庭或法庭外的等候区。开庭迟到或开庭前的匆忙或慌乱是庭审的大忌。提前到达法庭，一方面可以避免因时间紧张而产生的慌乱，体现律师的严谨和敬业；另一方面也方便当事人，避免当事人在人民法院找不到律师的尴尬。提前到达法庭或法庭外的等候区，还可以利用这段时间进一步熟悉一下案情和庭审提纲，为接下来的庭审做更好的准备。当然，如果因客观原因万一迟到了(一定要避免),也不能惊慌,应当保持职业的稳重,坦诚地向当事人和法庭致歉，并实事求是地作合理的说明。

（二）庭前清点

为避免疏忽，要养成庭前清点的习惯。即在庭审前一天清点庭审应准备的相关材料和物品：

第一，再一次清点案件材料，并按顺序整理好，避免遗漏或混乱。

第二，准备好庭审所用的纸和笔。庭审用纸最好是 A4 白纸或律所统一的 A4 纸大小的纸张。保证纸张充足，方便庭审时使用。黑色的签字笔 2 支，彩笔 2 支左右。

第三，准备好证件。准备好身份证原件和律师证原件。

第四，准备好律师袍，包括律师专用领带和徽章。

第五，确认已经提醒当事人携带证据原件。因特殊原因，由律师团队临时代为保管的证据原件，确保已经准备好了证据原件。

（三）庭审程序

参加庭审，应当尊重人民法院对庭审程序的安排。人民法院的庭审程序一般是：开庭准备和开庭宣布、法庭调查、法庭辩论、法庭调解、最后陈述。法庭调查一般包括：当事人陈述，归纳争议焦点，举证，质证，证人、鉴定人、勘验人和专家辅助人出庭作证，庭审发问。

在尊重人民法院对庭审程序安排的情况下，应当注意如下几点：

第一，如果在庭前需要提交证据、质证意见、法律关系图、代理词等材料，应当在开庭审理前向法官助理或书记员提交，方便法官助理、书记员和合议庭成员在庭审中阅看，也方便本方在开庭时阐释或使用这些材料。

第二，庭审提纲中已对上述程序的代理工作进行了相应的预备，庭审中应在预备的基础上，根据庭审的情况作出恰当的应对，一切以庭审的实际需要为准，一切以提高庭审效果为准。

第三，《民诉法司法解释》第 230 条规定，“人民法院根据案件具体情况并征得当事人同意，可以将法庭调查和法庭辩论合并进行”。现在相当部分法官主审案件时，习惯于在征得双方当事人同意的情况下，将法庭调查和法庭辩论合并进行。法庭将围绕一个焦点接一个焦点相对分开地进行审理，一个焦点接一个焦点地进行法庭调查和法庭辩论。在二审案件和再审案件中，这种审理模式更加普遍。庭审前代理律师应有这样的心理准备，根据事前准备的庭审提纲，应当迅速依据法庭的安排进行相应的举证，进行相应的辩论。

第四，庭审中应当尊重法院的安排，但在有些情况下，可以向法庭提出合理的建议，如在案件审理无法一次完成，而本方申请的证人已经准备好了在本次庭审中出庭作证，可以申请法庭提前安排证人出庭作证。又如，无法在一次庭审中完成全部证据质证时，可以申请法庭安排双方先行核对完证据原件，避免下一次庭审时再携带证据原件。

（四）庭审陈述

1. 现阶段庭审陈述存在的问题

现阶段庭审陈述主要存在如下几方面的问题：

第一，准备不充分。由于准备不充分，对案件事实并不熟悉，对案件思路和观点也并不熟悉，不能作出好的法庭陈述。事实上，只要在开庭前依据流程管理开展了相应工作，通过庭审提纲的准备，自然完全可以避免这种情况出现。

第二，直接宣读民事起诉状或民事答辩状。现在大部分案件中，代理人仍然采取这种方式。书面法律文书的表达要求与口头陈述的表达要求有较大的差异，用宣读书面文书的方式进行陈述，很难起到好的陈述效果。开庭时，法庭可能认为照文宣读没有必要，而不会同意起诉方或答辩方全文宣读，只记录起诉意见详见民事起诉状或答辩意见详见民事答辩状。

第三，过于简单。在有些案件中，法庭可能期望当事人作较为充分的陈述，但代理人只是简单说一下观点，并没有作翔实有效的陈述。

2. 庭审陈述的要求

庭审陈述应满足如下基本要求：

第一，繁简适度。依据案件的情况，依据庭审的情况，做到繁简适度。

对案情复杂的案件，作相对详细的陈述。对简单的案件，作相对简略的陈述。另外，考虑到法庭的要求，如果法庭期望作较为详细的陈述，则作系统翔实的陈述。如果法庭比照民事起诉状或民事答辩状核实当事人的观点，只要求当事人粗略陈述观点时，则尽可能作简略的陈述。

第二，脱稿陈述。为提高陈述的效果，尽可能做到脱稿陈述。即在思维导图、庭审提纲、陈述要点和民事起诉状或民事答辩状的帮助下，对事实和理由的陈述基本上做到脱稿陈述。一定要纠正全文宣读稿件的习惯。

第三，尽可能作实质性陈述。在尊重法庭安排的情况下，无论陈述时间长短，均要争取作实质性陈述。不宜以“起诉意见详见民事起诉状”一两句话将法庭陈述的宝贵机会浪费掉。

3. 庭审陈述注意事项

第一，庭审陈述的内容包括对诉讼请求的陈述，也包括对事实和理由的陈述，陈述内容部分的准备详见庭审提纲部分。

第二，为提高庭审陈述的效果，在法庭条件许可的情况下，可以同时播放 PPT，在陈述时将陈述提纲或陈述要点以可视化的方式同步向法庭展示。另外，在庭前可以将准备好的案件事实一览表、法律关系图、时间轴、逻辑关系图等可视化辅助材料提交给法庭，陈述时，可以结合这些可视化图表进行陈述。

第三，注意二审陈述和一审陈述的区别，注意再审陈述和一审陈述及二审陈述的区别。

第四，在对方陈述时，应当认真倾听，比照对方提交的法律文书作好相应的标注和记录。如果庭审时没有收到对方的民事答辩状副本，则应当向法庭及时提出请求，请求法庭责令对方当事人给本方提交一份民事答辩状副本。

（五）争议焦点归纳

庭审中，法庭对争议焦点的归纳非常重要。争议焦点确定后，法庭将围绕这些争议焦点进行审理，所以争议焦点在某种程度上是下阶段的庭审计划。另外，争议焦点也在一定程度上折射出法庭对案件的初步判断。

在法庭对争议焦点进行归纳时，代理律师应当特别注意，对法庭归纳的争议焦点一定要详细作好记录，如果没有完整记录下来，可以向法庭提出请求，请求重复介绍，直到完整准确记录为止。

法庭对争议焦点归纳时一般会进行合议。法庭归纳出争议焦点后，会征求双方当事人的意见。代理律师在记录法庭归纳的争议焦点后，应当将其与本方庭前在庭审提纲中预判的争议焦点进行比对，如果没有遗漏、相互吻合，则及时回复法庭，对争议焦点的归纳没有异议。如果有偏差或遗漏，则应及时申请补充。

当然，对争议焦点的归纳涉及法庭对案件的基本判断，涉及法庭对庭审的驾驭与掌控，当事人对法庭归纳的争议焦点提出异议后，法庭会相当敏感。因此，如果需要对法庭归纳的争议焦点提出修正意见或补充意见时应当特别注意技巧，语气应当谦和。比如，可以先认同法庭归纳的没有异议的部分，然后再客观地提出本方建议补充的部分。又如，可以在法庭归纳的某一项大的争议焦点里增加本方提出的某一争议问题。

（六）庭审举证

举证可以在庭审提纲准备的基础之上进行。除在庭审提纲步骤中所述的注意事项外，庭审举证时还应当注意如下事项：

第一，处理好出庭人员在庭审举证中的分工。举证可以由主办律师办理，也可以由担任代理人并出庭的辅办律师或律师助理办理。处理好出庭人员的分工，有利于发挥全体出庭人员的作用，提高庭审代理的整体效果。

第二，根据事前的整体计划，举证时不宜对每一份证据平均分配举证时间，对与案件争议焦点紧密关联的主要证据应当详细出示、重点阐释，对辅助证据可以简要说明。

第三，举证前可先概要地向法庭介绍本方的证据。说明共有多少份证据，分多少组。分几次分别在什么时候向法庭提交了证据，有多少份证据清单。

第四，举证时一般以一组一组出示为宜，但具体遵循法庭的安排。出示一组证据时，先概要说明这一组证据共同要证明的目的，这一组证据共有多少份证据，从第几份证据到第几份证据。

第五，核对证据原件时，可以由当事人工作人员按证据顺序和对方进行核对。证据原件可以一份一份地核对，也可以一组一组地核对。核对完一份或核对完一组，应当及时将原件收回，必要时可以采取旁站式核对，避免因案件材料多而发生混淆或差错。

第六，如果对方当事人对证据的真实性没有异议，或者对方当事人不要求查看或核对原件，直接认可证据的复印件与原件一致，则应当及时查看庭审记录，确保记录无误，避免双方就证据真实性或证据原件与复印件是否一致再发生争议。如果对方当事人不认可证据的真实性，则至少应当请求法庭组织确认证据原件和复印件一致，并做好相应的记录。

第七，出示书证、电子数据、鉴定意见、勘验笔录等证据时，可以结合证据证明的内容，对证据的重要部分进行宣读，并作相应的说明。当然，在前期的证据整理步骤中，在前期的庭审提纲步骤中，代理人应当已经对证据进行了标注，已经制作了相应的索引，这样在庭审宣读证据时会非常方便。

第八，出示物证时，应当将物证当庭展示，提请合议庭查看，并作相应的说明。阐释物证的存在状态、外观特点或理化特性对案件的证明作用。必要时可以请求法庭当庭对物证进行勘验。小的物证应当用档案袋或物证袋进行保管和携带。当庭出示时，应当庄重小心，必要时要戴白色的手套。出示物证前后，应当对物证采取相应的保护措施。

第九，出示视听资料时，应当根据需要当庭全部或部分播放，并作相应的阐释和说明。如果视听资料比较长，一般只选择性播放与证明内容相关的部分。当然，在前期的证据整理步骤中，在前期的庭审提纲步骤中，代理人应当对需要播放部分的具体位置和时长进行相应的标注和记录，方便在庭审中查找和播放。

第十，举证完毕时，如果有申请人民法院调查收集证据的情况，有申请证人出庭作证的情况，应对这些申请情况作一个说明。

第十一，在对方当事人对证据发表质证意见后，依法庭的要求或经法庭同意，可以就相关问题进行说明或发表相应的回复意见。

第十二，对二审案件和再审案件，根据需要，可以对原审证据补充发表举证意见或陈述意见。

（七）庭审质证

庭审质证可以在前期的证据应对步骤、质证意见步骤、庭审提纲步骤等步骤的准备基础上进行。做好庭审质证工作，要注意如下事项：

第一，如同举证分工一样，同样要处理好出庭人员在庭审质证中的分工。质证可以由主办律师办理，但通常由担任代理人并出庭的辅办律师或律师助理或案件秘书办理。处理好出庭人员的分工，有利于发挥全体出庭人员的作用，提高庭审代理的整体效果。

第二，质证前，应当仔细倾听对方的举证意见，核实对方的举证意见与庭前提交的举证意见是否有变化。如果对方没有提交举证意见或证据清单的副本，可以要求法庭责令对方提供一份举证意见或证据清单的副本。

第三，坚持求疑、严谨和全面的原则，不放过证据的每一个疑点，不轻易认可对方的每一份证据。

第四，坚持客观灵活的原则，对真实性没有疑问的证据可以认可其真实性。如果不认可对方证据的真实性、合法性或关联性，应当说明理由。

第五，对证据的质证可以从证据的真实性、合法性、关联性和证明力大小等方面来质证，可以从是否逾期提交证据及是否能证明其证明目的来质证。如何对真实性、合法性及关联性进行质证，可以参考第四章对证据部分的探讨。

第六，在提交书面质证意见的基础上，对证据的质证应有重点，并不是对每一份证据平均分配质证时间，对主要证据、对需要详细阐述质证意见的证据，可以重点进行质证，对其他证据的质证可以适当简化。

第七，如果对方证据较多，需要对多份证据详细发表质证意见，则可以建议法庭安排一组证据接一组证据地举证质证。具体如何安排，服从法庭的决定。

第八，对部分证据质证时，为方便质证，可以申请法庭允许在质证前就证据本身的问题向对方发问，如证据形成的过程，证据取得的方式。庭审提纲中应当已经对这些问题进行了相应的准备。质证时，可以结合对方当事人对相关问题的回复，发表质证意见。

第九，核对证据的真实性时应当不放过任何一个疑点。可以结合庭前对证据的核查情况和了解情况进行核对。仔细核对签字的真实性和一致性，仔细核对印章的真实性和一致性。对两页以上的合同或协议，审查是否加盖了骑缝章，装订处有无拆动的痕迹，纸张是否一致，材料是否完整。对可能的疑问，应及时指出。

第十，对有疑点的签字盖章或可能存在弄虚作假的材料，在庭前可以申请鉴定。对在庭审质证中发现的疑点，必要时也可以当庭申请鉴定。

第十一，对方当事人当庭提交的新证据，可以提请法庭责令对方说明逾期提交证据的理由。如果需要庭后核对才能质证的，应当告知法庭不同意当庭质证。认为该证据不至于对案件产生重大影响，为提高庭审效率，可以当庭质证，并请求在庭后发表书面质证意见，并请求以书面质证意见为准。对方逾期提交证据，又不能作出合理解释，且这些证据又不涉及案件的主要事实的，可以请求人民法院不采纳该部分证据。

第十二，在对对方当事人提交的证据进行质证后，对人民法院调查收集的证据同样应当发表质证意见，包括人民法院调查取证程序的合法性，证据的真实性、合法性和关联性，证据对案件事实的证明作用等。

第十三，在证人出庭作证并接受法庭和当事人的询问后，也应当对证人证言发表质证意见。对本方证人证言的质证意见主要包括：证人在本案中的特殊身份，证人作证程序的合法性，证人证言内容的客观性，证人证言与其他证据的相互吻合，尤其是证人证言和实物证据的相互吻合，证人证言在本案中的证明作用。对对方证人证言的质证意见主要包括：证人作证的独立性，证人与当事人之间的关系，证人证言内容的合法性，证人证言内容的客观性，证人证言前后是否存在矛盾，证人证言与其他证据是否吻合等。

第十四，在二审案件和再审案件中，可以根据需要，对一审证据和原审证据补充发表质证意见。

（八）庭审询问

狭义的庭审询问指当事人接受法庭的询问和当事人之间相互发问。广义的庭审询问不仅包括当事人接受法庭的询问、当事人之间的相互发问，还包括法庭询问证人、询问专家辅助人，询问鉴定人、勘验人。

在发问提纲、庭审提纲、辅导证人和辅导当事人等步骤中已对庭审询问进行了探讨，这里不再重复探讨。

（九）庭审辩论

1.现阶段庭审辩论中存在的问题

相较于庭审陈述而言，现阶段庭审辩论存在的问题更加突出：

第一，准备不充分。如前所述，准备不充分是庭审的大忌。案件流程管理中我们设置了八个庭审准备步骤，就是要对庭审做充分的准备。

第二，直接宣读代理词。直接宣读代理词成为相当部分代理人的代理习惯，即使在最高人民法院直播的庭审中，相当部分代理人也仍然在宣读事先准备的代理词。直接宣读代理词时很难与合议庭进行目光交流，很难有自然而恰当的肢体语言配合，很难做好庭审的应变，辩论效果明显会受到影响。

第三，与庭审调查脱节。代理人只是按事前准备的思路进行辩论，没有和之前的庭审调查很好地衔接起来，使自己的庭审辩论与法庭之前组织的庭审调查脱节。

第四，针对性不强。针对性不强表现在两个方面：一方面表现在没有紧紧围绕争议焦点进行辩论，辩论比较宽泛；另一方面是没有对对方当事人的观点进行反驳和回应，原告辩论原告的，被告辩论被告的，相互之间的辩论缺少交集。

第五，过于简单，没有说服力。没有深入系统的辩论，有的代理人离开了书面的代理词，就只能简单陈述几句话，辩论或者言之无物，或者缺乏广度和深度，没有说服力。

第六，没有感染力。语言停留在书面表达的层面，没有与口头表达的特点相切合，语音语调没有变化，缺少目光交流和肢体语言的配合，话语不连续不流畅，缺少庭审辩论所应有的感染力。

2. 庭审辩论的要求

庭审是律师的荣耀。庭审辩论是试金石，它不仅能集中检验出律师是否勤勉敬业，是否已经对案件作了充分的准备，而且还能检验出律师是否具备法律人应有的法律思维能力、语言表达能力和庭审应变能力。同时，庭审辩论也是对律师记忆力、反应敏捷度、个性，甚至是对身体素质的综合检验。

好的庭审辩论，需要在实践中不断打磨，不断总结和提升。一般来说，庭审辩论应当满足如下要求：

（1）充分准备

庭审的三个重要原则是准备、准备、再准备。充分、透彻的准备是庭审工作的一切。这是我们对庭审准备工作经常沿用的两句话。这两句话应用到庭审准备很贴切，应用到庭审辩论同样贴切。

庭审辩论的准备和庭审陈述的准备不同。庭审陈述时基本上可以沿用之前准备的内容进行陈述，而且庭审陈述准备有相对固定的模式，所以相比庭审辩论，庭审陈述比较容易准备。

庭审辩论的准备同样不同于庭审举证和质证的准备。举证和质证依托于相关的证据，庭审中举证和质证的技巧也相对比较固定。因此，相比庭审辩论，举证质证也比较好准备。

虽然庭审辩论的准备明显难于庭审陈述和庭审举证质证的准备，但仍应当对庭审辩论进行全方面的准备。只有进行了充分的准备，才有可能做好相应的庭审应对，结合庭审情况及庭审安排作出好的庭审辩论。庭审辩论的准备具体可以参见庭审提纲的步骤。

（2）脱稿辩论

脱稿辩论的好处显而易见。

脱稿可以将你的双眼从稿件中解放出来，你可以在辩论时观察整个法庭的变化，你可以不时地与合议庭成员进行目光交流，你可以了解到书记员的记录情况。

脱稿使你赢得法庭的空间，使你在发言时更好地成为法庭的中心，你可以通过话语节奏来更好地调控法庭的氛围。

脱稿可以使你自然而然地有肢体语言的配合，可以使你的辩论更生动、更形象、更有感染力。

脱稿可以使你的辩论不再拘泥于你事前准备的内容。你非常方便结合庭审的情况，结合对方的情况，进行针对性的辩论。

但是，脱稿并不是不要任何稿件的帮助。

思维导图、庭审提纲、辩论要点很重要，也可以结合庭审情况，结合法庭归纳的争议焦点，结合庭审调查情况，结合对方的抗辩主张，在法庭中即时重新整理的辩论提纲，并以此为你辩论的指引。脱稿时你可以不时地瞥览这些导图或提纲，从而使你的辩论更有条理，使你的辩论更加流畅。

脱稿也并不是你完全的即兴发挥。

你已经在庭前对主要观点进行了反复思考，进行了反复组织。如何组织辩论的素材，如何分层进行论述，甚至如何组织语言，你已经进行了反复琢磨，反复模拟，对这一切你已经了然于胸。所以脱稿并不是完全的即兴发挥或随意发挥。

脱稿是一个挑战，不可能一蹴而就。

脱稿依赖于你良好的记忆力，依赖于你良好的口头表达能力，需要你在实践中不断锻炼，只有不断尝试和坚持，你才能逐渐养成这种习惯。当然作为一个专业化的诉讼律师，你应当有这样一个基本追求。

（3）繁简适度

辩论应当繁简适度。根据案件的复杂程度，根据法庭的时间安排，进行恰当的辩论。案情简单或法庭安排的时间较紧的案件，可以作相对简明的辩论。其他情况下，一般都应当有深入而系统的辩论。

（4）有针对性、有说服力、有感染力

针对性要求围绕案件的争议焦点进行辩论，要求对对方的观点进行回应，要求与法庭调查相衔接。有说服力要求言之有物，要求有广度和深度。有感染力要求注意语言表达的效果。这些要求我们在庭审提纲中已作了探讨，这里不再重复。

3. 庭审辩论的实用技巧

（1）短暂的停顿

在本方辩论发言前，可以有一个10~20秒的短暂停顿。这一个短暂停顿和留白，一方面方便调整自己，从容进入辩论状态；另一方面可以吸引法庭的注意，使辩论起到更好的效果。

（2）“总分总”的辩论结构

在正式展开辩论之前，可以先概括地介绍本方的辩论计划，即本方将从哪几个方面发表辩论意见，大约多长的时间。在辩论结束时，有一个简要的回顾或综述。“总分总”的辩论结构可以使法庭辩论在整体结构上更加严谨。

（3）避免重复

重复辩论不仅浪费宝贵的辩论时间，起不到好的效果，而且还可能被法庭所打断。避免重复的最好办法是使辩论从广度和深度两个维度展开。广度展开，可以转换辩论的角度，从不同的角度展开，避免重复而又殊途同归。深度辩论，则使辩论更深刻，更有说服力。广度和深度的展开可以参考庭审提纲步骤。

（4）注意第一轮辩论和第二轮辩论的区分

一般来说，第一轮辩论往往是本方主要的辩论，系统阐释本方的辩论意见。第二轮辩论往往针对对方辩论观点作出回应，或者对遗漏的问题或观点进行补充。

（5）庭审辩论的其他技巧

庭审辩论的其他技巧可以参考庭审提纲步骤及庭审礼仪部分。

（十）庭审调解

在庭审辩论结束之后，法庭会征询双方当事人的调解意见。庭审调解阶段注意以下几点：

第一，除案件特殊没有调解的必要外，一般不要当庭拒绝法庭的调解。调解是快捷解决双方纠纷、定分止争的良好方式，人民法院普遍重视民商事案件的调解工作。为切实维护当事人的合法权益，高效解决纠纷，不要轻易拒绝调解。

第二，在庭前准备中，一般应当与当事人探讨和制订调解的一套或几套方案，确定接受调解的最低底线。

第三，调解往往有一个相互协商的过程。调解初期，在对方当事人面前，不宜作过多或过快的让步，不宜让对方当事人知道本方可接受的调解底线方案。要注意对方提出的和解方案，了解对方是否有和解的诚意，了解双方是否有和解的基础。调解时应当保持耐心。

第四，庭审调解往往由法庭主导来进行，法庭可能会采取背靠背的调解方式。为提高调解效率，可以向法庭说明本方的顾虑，本方的关注点，本方可能作出的让步。

第五，在不便提出具体的和解方案时，可以向法庭说明，要求在庭后与当事人协商后，再向法庭反馈和解方案。

第六，调解有一个重要的技巧，即附条件的让步。它是指作出一定的让步时，要求对方当事人作出某种承诺或保证，如果对方不能履行相应的承诺或保证，则本方作出的让步自然失效。如对债务的清偿约定一定的宽限期，约定对方可以分期偿还，但同时附一个条件，如果对方任何一期不能如期履行，则所有各期债权提前到期，本方可以就全部债权申请强制执行，而且可以要求对方承担相应的利息和违约金损失。附条件的让步不是简单的单方让步，而是对双方利益的兼顾，是双方权利的交换，具有很大的灵活性，在诉讼调解中可以发挥很好的作用。

（十一）最后陈述

庭审结束时，当事人有最后陈述的权利。

现阶段，大部分最后陈述停留在形式上，没有发挥实质性作用。原告的最后陈述往往是“坚持我们的诉讼请求”，被告的最后陈述往往是“坚持我们的答辩观点”。法庭也习惯于以这种方式来结束庭审。

事实上，我们可以尝试使最后陈述发挥更好的作用。如在最后陈述中，简要回顾案件的核心点、关键点，简要回顾纠纷发生的背景及原因，简要陈述纠纷对当事人的影响，简要陈述一审判决或原审判决的不当及造成的影响，简要陈述当事人对人民法院的期望。当然，最后陈述应当简短，不应当面面俱到，不应当过于重复与冗长，否则画蛇添足。

（十二）庭审结束

庭审结束时，法庭会对庭后的事务作相应的安排。如双方提交证据的最后截止时间，双方或某一方对法庭某一问题的书面回复时间，双方提交代理意见的截止时间，调解的最终期限，对鉴定问题、勘验问题的处理，下一次开庭的时间等，对法庭的安排，应当迅速做好书面记录，防止出现遗漏或失误。

庭审结束后，应当认真核对庭审笔录，对记录错误或记录遗漏的地方要及时提出并补正。在核对无误后才能在庭审笔录上签字确认。现在大部分法院都允许当事人对庭审笔录拍照。因此，只要法庭许可，应当尽可能对双方当事人签字的庭审笔录拍照保存。

庭审结束后，要确认证据原件已经退还当事人，并由当事人保管。各代理人应当对所有案件材料按原顺序进行整理，这样一方面提高了工作效率，保持了律师工作的严谨；另一方面也防止材料混淆。离开法庭时，应当保持本方庭审桌椅的整洁，不应遗留任何纸张或物品。

（十三）庭审礼仪

庭审礼仪是律师职业礼仪的重要组成部分，每一位律师都应当注重庭审礼仪。

1. 庭审礼仪的基本原则

律师庭审礼仪原则之一是尊重司法权威。在庭审中尊重法官对庭审的组织权，尊重法官对案件的裁判权，服从法庭对庭审的安排。

律师庭审礼仪原则之二是尊重法律职业。庭审中，不仅要尊重法官，尊重法官的裁判权，而且还应当尊重对方律师，同时要看重自己的代理律师身份。

律师同行之间应当互相尊重。虽然各自在诉讼中代理不同的利益方，虽然庭审中双方争辩激烈，但律师之间应当互相尊重。无论对方律师有何种失误，都不应该成为攻击或嘲讽对方律师的任何借口。在法庭上，双方律师各自就座后目光首次交会时，一般可以轻微地点头会意。基于庭审的高度对抗性，在庭审中一般不宜用目光过于长时间盯看对方，或者突然笑着看对方，否则容易引起误会。庭审结束时，可以和对方律师有礼节性的交谈，但无论律师之间如何熟悉，也一定要注意各自的代理人身份，不宜过于亲近。

律师在庭审中应当看重自己的代理律师身份，举止庄重，大方得体，不卑不亢。

2. 庭审着装

律师参加人民法院的庭审，应当着统一的律师袍，佩戴律师专用领带和徽章。搭配纯白色或浅色衬衫、深色西裤、深色皮鞋、深色袜子。除了律师专用领带和徽章外，律师袍外不应有其他任何衣服或饰品，律师袍和衬衫之间也不宜有其他衣物、围巾。

在其他工作场合，在仲裁机构，男律师应当着深色西服，内配白色或浅色衬衫，系领带。女律师应当着职业套装。在夏天确实不便穿西服时，也应当穿长袖白色或浅色衬衫，系领带。在工作场合要尽量避免穿短袖衬衫或深色衬衫或花色衬衫，尽量避免穿休闲裤或休闲鞋。

3. 物件摆放

律师桌子上的物件要摆放整齐，除案卷材料、笔、纸、证件等庭审必备物件外，桌子上不应当摆放其他任何多余的物件。庭审过程中不宜饮水，也不宜将水杯放在桌子上。

衣服外套和包不宜放在桌子或椅子上，也不要挂在椅子的后靠背上。在当事人桌椅和审判席之间也不宜放置物件。与庭审无关的物件可以放在旁听席上由陪同参加庭审的人员管理。

4. 坐的位置

两位律师出庭时，主办律师一般坐在第一的位置。当事人出庭或仲裁案件等三人或多人出庭时，主办律师一般坐在居中的位置。法庭在当事人庭审席上一般会放置原告、被告、上诉人、被上诉人的标牌，进入法庭后，按标牌指示就座。如果没有标牌，原告或上诉人一般坐在法官席的右侧，被告或被上诉人一般坐在法官席的左侧。

5. 其他注意事项

（1）庭审中当事人和代理律师的发言的目的是说服法官，而不是说服对方当事人，更不是取得旁听人员的认可或哗众取宠，因此，当事人和代理律师的发言应主要面向法官，而不是对方当事人或旁听席。

（2）庭审发言时要注意与合议庭成员的目光交流，这一点非常重要。但要把握好一定的度，不能把目光长时间完全停留在某一位法官的身上，以免引起法官的不适。在保持和合议庭成员目光适时交流的情况下，也可以适时观看对方当事人的反应，偶尔与旁听席上的本方当事人有一两次目光的交流和会意。

（3）脱稿辩论时自然而然会辅有手势动作或相应的肢体语言，这样可以很好地增加表达的感染力。手势动作以稳重、坚定和自然为原则，不宜过于夸张，也不宜变化过于频繁。要绝对禁止用手指或用笔指向对方当事人或对方代理人。

（4）要注意辩论的声音，调整好麦克风的位置和高度。声音以洪亮为原则，但又不至于刺耳。

（5）要注意辩论的语速。在脱稿辩论的情况下，很容易语速过快，所以要有意识地适当放慢语速。南方人在北方的法院开庭尤其要注意这一点。因为南方人的语速普遍比北方人快，过快的语速不仅影响法庭的完整记录，而且影响庭审辩论的效果。

（6）在注意辩论语速的同时，还应当注意辩论的节奏和语调。注意重音的变化，注意快慢的变化，注意语调的变化。语速、重音、节奏、语调的把握是基本功，是一个循序渐进的过程，需要不断锻炼和提升。另外，设问、反问、顶针、排比、对比等积极修辞的恰当运用，尤其是设问、排比的恰当运用，也有利于辩论过程中对节奏和语调的把握。

（7）在庭审中要避免情绪化。对法官而言，尊重当事人和当事人的辩论权是其职业要求。对律师而言，尊重法官及法官对庭审的组织权也是其法律义务。要避免情绪化，无论何种情况，都不宜和法官发生争辩。另外，也应当避免与对方当事人发生争吵，如果对方当事人违反法庭纪律，则应当提请法庭及时制止或给予处罚。

（8）庭审前应当将手机置于关机状态或静音状态。庭审工作结束前，包括在庭审笔录签字前，都不应当接听电话或翻看手机信息。

（十四）庭审形象

律师在庭审中的形象是律师职业形象最集中的体现。除专业外，律师的庭审形象至少还应当包括以下 3 个方面（见图 7.3）：

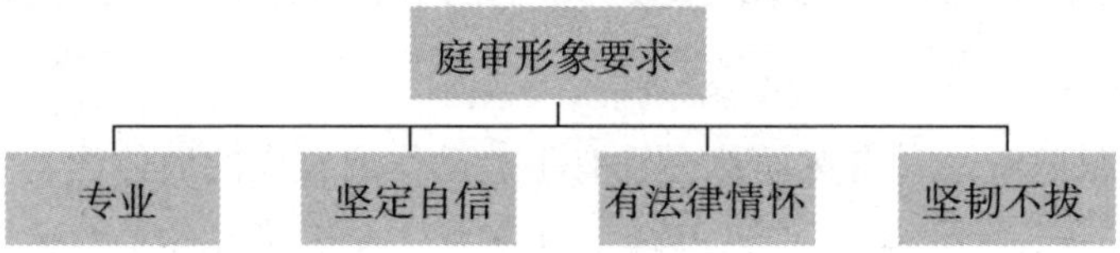

图 7.3 庭审形象的要求

1. 坚定自信

律师参加庭审的目的是要说服法官，所以必须坚定自信。如果没有信心，或信心不足，无论如何准备，无论如何努力，庭审的效果都将大打折扣。

当然，信心并不确保案件百分之百胜诉。庭审的信心更多地表现于律师对法律的信心，对法律职业的信心，对律师工作价值的信心，对案件事实和法律把握的信心。

信心来自代理律师对案件事实和法律的熟悉，来自对庭审的充分准备，来自对当事人权利的坚守和呵护。信心不是高高在上，信心不是咄咄逼人。

信心会从代理律师的目光、动作、言语中自然而然地流露出来。

2. 有法律情怀

代理律师应当有法律情怀。只有拥有法律情怀，代理观点才更容易被合议庭采纳；只有拥有法律情怀，才能更好地得到对方当事人和律师同行的尊重；只有拥有法律情怀，才能更好地得到本方当事人的信任和认同。

法律情怀表现为对法律的尊重，对司法权威的尊重，对社会进步的追求。

有法律情怀的人一定是真诚的人。真诚面对法律工作，真诚面对当事人，真诚面对法官。缺少真诚，缺少法律情怀，即使运用再多的技巧，也很难得到合议庭的认同。

有法律情怀的人一定是谦虚的人。不卑不亢、谦逊有礼是庭审律师应有的形象。人最大的谦虚是在信仰面前的谦虚，即认识到自己的不足，认识到自己的责任和使命。有法律情怀的人是有法律信仰的人，所以一定是谦虚的人。趾高气扬、目空一切的人，谈不上有法律情怀。

3. 坚韧不拔

律师是职业的法律人，是用知识和经验为当事人提供服务，以维护当事人合法权益为己任。因此，敬业是律师的基本要求。为维护当事人的权益，代理律师应当有百折不挠、坚韧不拔的决心和韧劲。

第五节　庭后跟进

第 43 步　庭审总结

（一）庭审总结概述

庭审总结非常重要。

仅仅从庭审代理的 PDCA 循环来看，庭审提纲的准备可以视为 P 阶段，参加庭审可以视为 D 阶段，则庭审总结及其后的工作即为 C 阶段和 A 阶段。

从整个案件代理的 PDCA 循环来看，案件代理思路的确认阶段为 P 阶段，办理立案和庭审阶段为 D 阶段。虽然庭审总结步骤仍属于 D 阶段，但此时，大部分代理工作已经完成。这时需要对比庭审实际发生的情况，反思案件代理思路，检查案件代理思路的执行情况。通过反思，确定案件代理思路是否有需要调整和完善的地方，如果需要，则在庭后的工作中及时采取补救措施或加强措施。

庭审总结一般由主办律师组织，主办律师、辅办律师、律师助理、当事人及参加庭审代理或旁听的当事人工作人员参加。

网上庭审直播及庭审录像为庭审总结提供了便利条件，回看庭审录像更加方便承办律师进行庭审总结。

庭审总结不拘泥于形式。可以是庭审结束后，律师团队和当事人离开人民法院后简短的商量和总结，也可以召开庭审总结会议，共同回看庭审录像，对庭审工作进行总结。无论采取哪种形式，无论当事人是否参加，对承办律师和律师团队来说，庭审总结应该成为庭审后的习惯，成为一个必不可少的步骤。

（二）庭审总结的内容

庭审总结的主要内容如下：

1. 评估庭审工作

全面评估庭审工作：相比较庭审前的预期，庭审工作是否达到了目的；举证和质证工作是否有需要改进的地方；庭审辩论是否已经进行了充分的阐述；对方的哪一个观点是否还需要更充分的反驳或回应。

2. 评估案件的风险

对比庭审的情况，尤其是对比合议庭的关注点，本起案件还存在哪些薄弱环节；还存在哪些风险点；如何才能更好地回应合议庭的关注点；如何避免案件可能的不利情况。

3. 确定需要采取的措施

针对合议庭的关注点，或针对合议庭提出的要求，或针对案件的风险，应当采取哪些加强措施或补救措施。

4. 下一步工作的安排

对下一步工作进行安排。确定需要补充的证据和需要补充提交的书面材料，确定具体的负责人，确定内部工作程序及时间节点。

第 44 步 庭后函件

（一）庭后函件概述

庭审是主要的代理工作之一，在庭审结束后这一个重要的时间节点上，一般应当给当事人书面函件。

庭后函件有固定的模板，在庭审总结的基础上进行，一般由律师助理或案件秘书经办，经承办律师审核后发送给当事人。

庭后函件应当特别注重及时性。如果当事人或当事人的工作人员没有参加庭审，庭审结束后，最好及时通过电话、微信和短信等方式向当事人通报开庭情况，之后最迟在 2 天内发送书面的庭后函件。如果当事人或当事人的工作人员参加了庭审，也应当最迟在 2 天内向当事人发送书面的庭后函件。

（二）庭后函件的内容

庭后函件的内容一般包括：

1. 庭审工作介绍

介绍庭审情况，包括合议庭情况，对方当事人出席庭审情况，律师团队及本方当事人出席庭审情况，对方的主要观点及证据，本方的主要观点及证据，法庭调查取证的相关情况等。

2. 庭审工作评估及案件风险评估

在庭审总结步骤的基础上，介绍律师团队对庭审工作的整体评估，介绍庭审后对案件风险的评估。

3. 通报下阶段工作及当事人配合事项

通报下阶段人民法院对案件审理工作的安排，介绍下阶段的诉讼程序，通报律师团队下阶段的工作计划，提请当事人配合相关事务并告知时间节点。

第 45 步 庭后证据

（一）庭审证据概述

证据工作是案件代理的主要工作之一，几乎伴随了案件代理的始终。

基于举证期限的要求，基于及时举证的原则，绝大部分证据应当在立案阶段和庭前推进阶段就已经提交。并不是每一个案件都需要庭后再次补充提交证据。但对下述两种案件，在庭审后仍有补充提交证据的必要。

第一种情况是法庭要求补充提交相关证据。法庭在审理案件过程中，根据庭审调查情况，要求双方当事人或一方当事人提交某份证据或某几份证据。在这种情况，应当按法庭的要求提交相关证据。

第二种情况是为进一步证明庭审涉及或法庭关注的某一事实，需要补充提交某一证据；或者基于对案件诉讼风险的评估，基于对案件证据风险的评估，想尽办法再次补充提交证据，以加强对案件事实的证明作用。

除法庭重新指定举证期限外，庭后提交证据一般会涉及逾期举证的问题。如果无正当理由而逾期提交证据，除非对方当事人认可，否则会承担相应的法律后果。即如果是非因故意或重大过失而逾期提交证据，证据被采纳后，当事人将被训诫；如果是故意或重大过失提交证据，且涉及案件基本事实，则证据被采纳后，当事人将会被处以罚款；如果是故意或重大过失而逾期提交证据，但不涉及基本事实，则这部分证据将不会被采纳。

虽然有上述规定，但如果属于必须补充提交的证据，则仍然应当毫不犹豫地努力提交这些证据。

（二）庭后证据的注意事项

1. 及时提交

庭审结束时，法庭一般会确定证据和相关材料截止提交的时间，一定要在法庭规定的最终期限前补充提交相关证据。

2. 进行证据整理

不管补充提交一份证据还是几份证据，只要补充提交了证据，就应当按照证据整理步骤的要求对补充提交的证据进行整理。证据要连续编号，并连续编写页码。证据前应当有证据清单，证据清单也应当连续编号。证据清单要由提交人签章并注明提交日期。

3. 和其他材料一并提交

除补充提交证据外，可能还需要提交代理词或补充代理意见，可能还需要补充提交新的案例或论文等材料。这些材料最好一次性同时向法院提交，同时附上材料清单，方便人民法院接收材料。

第 46 步　代理意见

（一）代理词的重要性

代理词是民商事诉讼案件中代理律师阐述其代理意见的法律文书。商事仲裁案件中，大家习惯于将代理词称为代理意见。代理词一般在庭后提交。如果代理律师在庭审前或庭审中已经提交了代理词，则在庭审后，一般也可以根据庭审情况，根据法庭关注的问题提交补充代理意见。

代理词可以起到以下几个方面的作用：

第一，代理词可以根据庭审情况，对案件的争议焦点，对案件的事实认定和法律适用，系统地阐述本方的观点和理由。

第二，代理词可以回应庭审中合议庭关注的问题，就相关问题向法庭进行补充说明。

第三，代理词是人民法院必须入卷的材料，方便人民法院全面了解本方的意见和观点，方便人民法院裁判文书的制作。

（二）代理词的注意事项

撰写和提交代理词应当注意如下事项：

第一，如同庭审辩论一样，代理词应有针对性。代理词可以就庭审中某一问题或某几个问题作出说明，除此之外，代理词应当围绕案件的争议焦点展开，应当围绕案件的事实认定和法律适用展开。

第二，一篇好的代理词一定要有说服力。如在庭审提纲中所述，代理词的说服力一方面表现为代理词的言之有物，另一方面表现为代理词的广度和深度。代理词的言之有物是对代理词的素材而言，代理词要么是证据分析，要么是事实认定，要么是法律适用，要么是案例比较。除此之外，代理词不应当有空洞的陈述。代理词的广度和深度即代理词的横向展开和纵向深入。代理词只有具有广度和深度，尤其是具有深度，系统地进行论述，才更有说服力。

第三，要注意代理词的精练。代理词的每一段，每一句话都应当有独特的价值，要控制代理词篇幅。笔者团队对一个较为复杂的案件，代理词的篇幅一般控制在 7~11 页。

第四，代理词应及时提交。庭审后应尽早提交代理词，至少应在法庭规定的提交截止时间前提交代理词。

（三）代理词的结构分解

代理词是典型的代理意见类文书，有固定的格式要求。我们现对其分解探讨如下：

1. 标题

如前所述，民商事诉讼案件中的标题为代理词，商事仲裁案件中的标题为代理意见。标题中应当注明案件的案号及案件的名称。如（2020）最高法民申某某号某某与某某股权转让合同纠纷申请再审案代理词。

笔者团队习惯对标题中的案号及案件名称用四号黑体加粗，“代理词”三个字一般用小二号黑体加粗。案号和案件名称占一行或分开占两行居中，

“代理词”三个字单独占一行居中。标题前一般空一行，标题后一般空两行。空行均用小四号字体。

2. 称呼

代理词正文的前面应有对受文主体的称呼。诉讼案件中代理词的常用称呼为:“尊敬的审判长、审判员”。称呼后用冒号。不宜称为“尊重的法官”或“尊敬的某某人民法院”。商事仲裁案件代理意见的称呼为:“尊敬的首席仲裁员、仲裁员”，不宜称呼为“尊敬的某某仲裁委员会”。

称呼应当单独一行，并顶格书写。笔者团队习惯将主文前的称呼用四号黑体加粗。

3. 引言部分

在正式发表代理意见之前，一般先行介绍案号和案件名称，介绍代理人的代理身份,也可以简要介绍代理人之前开展的代理工作及参加庭审的工作，也可以介绍代理人之前提交的材料，尔后常常以“特发表如下代理意见，供合议庭参考”或“特发表如下代理意见，谨请采信”引出下文。

4. 主文部分

主文在纵向结构上的分级一般不宜超过三级。一级标题一般围绕庭审争议焦点来确定,或者对庭审中的某一问题作出单独说明。标题应当尽可能简短，而且要有明确的观点。同级标题之间应当尽可能相互对称。上下级标题之间应相互关联。上级标题是对下级标题的概括和总结，下级标题是对上级标题的展开。标题应当是其下属段落的概括和总结。

主文的结尾部分一般应当对代理词的主要观点进行总结，并以“特发表如上代理意见，敬请合议庭采信”结束主文，与引言部分相呼应。

笔者习惯将主文用小四号宋体，将主文的一级标题用四号黑体加粗。一级标题之间空一行。二级标题用正文字体但加粗,三级标题用正文字体不加粗。二级标题之间、三级标题之间均不再空行。

5. 落款部分

主文结束后空两行落款。署上代理律师的名字或由代理律师署名之前一般写明律师是哪一方当事人的代理人及律师事务所的名称。如第一行写明“原告某某的代理人”，第二行写明“某某律师事务所某某律师”，第三行由律师签字。律师署名的下方应注明具体的日期。日期中的数字用方块数字。代理词除律师署名外，一般还在落款处加盖律师事务所印章，并加盖骑缝章。

代理词的其他写作要求可以参考本书第四章的法律文书部分。

第 47 步 庭后跟踪

（一）庭后跟踪概述

在庭后补充提交证据并提交代理词后，律师团队在庭审代理阶段的工作就已经基本结束。但现阶段我国当庭宣判的案件非常少，大部分案件在庭后一段时间后才能送达判决书。由于人民法院案件比较多，从庭审结束到送达判决中间可能还有一段较长时间。

在这段时间内，代理律师仍应当积极跟踪案件的进展，推进案件的代理工作。

（二）庭后跟踪的内容

庭后跟踪工作主要有以下 3 个方面：

1. 核实相关材料情况

核实人民法院对本方代理词及补充证据的签收情况。了解对方补充证据的提交情况，必要时补充发表书面质证意见，或者就相关问题补充发表代理意见。

2. 跟踪案件的审理情况，必要时提交相关函件或报告

部分案件除了合议庭合议外，可能还需要经过法官会议或审判长联席会议讨论，或经过审判委员会讨论。跟踪案件的后续审理情况，必要时向人民法院汇报案件的紧迫性，汇报案件对当事人的影响，汇报当事人和律师团队对案件的关切。如有必要，则向人民法院递交书面函件或报告。

3. 与当事人保持联系

与当事人保持联系，及时向当事人通报代理律师的跟踪情况及案件的进展。

第六节　庭审代理阶段的文书样本

文书样本 12：思维导图

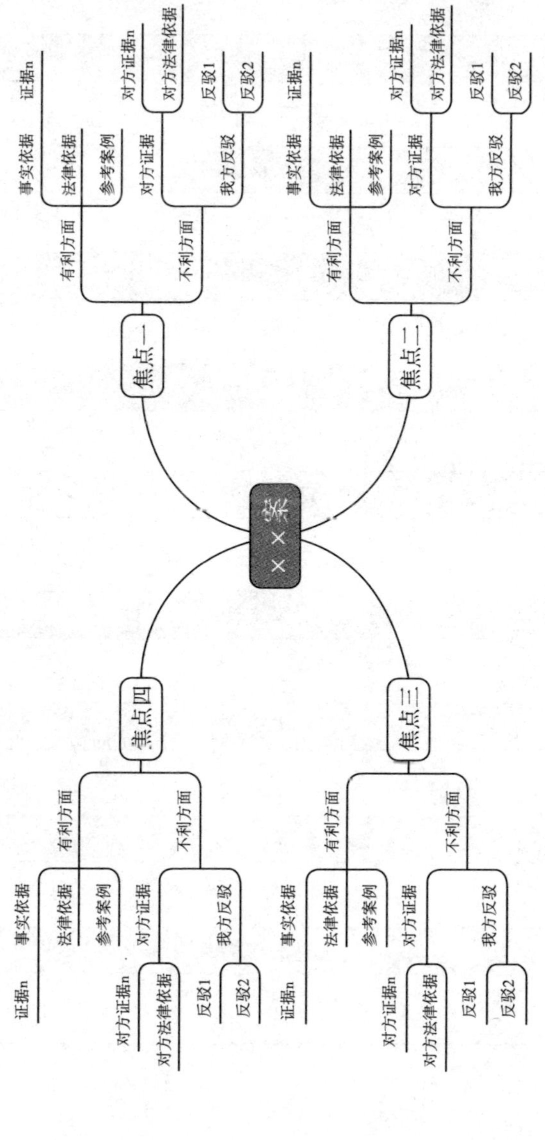

文书样本13：庭审提纲

庭审提纲
庭审信息
诉讼主体
诉讼请求
事实和理由
争议焦点
庭审举证
庭审质证
庭审询问
庭审辩论
法规案例摘录

文书样本 14：代理意见（仲裁）

文书点评：

1. 这是一起在中国国际经济贸易仲裁委员会审理的租赁协议争议案，主要涉及法律适用问题。申请人在提起仲裁后，为加强代理团队的力量，在案件审理过程中增加委托作者团队参加本案的代理。

2. 为了让仲裁庭尽早充分了解申请人的观点，笔者在庭前针对被申请人的答辩意见，起草和提交了本代理意见，全面阐述了笔者在本案的代理观点。

3. 本案的关键是认定合同中的被申请人单方任意解除权条款和免责条款是否有效。笔者从违背公平原则、无效免责条款和无效格式条款这三个方面进行了论述。说理较为系统和深入，尤其是结合了合同租赁物的定制特点、中美合同法的对比、国际商事合同通则进行的论述有较强的说服力。

4 为方便仲裁庭阅读时快速了解申请人的代理要点，笔者在每一部分的前面进行了概述，概述的内容基本是该部分代理意见一级标题的汇总。

5. 代理意见的层次清晰，上下标题相互关联，纵向分层没有超过三级。

6. 代理意见的篇幅为 17 页。

南方 A 公司关于 DH2016XXX 号房屋租赁协议争议案的代理意见

尊敬的首席仲裁员、仲裁员：

在贵委员会受理的 DH2016XXX 号申请人南方 A 地产置业有限公司（以下简称申请人或我公司）与被申请人国际 B 百货有限公司（以下简称被申请人，被申请人与其关联公司单独或合称为 B 公司）租赁协议争议案中，申请人已收到贵委员会转来的被申请人 2017 年 5 月 15 日的答辩意见。现针对被申请人的答辩意见，申请人发表如下代理意见，谨请仲裁庭采信。

第一部分：B公司提前解除合同无须赔偿的规定无效

概述：B公司提前解除合同无须赔偿的规定因以下任何一项理由成立而应当被认定无效或被拒绝适用： 一、严重违背公平原则，依据《中华人民共和国合同法》（以下简称《合同法》）第五条的规定而无效。 二、属于无效的免责条款，依据《合同法》第五十三条第（二）项的规定而无效； 三、属于无效的格式条款，依据《合同法》第四十条的规定而无效。 本案中，B公司提前解除合同无须赔偿的规定同时具有上述三项无效的理由，该规定应当被认定无效或被拒绝适用。

一、B公司提前解除合同无须赔偿的规定因严重违背公平原则而无效

1. 整个租赁协议严重不公平

涉案租赁协议是B公司提供的，从整体来看，该协议严重不公平。如第3.2条“续约”和第3.3条“续约程序”中，只有B公司才有权单方决定是否续约；第4.1条“免租施工期”中，免租期的长短完全由B公司单方决定，B公司购物广场不开业，免租期就一直延续；第4.2条“大厦商铺面积开业率”中，严重不合理地要求申请人保证大厦商铺开业率达到百分之七十，否则B公司可以不缴纳租金；第11条中，申请人单独的陈述和保证有9项，而被申请人单独的陈述和保证1项也没有；第13.3（1）条中，第5年起B公司有权以任何理由提前解除合同而无须承担任何责任；第13.3（2）条、第13.3（11）条和第13.3（12）条中，在因B公司本身的原因没有办理营业执照或B公司的营业执照被吊销的情况下，B公司也可以单方解除合同而不需承担任何责任，等等。在上述一系列不公平的条款中，第13.3（1）条中关于B公司有权以任何理由提前解除合同而无须承担任何责任的规定最为不公平，也最为典型。

2. 从租赁期限来分析，B公司提前解除合同无须赔偿的规定严重不公平

自第5个租赁年度起B公司有权以任何理由提前解除合同而无须承担任何责任的规定严重不公平。这一规定严重不公平至少表现在以下两个方面：第一，它严重不公平地规定了B公司的任意解除权，即B公司可以不受基本

的初始租赁期约束，自第5个租赁年度起，B公司就有权以任何理由单方提前解除合同；第二，它严重不公平地免除了B公司单方解除合同时的赔偿责任。

本案是大型商业房产的租赁纠纷。商业房产的开发涉及规划、设计、建设、装修、经营和管理。商业房产项目建设成本高，建设和招商周期长，投资回报比较慢。建设单位往往需要二三十年甚至更长的时间才能收回基本的建设成本。因此，商业房产租赁合同的租赁期对出租人来说非常重要。

在本案中，本来双方的协议已经对初始租期和续租期作了不平等的规定。即初始租期为15年，只要B公司愿意，它可以单方决定续约5次，每次最长续约5年。也就是说，只要B公司愿意，它可以单方将租赁期延长到40年。这40年内无论市场租金如何变化，如无论申请人有何种其他需求，申请人均需受这40年的租赁期限的约束，申请人无权决定不续约。

在上述不公平的情况下，第13.3（1）条竟然还规定B公司自第5个租赁年度起就可以单方任意解除租赁合同，自第5个租赁年度起就可以不受初始租赁期的约束！

一方4年后即可以以任何理由单方解约，而另一方却在长达40年的期限内都无权选择不续约！这样的约定有基本的公平吗？

事实上，从2006年12月双方签订意向书，到2010年9月B公司广场的交接，申请人前期经历了对B公司广场近4年的规划、设计和建设周期；从2010年9月B公司广场的交接，到2011年11月B公司广场的开业，申请人前期又免费提供了长达1年零2个月的免租期。即从2006年12月到2011年11月租赁期起算，申请人总共经历了整整5年的规划、设计、建设和免租周期，在这种情况下，还规定起租仅仅4年以后B公司就可以单方任意解除租赁协议，这样的规定有基本的公平吗？

3. 从B公司广场的定制情况来看，B公司提前解除合同无须赔偿的规定严重不公平

B公司广场完全是按B公司的要求专向定制的：

2006年12月双方签订意向书时，B公司就在意向书的租赁协议（1）部

分明确要求，“B公司购物广场的设计和建筑应遵循B公司向业主（申请人）提供的附件二中所定义的规格与要求”。而附件二“要求与规格”即“南方B公司购物广场甲方工程范围的职责清单”详细列出了B公司各方面的特殊定制要求。如土建方面鲜食楼层的特殊载荷要求、非食品楼层的特殊载荷要求、专用卸货平台的要求等等；装修方面的地面地砖特殊要求、天花和卫生间的特殊要求等等；机电设备方面的专用货梯、客梯、扶梯的特殊要求、专用和单独建设的空调系统要求等。在“要求和规格”的开头部分还特别注明，“此清单中工程范围除特别注明外，所涉及费用全部由甲方（申请人）支付”（见申请人证据一）。

在申请人依据B公司的要求进行设计并于2008年10月开工建设后，B公司专门派代表到申请人的施工现场，监督申请人依据B公司的要求进行施工。2009年1月再次给申请人发送“职责清单”，再次明确B公司广场的定制要求（见申请人证据十）。

2009年4月，双方签订涉案房屋租赁协议时，B公司再次将B公司广场的定制“要求与规格”作为协议的附件（见申请人证据二）。

2009年主体工程竣工后，B公司又反复对每一项装修、设备型号及安装提出具体要求（见申请人证据十二至证据十六）。

2010年9月，申请人按照B公司的要求完成定制后，B公司又比照定制“要求与规格”，逐项对申请人完成的定制内容进行检验和接收（见申请人证据十七）。

可见B公司购物广场完全是按B公司的要求设计、施工、装修和交付。这种专向定制不仅大大增加了申请人的专项建设成本（在以后的损失部分，申请人会逐项说明），而且这种定制是为了专向满足B公司的要求，在B公司提前解约后，这些配套设施和设备很难恰当地为其他承租人使用。如为B公司定制和安装的货梯和客梯，只连接地下二层到地面三层；又如为B公司定制的二层至三层的五部扶梯；等等。B公司提前解约后，B公司购物广场不可避免地要进行第二次装修和改造，不可避免地会出现闲置，这自然会给申请人造成重大的损失。因此相对于B公司购物广场的专向定制，本案租赁协议中B公司单方任意解约后不给予任何赔偿的规定严重不公平！

4. 相对于国内通用的房屋租赁示范合同，B公司提前解除合同无须赔偿的规定严重不公平

为预防和矫正房屋租赁市场中不公平的合同条款，规范市场行为，各省工商行政管理部门一般都发布了房屋租赁合同的示范文本。在这些房屋租赁合同的示范文本中，对租赁期都无一例外地作了非常明确的具体规定，都没有规定一方可以任意单方解除合同。如吉林省工商行政管理局发布的《房屋租赁合同》第二条这样表述，“租赁期限从　　年　　月　　日至从　　年　　月　　日。”因此对比工商行政管理部门发布的房屋租赁合同示范文本，本案租赁协议中B公司提前解除合同无须赔偿的规定严重不公平。

事实上，为逃避监管，在B公司提供的合同条款的第17.7条“登记备案”中B公司还特别声明：“如房产管理机关要求甲（申请人）乙（B公司）双方签订当地登记机关提供的标准条款的租赁合同，甲乙双方同意签订该标准租赁合同。但双方确认并同意标准租赁合同中的所有条款对甲乙双方均无约束力，甲方和乙方有关租赁标的物的所有权利和义务均以本协议约定为准。”（见申请人证据118页）。

5. 相对于B公司在境外使用的租赁合同，B公司提前解除合同无须赔偿的规定严重不公平，且B公司明显歧视中国出租人

和本案租赁协议一样，B公司在国内的其他租赁合同同样严重不公平地规定了B公司提前解除合同无须赔偿的内容。但在美国本土，B公司的租赁协议却没有这样不公平的规定。

申请人提供了证据七，即一份B公司与美国企业签订的租赁协议。这是一份发布在“RealDealDOCS”（真实交易文件）网站上的真实协议。协议签订于2003年5月30日，协议的一方是B公司（承租人），协议的另一方为Bright-Meyers Coursey Associates, L.P.（田纳西州的一家有限合伙企业，出租人）。这份协议的主要内容同样是出租人为B公司专向定制B公司购物中心，

并向B公司出租该购物中心。该份协议中租赁期固定为二十年（见申请人证据第396页），而且协议双方在31条第D项中明确约定“本租约和其期限，仅经本租约双方或其继任人、继承人和受让人书面签署所述变更或修改时，方可变更或修改。”（见申请人证据第413页）。

被申请人在答辩意见中说在该份协议中B公司同样具有单方解约而不承担任何责任的权利，这种说法明显不实。因为该协议中“终止本租约，在此种情况下，承租人不再负有任何种类或性质的义务或责任”的表述出现在该协议第5条“竣工”部分，而这种情况下承租人解除协议的前提是出租人违约，即出租人没有在2003年8月15日或之前开始建造包括批租场地在内的购物中心（见申请人证据第399页）。该部分内容显然与本案中B公司以任何理由提前解除合同而不承担任何责任的规定不是一回事。

因此，比较B公司在中国和在境外的租赁协议，可以清楚地看出，本案中B公司提前解除合同无须赔偿的规定严重不公平，且B公司明显歧视中国出租人。

6. 依据国际惯例及《合同法》第5条，B公司提前解除合同无须赔偿的规定因严重违背公平原则而无效

公平原则是合同法的基本原则，是国内外合同法及商事活动中的帝王条款，任何合同法规及商事活动都不应偏离这一基本原则。

《国际商事合同通则》（2010）第1.7条第1款规定，“每一方当事人应依据国际贸易中的诚实信用和公平交易原则行事”，第1.7条第2款进一步强调，“当事人不能排除或限制此项义务”。第3.2.7条第1款规定，“如果一方当事人在订立合同时，合同或其个别条款不正当地对另一方当事人过分有利，则该一方当事人可宣告该合同或该个别条款无效。”申请人想说明的是，对另一方当事人过分有利的条款，《国际商事合同通则》（2010）第3.2.7条赋予了一方当事人的是直接宣告该合同或该个别条款无效的权利，而不是赋予该当事人申请撤销该合同或该个别条款的权利。而且依据第3.2.12条，宣告无效通知的期限应当自另一方当事人主张该条款之时起算，而不是从合

同签订时起算。

美国《统一商法典》第2-302条规定，“如法院查明一个合同或任何条款在订立时已经显失公平，该法院可以拒绝执行该合同，或可以执行该合同除显失公平条款以外的部分，或可以限制任何显失公平条款的适用以避免任何显失公平的结果”。美国《合同法重述（第二版）》第208条说明，“如一个合同或条款在订立时是显失公平的，法院可以拒绝执行该合同，或执行除显失公平条款以外的其他剩余部分，或限制任何显失公平条款的执行以避免显失公平的结果发生”。

现阶段美国司法实践中也特别强调公平原则。在1986年“詹妮运动用品有限责任公司诉甘多斯公司案（Gianni Sport, Ltd. Vs Gantos, Inc.）中，法院认为，“零售商的任意终止合同条款是显失公平的，支持了服装生产者提出的请求，因为在服装业中具有垄断地位的零售商能够将这些条款强加于自给自足的小生产商们”（见申请人参考材料十，第935页）。

我国《合同法》第五条也同样规定，“当事人应遵循公平原则确定各方的权利和义务”。这一原则同样是合同法的基本原则，同样应当得到遵守和执行。在司法实践中，人民法院在部分案件中为了平衡双方当事人的权利，有时直接引用《合同法》第五条作出相应的判决。如青岛市中级人民法院审理的（2016）鲁02民终5085号日照市爱焙客食品有限公司和青岛华润万家生活超市有限公司租赁合同纠纷一案中，青岛市中级人民法院直接以违反《合同法》第五条规定的公平原则为由，认定合同中提前解除合同可不赔偿日照市爱焙客食品有限公司装修费损失的“约定”无效，判决青岛华润万家生活超市有限公司赔偿装修损失和设计费损失（见申请人参考材料七，第901页）。

事实上，相比较于人民法院的审理，仲裁更强调追求双方当事人在实体上的公平，更强调充分发挥和尊重仲裁庭的自由裁量权，以此来最终保障和实现双方当事人利益上的实质公平。

本案中，B公司提前解除合同无须赔偿的规定严重违背公平原则，依据国际惯例和《合同法》第五条，该规定理应被认定无效或被拒绝适用。

二、B 公司提前解除合同无须赔偿的规定因属于无效的免责条款而无效

1. 依据国际惯例和《合同法》第五十三条，严重不公平的免责条款无效

商业实践中，除格式条款可能常常给双方当事人带来不公平外，免责条款也可能常常给双方当事人带来实体上的不公平。因此，无论在国际上，还是在国内，都对免责条款的效力进行了限定。尤其是国际惯例中非常强调排除不公平免责条款的效力。

《国际商事合同通则》（2010）第 7.1.6 条（免责条款）规定，“若一项条款限制或排除一方当事人对不履行合同义务的责任，或者允许一方当事人的履行可与另一方当事人的合理期待有实质差异，则在考虑到合同的目的情况下，如援引该条款明显不公平，则不得援引该条款”。依据上述规定，只要是严重不公平的免责条款，该免责条款就不应当被援引。

我国《合同法》第五十三条同样对免责条款的效力进行了限定。《合同法》第五十三条规定，“合同中的下列免责条款无效：（一）造成对方人身伤害的；（二）因故意或重大过失造成对方财产损失的”。

申请人想说明的是，我国《合同法》第五十三条关于免责条款效力的规定和《国际商事合同通则》（2010）第 7.1.6 条关于免责条款效力的规定是相通的。造成了对方人身伤害，因故意或重大过失造成了对方财产损失，在这种情况下不予赔偿，自然严重背离了公平原则，这样的免责条款自然应当被认定为无效或拒绝予以适用。

当然，从立法表述来看，《国际商事合同通则》（2010）第 7.1.6 条规定得更加严谨，逻辑性更强。它分别从合同的履行、合同的目的和合同条款的公平性对无效免责条款进行了描述和限定。事实上，《国际商事合同通则》（2010）第 7.1.6 条能很好地解释我国《合同法》第五十三条的表述，能很好地解释什么情况属于《合同法》第五十三条规定的“因故意或重大过失造成对方财产损失”的情形。

2. B公司提前解除合同无须赔偿的规定属于《合同法》第五十三条第（二）项规定的无效情形

本案中，申请人依据B公司的要求定制了B公司购物广场，申请人付出了大量的定制成本。B公司购物广场一经建成，除提供给B公司使用外，很难再整体提供给其他商家使用。申请人接受B公司的定制并全部承担这些建设成本是基于申请人对和B公司长期合作的预期。申请人期望通过与B公司的长期合作而间接收回这些定制成本。B公司提前解除合同而不给申请人任何补偿的行为直接侵害了申请人收回“定制成本”的财产权利或要求“补偿定制成本”的财产权利，直接造成了申请人的财产损失。因此租赁协议中B公司提前解除合同无须赔偿的免责规定，明显属于《合同法》第五十三条第（二）项规定的无效情况，这一免责条款当然无效。

三、B公司提前解除合同无须赔偿的规定因属于无效的格式条款而无效

1. 格式条款包括格式合同中的格式条款，也包括非格式合同中的格式条款

《合同法》第三十九条第二款规定，格式条款是当事人为了重复使用而预先拟定，并在订立合同时未与对方协商的条款。

格式条款常常表现为两种情形。第一种情形是格式合同，即整个合同的条款都是格式条款，这些条款均由合同一方预先拟定甚至预先印制，所有的条款另一方均不能修改或难以要求修改。如部分商家对消费者提供的预先印制好的销售合同或服务合同。第二种情形是合同由一方提供，提供合同一方处于强势地位，且对该合同的部分条款坚持合同相对方不能修改或不予修改。该部分不予修改或难以修改而重复使用的条款同样是格式条款。

在《国际商事合同通则》（2010）第2.1.19条中，格式条款被表述为Standard terms（标准条款）。格式条款常常被广义地理解为不限于法律文件中的一个完整的条或款或句子，可以是其中独特的一部分，如一组词语等。

格式条款本质特性是定型化及未协商性。定型化即由该条款由一方为重复使用而预先准备或提出，未协商性即一方坚持对这些内容不与对方协商或

利用其强势地位不容对方作出实质性修改，即通常所说的要求对方"要么接受，要么离开"(Take it, or leave it)。正如《国际商事合同通则》(2010)第2.1.19条评论中所述，"标准条款应理解由一方事先准备为通常和重复使用，并且未与对方协商而实际使用的合同条款。起决定性作用的不是它们的正式陈述（例如，是否包含在一个单独的文件或合同文件本身；它们是否在预先印制的形式中表示，或是否只存在于电子文档中等），也不是准备标准条款的主体（合同当事人本身，一个行业或专业协会等），不是标准条款的数量（是否包括几乎涵盖了合同全部相关方面的一整套约定，或是只有有关的一个或两个约定，例如，免责和仲裁）。起决定性作用的而是，为了通常和重复使用而预先起草的，并且它们是在特定案件中一方没有与另一方协商被实际使用的事实。"

2. 本案租赁协议第13.3（1）条"乙方（B公司）有权以任何理由提前解除本协议且无须承担任何责任"的规定是格式条款

（1）从B公司在某某市和某某市的二份租赁协议来看，本案租赁协议第13.3（1）条"乙方有权以任何理由提前解除本协议且无须承担任何责任"的规定是格式条款

为说明本案争议的条款是格式条款，申请人提供了2005年12月B公司与某某市C房地产开发有限公司签订的《房屋租赁协议》（申请人证据五）以及2011年4月B公司与某某市D房地产开发有限公司签订的《房屋租赁协议》（申请人证据六）。这二份租赁协议和本案的租赁协议一样，都是B公司事先准备和提供的。三份协议大部分条款相同甚至一字不差。这三份协议都无一例外地规定"乙方（B公司）有权以任何理由提前解除本协议且无须承担任何责任"。这三份协议的一致性共同说明，这一部分内容（terms）是B公司事先准备并坚持不让另一方当事人商谈或修改的，显然属于格式条款。

（2）从B公司与某某市D房地产开发有限公司之间的《房屋租赁协议》对一般条款和商业条款的区分来看，本案租赁协议第13.3（1）条"乙方有权以任何理由提前解除本协议且无须承担任何责任"的规定是格式条款

B公司有权以任何理由提前解除本协议且无须承担任何责任的规定不仅

被B公司一直所坚持，不容另一方当事人谈判或修改，而且在2011年B公司与某某市D房地产开发有限公司签订的《房屋租赁协议》中，B公司进一步将这些坚持不让另一方当事人谈判或修改的内容归类到一般条款部分。即2011年以后，B公司提供的租赁协议包括二部分，第一部分为一般条款，不容许另一方当事人作任何谈判或修改，适用于与B公司发生租赁关系的所有出租人；第二部分为商业条款，根据具体的房屋情况与出租人确定。因此从2011年B公司将“乙方有权以任何理由提前解除本协议且无须承担任何责任”的规定放在一般条款的事实来看，该规定就是B公司坚持的格式条款。

（3）从B公司在中国的合同管理和签订情况来看，本案租赁协议第13.3（1）条“乙方有权以任何理由提前解除本协议且无须承担任何责任”的规定是格式条款

B公司在中国不同项目的租赁协议一般先由B公司设在深圳的中国区总部即B公司（中国）投资有限公司（以下简称B公司中国总部）签订，在项目公司成立后，再由B公司中国总部将租赁协议中的相关权利义务转给项目公司承担（见申请人证据二、证据三）。当然也有部分项目是由B公司在当地的项目公司或B公司的不同关联公司来签订的（见申请人证据五、证据六）。但不管采用哪种方式签订租赁协议，B公司在中国的法务、合同、工程及财务都集中由B公司中国总部管理。正如曾经在B公司任职的李某所言（申请人证据四），“B公司在中国境内所使用《房屋租赁协议》及其关联文件是依照B公司在中国固有商业模式，经B公司总部起草并严格审核确定的，执行的是标准、统一、制式的文本内容，业主方提出的关于租赁费用、提前解除、违约责任等方面条款属于《房屋租赁协议》中的核心条款，这些特别重要条款B公司是不容修订（变更）的”。

申请人成立于2006年，双方签订意向书时申请人成立还不到一年，刚刚开始在某某省的一个地级市内从事房地产开发。

而B公司是全球性商业巨头，不仅业务遍布全球，而且在中国开展业务已有多年。B公司中国总部及其法律部门正是利用这一巨大的市场优势地位，

正是利用中国出租人想与 B 公司合作的心理，才坚持推行其明显不公平的合同条款，才坚持对其所谓的核心条款不容任何出租人谈判或修改，才坚持使中国境内的租赁协议的内容明显不同于美国本土的租赁协议，使中国境内出租人受到明显不公平的待遇，甚至受到歧视！

因此，从 B 公司在中国的商业模式及合同管理情况来看，本案租赁协议第 13.3(1)条中“乙方有权以任何理由提前解除本协议且无须承担任何责任”的规定是格式条款。

3. 依据《合同法》第四十条的规定，B 公司提前解除合同无须赔偿的规定无效

《合同法》第四十条规定，“格式条款具有本法第五十二条和第五十三条规定情形的，或者提供格式条款一方免除其责任、加重对方责任、排除对方主要权利的，该条款无效。”

商业实践中，格式条款往往是市场优势主体利用其特定的市场优势地位提供的，很容易背离合同的公平原则。因此，《合同法》第三十九条第一款特别强调，格式条款的提供方必须同时（合同法的原文中表述为“并”）履行下列二项义务：第一，遵循公平原则确定当事人之间的权利和义务；第二，采取合理的方式提请对方注意免除或者限制其责任的条款，按照对方的要求，对该条款予以说明。只要违反了以上任何一项义务，均视为格式条款的提供方违背了合同的公平原则。当该种情形达到“免除其责任”或“加重对方责任”或“排除对方主要的权利”时，即符合《合同法》第四十条规定的格式条款第三种无效的情形时，该格式条款就当然无效。

本案中，与申请人相比，B 公司拥有明显的市场优势地位。B 公司在选择和提供格式条款时，理应遵循公平原则确定与申请人的权利义务。B 公司广场是申请人依据 B 公司的要求定制的，申请人承担了前期全部定制成本。本着公平的原则，申请人的这些成本理应在双方的长期合作中得到间接补偿，或者在合同提前终止时得到一次性补偿。B 公司提供的格式条款即租赁协议第 13.3（1）条直接不公平地免除了 B 公司单方提前解除合同的赔偿责任，直接

不公平地排除了申请人得到合理补偿或赔偿的主要权利，B公司提供的这一格式条款显然严重违反了合同法的公平原则，显然违反了《合同法》第三十九条中格式条款提供方的基本义务，依据《合同法》第四十条的规定，这一格式条款理应无效。

在此，申请人想特别补充说明的是，格式条款和《合同法》第四十条并不是认定"B公司提前解除合同无须承担责任"无效的唯一理由。退一步说，即使该部分内容不属于格式条款，但它也属于严重不公平的免责条款，依据《合同法》第五十三条的规定，该规定同样也应当被认定为无效。再退一步说，即使该规定既不属于格式条款，也不属于免责条件，它仍严重违背了基本的公平原则，依据国际商事惯例及《合同法》第五条的规定，它同样应当被认定为无效。

综上，参照《国际商事合同通则》（2010）等国际惯例，依据《合同法》第五条、第四十条和第五十三条的规定，本案租赁协议第13.3（1）条中"乙方有权以任何理由提前解除本协议且无须承担任何责任"的规定无效。

第二部分：B公司提前解除合同应赔偿的损失金额

概述：四、依据租赁协议第14.2条的规定，B公司提前解除合同应赔偿申请人的全部损失。这些损失包括：五、B公司购物广场专向定制的成本损失；六、原B公司购物广场二次改造的成本损失、原B公司购物广场闲置期间的租金损失、因B公司撤场而给邻近商铺出租造成的损失。

四、B公司提前解除合同应当赔偿申请人的全部损失

（略）

五、B公司应赔偿专向定制成本损失的金额

（略）

六、B公司应赔偿的原B公司购物广场二次改造的成本损失金额、原B公司购物广场闲置期间的租金损失金额及因B公司撤场而给邻近商铺出租造成的损失金额

（略）

综上，B公司提前解除合同，理应赔偿申请人的定制成本损失、二次改造成本损失、租金损失和邻近商铺的出租损失。事实上，除上述损失外，B公司提前解约给申请人其他商业部分造成的间接损失、给申请人增加的管理成本损失、给申请人带来的商誉损失和其他损失至少达1亿元。本案中申请人主张6000万元的损失B公司理应予以赔偿。

特发表如上代理意见，敬请仲裁庭采纳。

谢谢！

申请人南方A地产置业有限公司代理人

北京市盈科律师事务所张群力律师

二〇一七年五月二十日

第八章　案件总结阶段的流程管理

关键词

团队评析　结案函件　电子文档管理　纸质文档管理

显性知识　隐性知识　管理模式　以终为始

思考

案件总结阶段的每一步分别有哪些独立的价值？

对个案而言，为什么团队评析是案件总结阶段的中心环节？

对团队专业化建设而言，为什么知识管理是案件总结阶段的中心环节？

团队成员在案件总结阶段中如何分工？

案件总结阶段哪些步骤特别强调标准化？

案件总结阶段有哪些示范文本？

第一节　案件总结阶段的流程管理概述

一、案件总结阶段的流程步骤

案件总结阶段是案件流程管理的最后一个阶段，它与案件委托阶段相对应。案件委托阶段是案件的委托，也是案件代理工作的开始；而案件总结阶段则是案件代理结果的反馈，也是案件代理工作的总结。

案件总结阶段包括 8 个流程步骤，从领取判决到工作总结。这 8 个步骤，每一个步骤都是对相关工作的总结，它们组合起来，共同完成了案件总结阶段的工作（见图 8.1）。

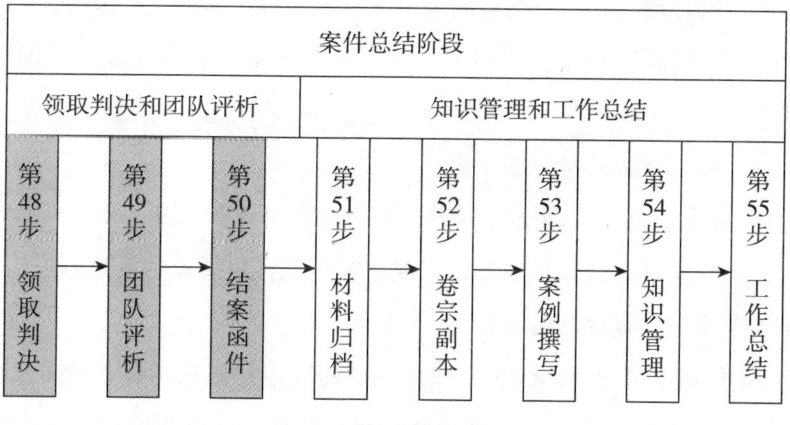

图 8.1　案件总结阶段步骤

（一）案件代理总结步骤

第 48 步领取判决。领取判决也是案件总结阶段的开始。送达裁判文书标志着人民法院的审理工作和裁判工作基本结束。从律师团队和人民法院联系的角度来看，它也意味着在该诉讼程序中，律师团队与裁判组织的联系工作基本结束。

第 49 步团队评析。律师团队在领取判决后，从案件代理的角度、从法律适用和事实认定的角度，对裁决结果进行客观分析。这实际也是从专业的角度，对案件诉讼的总结。

第 50 步结案函件。这是在最后一个重要时间节点上给当事人的反馈函件。它不仅对案件结果进行分析和反馈，对今后工作提出建议，而且也可以借此机会给当事人提供增值法律服务。

第 48 步至第 50 步，可以视为案件总结阶段内的第一个小阶段，即领取判决与团队评析阶段。

（二）案件材料总结步骤

第 51 步材料归档。材料归档是律师工作的要求，一方面保存工作成果，另一方面预防执业风险。

第 52 步卷宗副本，即给当事人呈送完整的案卷材料，它一方面方便当事人单位的材料管理，另一方面也向当事人展示律师团队的工作成果。

第 51 步至第 52 步是案件材料总结步骤，即案件材料的收集、固定和汇总步骤。

（三）案件成果总结分享步骤

第 53 步案例撰写，即撰写案例，在同行之间分享交流，在客户群体中分享交流。案件成果总结分享步骤是实现从客户到客户循环的重要措施。

（四）专业化建设总结步骤

第 54 步知识管理，即诉讼专业化成果的固定和提升步骤。发掘、记录和提炼每一个案件的隐性知识，将其显性化。收集、汇总和整理每一个案件的显性知识成果。使律师团队的知识管理在每一个案件中不断积累和提升，不断推动团队专业化发展。

（五）团队建设总结及流程管理总结步骤

第 55 步工作总结。无论是承办律师个人、律师助理个人，还是团队其他成员个人都应当进行工作总结。对律师团队来说，应当总结每一个团队成员的提升，尤其是总结青年律师成员的成长，落实对团队成员的奖励和考核。

另外，要从流程管理的角度，思考流程的优化和提升，思考律师团队业务的开拓和发展。

第 51 步到第 55 步可以视为案件总结阶段的第二个小阶段，即知识管理和工作总结阶段。

二、案件总结阶段的 PDCA 循环分析

从律师团队与客户之间的相互关系来看，在全案流程的 PDCA 循环中，案件总结阶段属于全案流程的 C 阶段和 A 阶段，即检查、总结和提升阶段。案件总结阶段的第 48 步领取判决和第 50 步结案函件对应案件委托阶段的第 6 步办理委托和第 5 步代理函件。

从案件代理的角度来看，案件总结阶段同样属于全案流程的 C 阶段和 A 阶段。案件总结阶段第 49 步团队评析对应前期代理阶段第 17 步完善方案。前期代理阶段制订和细化代理方案，是案件代理的 P 阶段，其后的前期代理工作和庭审代理工作是 D 阶段，第 49 步团队评析就是对代理方案实施后的检查、评估和总结。因此，第 49 步是案件总结阶段中第一个小阶段的中心步骤，也是案件总结阶段的核心步骤之一。

从案件材料的角度来看，案件总结阶段同样属于全案流程的 C 阶段和 A 阶段。案件总结阶段第 51 步材料归档对应案件委托阶段第 8 步登记建档。第 8 步启动工作团队的案件材料管理。在代理过程中，证据和法律文书始终是代理工作的主要内容，到第 51 步材料归档，这一方面的代理工作就基本完成。

在团队专业化建设来说，案件总结阶段同样属于 A 阶段。这一方面的总结工作是以知识管理为中心环节，通过持续不断的知识记录、整理和提升，推动整个团队专业化发展。因此，第 54 步是案件总结阶段第二个小阶段的中心步骤，也是案件总结阶段的核心步骤之一。

三、案件总结阶段的团队分工

如同案件委托阶段一样，案件总结阶段同样可以综合发挥好律师团队中客服人员、行政人员、秘书、律师助理的作用，提高整个团队的工作效率。

团队负责人或主办律师的工作主要集中在团队评析这一步骤，在其他步骤中团队负责人或主办律师一般只负责组织、指导、检查或安排。

第 48 步领取判决的工作基本上由律师助理和团队秘书来完成，主办律师只负责与人民法院和客户联系。

第 49 步团队评析的工作一般由承办律师为主进行，必要时团队负责人和其他主要律师也可以参加。辅办律师、律师助理、案件秘书应当参加。

第 50 步结案函件由律师助理或案件秘书根据团队评析的结果起草，报主办律师审核和完善后发送给客户。

第 51 步材料归档由律师助理或案件秘书负责，团队负责人或主办律师负责检查。

第 52 步卷宗副本由律师助理或案件秘书负责。

第 53 步案例撰写由律师助理或案件秘书负责，也可由团队客服人员负责，主办律师进行必要的协助和指导。

第 54 步知识管理由律师助理或案件秘书或知识主管负责，主办律师给予必要的协助，团队负责人进行指导和检查。

第 55 步工作总结中的个人总结由每一个参与的人员单独进行，团队总结由团队负责人领导并组织实施。

四、案件总结阶段的法律文书模板

1. 结案函件；

2. 案件登记表；

3. 律师工作记录；

4. 办案总结；

5. 卷宗目录；

6. 案例模板。

第二节　领取判决和团队评析

第 48 步　领取判决

（一）领取判决概述

经过律师团队的代理，经过人民法院的审理，人民法院终于就案件向当事人送达了判决或裁定。就案件流程管理而言，裁判文书的领取标志着案件代理工作基本结束，同时裁判文书的领取也标志着案件总结阶段的开始。

领取判决这一步骤虽然比较简单，但是仍然需要律师团队予以重视。这一步骤涉及当事人上诉期限或申请再审期限的起算，也涉及和当事人的沟通和交流。

人民法院送达裁判文书主要采取二种方式，第一种方式是 EMS 特快专递的邮寄送达，现在大部分采取这种送达方式。第二种方式是通知代理人到人民法院领取裁判文书。

（二）领取判决的注意事项

领取判决步骤应当注意如下事项：

1. 慎重填写法律文书送达地址确认书

如前所述，人民法院大部分采取 EMS 特快专递的方式送达裁判文书。当事人起诉或应诉后，人民法院送达法律文书的地址就是当事人或代理人填写的法律文书送达地址确认书上的地址。如该地址不详或该地址收件后没有及时转交给代理律师或当事人，则当事人和律师团队将面临相当大的风险。对律师团队来说，必须注意：第一，应当准确完整地填写法律文书送达地址确认书，包括详细地址、收件人姓名、手机电话等完整收件信息。第二，为保证工作的连续性及邮件的及时接收，送达人应当是主办律师，而不应当是律师助理。如果团队负责人参与代理，收件人应当是团队负责人。这样方便律师团队统一接收邮件。第三，如果律师团队二位成员参加代理，最好同时留二位代理人的手机电话，当然作为收件人的主办律师的电话应当写在前面。第四，如果留的收件地址是律师事务所地址，则应当在收件地址中写明律师事务所名称，以预防人民法院将当事人单位写为收件单位时，投递员误认为收件地址没有收件单位而错误将邮件退回。第五，如果收到EMS短信信息，提示有人民法院快递，则应当及时关注邮件的投递和签收情况。如果邮件已经由律师事务所前台签收，则应及时取回。第六，也是要特别注意的，如果诉讼过程中收件地址发生了变化，如律师事务所迁址等原因导致收件地址发生了变化，则一定要及时书面向人民法院申请变更收件地址。

2. 对可能上诉或申请再审的案件，保留签收法律文书的原始凭证

因法律文书的签收时间涉及上诉期和申请再审期等期限的起算日期，因此，对可能上诉或申请再审的案件，应当保留签收法律文书的原始凭证。如果人民法院以EMS快递送达裁判文书，则签收时应当保留特快专递签收底单的原件或快递袋的原件。如果到人民法院领取裁判文书，则最好对送达回证拍照或留存送达回证的复印件。

3. 收到裁判文书后，及时告知当事人

在收到裁判文书后，无论裁判结果是否有利，都应当将裁判结果第一时间告诉当事人。当然在向当事人通报裁判结果时，可以同时告知当事人律师团队研究后会及时给当事人正式的研究意见。及时告知当事人，不仅是律师敬业的表现，也是对当事人尊重的要求。无论代理律师为案件付出了多大的努力，无论当事人如何信任代理律师，代理律师始终是代理人，而不是当事人本人。所以收到裁判文书后，应当第一时间告知当事人。当然，告知当事人之前，律师应当即时阅看裁判文书，对裁决理由和裁决结果有清楚了解后才联系当事人。最应当避免的是，代理律师在收到裁判结果对本方不利的裁判文书后，觉得比较难堪，拖延时间，不及时告知当事人。这样做，一方面，可能影响当事人的上诉或申请再审的安排，影响上诉期和申请再审期；另一

方面，极易给当事人带来误解，误认为代理律师不尽责。

4. 注意与当事人的沟通技巧

代理律师在收到裁判文书后应当特别注意与当事人的沟通技巧，做到胜不骄、败不馁。如果收到胜诉裁决或者达到了当事人的诉讼目的，则是非常值得庆贺的事。收到裁判文书后，代理律师不可居功自傲，应当祝贺当事人，感谢当事人的配合和信任。如果裁决结果不太理想或者与当事人的期望有较大的差距，则应当客观分析，引导当事人理性面对，共同寻找可能的救济途径。

5. 注意裁判文书原件的保管

一般来说，每一位代理人和当事人本人都可以领到一份裁判文书的原件。如果收到二份以上原件，则应当迅速给当事人邮寄或交付一份原件，其他原件由律师团队统一保管。如果只收到一份原件，原则上该份原件应当邮寄或交付给当事人，律师团队保留复印件。

第 49 步 团队评析

（一）团队评析概述

领取裁判文书并与当事人先期简短通报之后，接下来最重要的工作是团队仔细研读裁判文书，并共同对裁判文书进行分析和评价。

团队评析由主办律师召集和组织，辅办律师、律师助理和案件秘书应当参加，必要时团队负责人和其他团队成员也应当一起参加。律师团队集思广益，从不同角度客观对案件裁判结果进行评估。

团队评析有很强的时效性，应当尽快进行，并尽快形成评析结论。

团队评析的作用包括：（1）客观评价裁判结果；（2）方便律师团队及时向当事人反馈结案意见和建议；（3）方便客观和合理地确定下一诉讼程序的工作计划和工作方案。

（二）团队评析的内容及方法

1. 对裁判进行结构剖析

在仔细研读判决书或裁定书后，分析和评估判决书或裁定书的最基本办法就是结构剖析法。我们可以从以下几方面对判决书和裁定书进行剖析和评估：

（1）查看裁判文书对双方的诉讼请求及答辩意见的表述是否正确。应注意：诉讼请求是否有遗漏或错误的表述；起诉的理由及其后补充的理由是否已经客观表述；答辩的观点及理由是否有客观的表述。

（2）查看裁判文书对双方证据的表述和认定是否正确。应注意：对本方证据的表述有无遗漏；对方质证意见的表述是否正确；对对方的证据的表述有无遗漏；本方质证意见的表述有无遗漏；不采信本方某一份证据的理由是否充分；不采信对方某一份证据的理由是否充分；是否存在未经质证的证据被采信的情形；是否存在采信不具有证据能力证据的情形；对争议证据采信时是否参考了本方的观点和理由；不采纳本方观点的理由是否充分。

（3）查看、分析和评估事实认定部分是否正确和完整。应注意：事实认定是否存在错误；对庭审陈述的引述是否正确；对庭审陈述的引述是否完整；是否符合庭审陈述当初的本意；事实认定是否有相应的证据支持；是否达到了相应的证明标准；事实认定是否与举证责任分配相吻合；是否符合结果意义上举证责任的原则；基本事实的认定是否有遗漏；遗漏了哪些基本事实没有表述；遗漏的这些事实对案件裁决有什么影响；对事实认定是否参考了本方的观点及理由；不采纳本方观点和理由的分析是否正确。

（4）查看、分析和评估法律适用部分是否正确。应注意：裁判理由和裁判部分对民事责任的确定是否明显违背当事人的约定；适用了哪些法律；适用的法律是否与案件性质明显不符；适用法律是否违反法律溯及力规定；适用法律是否违背法律适用规则；适用法律是否违反立法本意；本案确定民事责任时应当适用哪些法律而没有适用；确定的民事责任是否与这些法律规定不符；适用法律时是否参考了本方的代理意见；没有采纳本方代理意见的理由是否正确；本案的法律适用是否与参考案例的法律适用一致；本案的法律适用与法理是否相符；本案的法律适用与行业惯例是否相符。

（5）在案件审理程序上是否存在瑕疵。应注意：是否有遗漏的被告；是否应当追加第三人而没有追加；本方的合理调查取证申请是否没有得到支持；是否存在其他违反程序的地方。

（6）应注意：判决结果对诉讼请求的判决是否有遗漏；判决结果是否有超出诉讼请求的判项；裁判结果是否与前面的事实认定相矛盾；裁判结果是否与前面的说理部分相矛盾；裁判结果中的金额是否计算准确；案件受理费、财产保全费、鉴定费是否有遗漏。

（7）在上述分析的基础上，整体评估裁判文书。应注意：裁判结果是否合理；裁判结果是否公平；裁判结果是否有明显的失误；裁判结果是否在法官的自由裁量权范围之内。

2. 评估诉讼目的的实现情况

比照当事人的诉讼预期，比照委托阶段的分析预判，对诉讼结果进行分析，评估诉讼目的的实现情况。

3. 评估代理工作的效果

对比案件委托阶段第 5 步代理函件，对比前期代理阶段 17 步完善方案，评估代理工作的效果。应注意：哪些代理意见被人民法院采信；哪些代理意见没有被人民法院采信；哪些代理措施取得了较好的效果；哪些代理措施暂时没有取得预估的效果。在整体上评估案件代理工作。

4. 评估裁决结果的影响

评估裁决结果对双方当事人权利的影响。应注意：裁决生效后双方当事人之间的债权债务金额是多少；裁决生效后双方当事人之间是否还有其他纠纷；裁决是否会引发其他诉讼；当事人的权利主张是否还有其他途径可以主张或救济；裁决是否有示范效应；裁决是否可以帮助当事人解决其他类似纠纷；是否会引发其他连环诉讼；裁决是否给当事人造成商誉损失；裁决是否给当事人造成其他间接损失。

5. 后续工作分析

应注意：如果本方取得了预期的诉讼结果，对方是否会上诉或申请再审；对方上诉或申请再审的理由可能有哪些；如何更好地预防二审风险及申请再审风险。

如果没有取得预期的诉讼结果，是否有提起上诉的价值；是否有申请再审的价值；以什么理由提起上诉；以什么再审事由申请再审；可以采取哪些措施增加二审胜诉或申请再审成功的概率；律师团队和当事人如何进行分工；后续工作如何开展。

如果法律文书已经生效，如何使生效裁判文书得到执行；如何预防强制执行风险。

第 50 步　结案函件

（一）结案函件概述

取得裁判结果是重要的时间节点，如同第 5 步代理函件、第 18 步方案函件、第 22 步立案函件、第 33 步庭前函件和第 44 步庭后函件一样，在这一时间节点上律师团队也应当和当事人有充分的互动交流。

结案函件发挥两个方面重要的作用：第一，向当事人反馈案件裁判结果，对裁判结果进行分析，对当事人和律师团队共同的努力进行回顾和评估。第二，为当事人提供增值服务，对案件的下阶段工作提出建议；必要时，结合案件情况及裁决情况，对当事人法律方面的工作提出建议。如对当事人今后的合同管理提出建议，对当事人的法律风险防控提出建议，对当事人的材料证据管理提出建议，对当事人的诉讼管理提出建议等。

结案函件有固定模板可供参考，而且程序性强，可以由律师助理或案件秘书承办，由主办律师审查和指导。

结案函件是律师团队和当事人之间重要的节点函件，应当以电子邮件或特快专递等方式发送，并存档备查。

（二）结案函件的内容

结案函件一般可以有如下内容：

1. 代理工作回顾

回顾案件代理工作过程，必要时附上完整的律师工作记录作为结案函件的附件。

2. 通报裁决结果

叙述领取裁决结果的情况，介绍裁决结果。人民法院的判决书和裁定书同样可以作为结案函件的附件。

3. 裁决结果评析

在第 49 步团队评析基础上，客观分析评估裁判结果。对人民法院裁判的客观性、公正性进行评判；对人民法院裁判的原因进行分析；对当事人主张得到支持或没有得到支持是否妥当进行分析；对代理工作效果进行分析；对裁判可能存在的错误进行分析；对是否有必要提起上诉或申请再审进行分析；等等。

4. 下阶段案件工作的建议

提出下一个程序中的工作建议，如如何提起上诉；如何申请再审；对对方的上诉或申请再审如何应对；如何申请执行；如何预防强制执行风险；等等。

5. 注意事项

提请当事人应当注意的事项，如上诉期、申请再审期、申请执行的期限、保全届满的期限及续保手续等。

6. 文书交接

确定法律文书原件是否已经交给了当事人。

7. 律师费结算及下一个程序法律服务的委托事宜

应注意：依据委托代理合同，当事人是否还需要结算和支付律师费；如果代理下一个程序的法律服务，如何签订委托代理合同，律师费如何确定；

需要和当事人交流的其他事项。

第三节 知识管理和工作总结

第 51 步 材料归档

（一）材料归档概述

材料归档是案件总结的一部分，材料归档也是律师业务的基本要求。案件总结阶段的材料归档步骤对应案件委托阶段第 8 步登记建档。有了开始代理时的登记建档，有了前期代理阶段和庭审代理阶段的案件材料管理，案件总结阶段的材料归档工作就有了基础。

材料归档工作发挥两个重要的作用：第一，材料归档后，方便材料的保存和查询；第二，预防执业风险。

材料归档工作应当由律师助理和案件秘书经办和负责，由主办律师或团队知识主管检查、指导和验收。

材料归档和保存应当遵守司法行政机关和律师协会关于业务档案的管理规定。档案材料的保存分为永久保存、长期保存和短期保存。长期保存的年限一般在 20 年至 60 年，短期保存的年限一般在 5 年至 15 年。

案件材料是律师事务所和承办律师重要的无形资产。材料归档后律师事务所和律师仍然要做好相应的保密工作。

材料归档包括两个方面，第一个方面是纸质文件归档，第二个方面是电子文件归档。这两个方面的工作都非常重要。

（二）纸质文件归档

纸质文件归档应当遵守司法行政机关和律师协会关于业务档案的管理规定。纸质文件一般按文件的时间先后进行整理，具体归档内容可以参照案件委托阶段第 8 步中所述的相关内容。

纸质文件归档的内容一般包括：（1）案件登记表；（2）委托代理合同、律师费发票、律师费发票的签收凭证或寄送凭证、授权委托书；（3）民事起诉状、民事答辩状等起诉类法律文书；（4）法院程序性文件；（5）保全申请书、取证申请书、证人出庭作证申请书等申请书；（6）法院的保全裁定及保全相关材料；（7）本方证据；（8）对方证据；（9）法院调查收集证据；（10）律师工作文件，如案件事实一览表、法律关系图、时间轴、思维导图、庭审提纲等；（11）代理意见类文件，如证据清单、举证意见、质证意见、代理词；（12）庭审笔录；（13）与当事人的往来函件；（14）其他律师工作文件或案件材料；（15）判决书、裁定书；（16）律师工作记录；（17）案件小结及案例报道。

纸质文档归档时，可以销毁掉没有存档价值的多余材料或重复材料。

（三）电子文件归档

纸质文件整理存档时，可以完整扫描出 PDF 电子版，同时以电子文档的方式保存。

除保留纸质文档的 PDF 电子版外，对律师工作文件，对起诉类法律文书、对代理意见类法律文书应当同时保存最终版的 Word 文档。部分中间文件及没有装入纸质案卷中的材料也可以保存电子版备查。

电子文件归档后应当有备份，至少由主办律师和知识主管各存档一份。

第 52 步　卷宗副本

（一）卷宗副本概述

卷宗副本是律师团队在材料归档后给当事人提供的增值服务之一。律师团队将装订好的案卷副本完整地给当事人呈送一份。

呈送给当事人的卷宗副本可以和律师事务所保管的卷宗正本完全相同，

也可以根据案件情况及需要略作调整。比如，副本中可以不装订委托代理合同、律师费发票等材料；又如，副本中可以增加律师事务所或律师团队的介绍。

给当事人呈送卷宗副本的工作由律师助理、案件秘书或团队行政人员负责。

（二）卷宗副本的作用

给客户呈送卷宗副本不仅是给客户提供增值服务，同样也是对团队法律服务进行非常有效的推广，有利于实现律师业务中客户到客户的循环。卷宗副本至少可以起到如下作用：第一，方便客户工作档案管理。对诉讼案件材料的整理，律师团队自然比客户更专业，相关材料也更全面。律师团队提供卷宗副本，可以节省客户的材料管理时间，方便客户随时查看相关案件材料。第二，卷宗副本完整地记录了律师团队的工作过程，汇集了律师工作的主要专业文件及成果，卷宗副本可以让客户更好地了解律师团队的工作，了解律师团队的专业及努力。第三，卷宗副本也是律师团队品牌宣传的无声材料，卷宗副本一般会被客户长久保存，对提升律师团队的服务品牌可发挥持久的作用。

第 53 步　案例撰写

（一）案例撰写概述

案例撰写也是重要的案件总结工作之一，是律师团队案件总结工作的向外呈现。案例撰写可以起到以下作用：第一，推动律师团队内部、律师事务所内部、律师行业内部的专业交流和提升。第二，助力律师团队的市场推广。诉讼律师的业绩主要靠具体的案例说话，具体案例可以生动形象地展现律师团队的专业能力和专业水平。案例撰写及案例发布有利于让潜在客户更好地了解律师团队，有利于推动律师业务中的客户到客户的循环。第三，案例撰写也有利于律师团队专业品牌的建设。

案例撰写应当由律师助理、案件秘书、律师团队行政人员或品牌管理人员负责，由团队负责人或主办律师指导和审查。

案例可以以代理工作为主线来撰写，如以案情介绍、承办过程、裁判结果和案件总结为主要内容。案例也可以以探讨问题为主线来撰写，如结合案例提出问题，分析问题，提出解决问题的思考。

案例撰写要保证及时性，在案件总结时及时推出。案例撰写的关键是向外推广，律师团队可以通过微信公众号、网站、朋友圈、报刊、行业协会等传统媒体或新媒体或平台推送和发布。

（二）案例撰写的注意事项

1. 关注受众群体

案例撰写一定要关注受众群体，结合受众群体的特点和需要来撰写案例。如果是面对律师同行撰写案例，则可以相对专业一些。如果是面对非法律行业的潜在客户撰写案例，则应当专业性和故事性相结合。要从潜在客户的视角出发，既体现法律专业和法律权威，又要能很好地吸引潜在客户的注意力。

2. 提炼案例的亮点

一定要寻找、归纳和提升案例的亮点。可以结合潜在客户的需求、行业的需求、法律的变化、诉讼风险的预防、经营风险的预防等方面来确定和提升案件的亮点。案例的题目最好结合案例的亮点来确定，要有一定的冲击力和吸引力。

3. 注意案件信息的保密

要始终注意案件信息的保密。即使是人民法院裁判文书网上已经公布裁判文书的案件，也仍应当注意案件信息的保密。无论是本方当事人的主体信息，还是对方当事人的主体信息，还是案件其他特定信息，均应当作一定处理，这些信息都不宜直接向外披露。

第 54 步 知识管理

（一）知识管理概述

知识管理对应的英文是“Knowledge Management”，英文简称为 KM。英国 Nick Milton 和 Patrick Lambe 在《知识管理》（人民邮电出版社 2018 年版）一书中对知识管理的定义是，“以知识为重点的无形资产管理”。知识包括隐性知识，如个体的经验，也包括显性知识（或称为编码知识），如整理形成的业务模板。

知识管理包括四种知识模式。第一种模式是从隐性知识到隐性知识，通过个人之间的联系和讨论来实现。第二种模式是从隐性知识到显性知识，通过记录来固定。第三种模式是从显性知识到显性知识，是对显性知识的整理、加工和提升。第四种模式是从显性知识到隐性知识，即个体通过对显性知识寻找和识别，将显性知识应用到个体实践之中。

广义的知识管理不仅包括项目完成后，用知识管理方法来收集获得所有的经验教训，而且还包括在项目开始时，用知识管理方法确定项目面临的困难、挑战和知识差距，用知识管理来获取相应资源以实现项目的目标。

在案件流程管理中，广义的知识管理不仅包括案件委托阶段、前期代理阶段和庭审代理阶段的知识管理，如案件信息的获取、法律检索、案例检索、论文检索等，也包括案件总结阶段经验和教训的总结以及知识的记录、整合和提升。狭义的知识管理仅指案件总结阶段经验和教训的总结以及专业化成果的记录、整合和提升。本步骤的知识管理仅指狭义的知识管理。

知识管理是律师团队重要的无形资产，是法律服务产品的重要组成部分，是律师团队专业化提升和竞争力提升的重要措施。知识管理的目的就是要使隐性知识和显性知识在律师团队成员之间实现共享，从而方便下一个案件的代理，为律师团队今后的工作提供实实在在的帮助，完成 PDCA 循环 A 阶段中的改进和提升任务。

（二）知识管理的内容

流程管理中狭义知识管理的主要内容包括：

1. 法律知识的积累、整合和共享

经过单起案件的代理，全面进行了法律检索。检索了案件涉及的法律、行政法规、司法解释、司法文件。知识管理步骤中就应当将这些法律检索成果完善到特定类型案件的相关法规集中。在案件代理中检索了相关案例，并对这些案例进行了比较分析和研究，知识管理步骤中同样应当将这些检索成果完善到特定类型案件的相关案例库中。除此之外，代理过程中还检索和研读了相应的论文、专题，这些成果也应当保留下来。如果作了某项专题研究，同样应将该项专题研究的成果固定下来。

上述法律知识的积累，应当结合特定法律服务产品进行，应当结合一定的诉讼代理业务类型进行，同时，这些法律知识的积累和整合应当在律师团队内部共享。

2. 诉讼专业化成果的积累、整合和共享

诉讼专业化成果的不断积累、整合和共享也非常重要。如将案件中的有代表性、有创意的可视化文件作为素材积累到可视化成果库中；将案件代理中的优秀法律文书积累到法律文书库中；将案件代理中的证据整理和阐释的相关亮点素材积累到证据实务文件库中；将庭审视频保存下来，将庭审视频的相关部分进行剪辑，作为庭审专业化的素材；等等。这些素材和成果的积累，一方面方便律师团队诉讼专业化的研究和宣讲，方便律师团队专业化成果的出版，另一方面也可以使律师团队的专业化文书模板或专业规范适时更新，不断改进。

同样地，这些诉讼专业化成果的积累和整合，也应当结合特定法律服务产品进行，也应当结合一定的诉讼代理业务类型进行，同时，这些成果也应当在律师团队内部共享。

3. 法律服务需求的研究及法律服务产品的研发

通过案件代理更进一步了解了客户的法律服务需求，更进一步了解了特定客户群体或特定行业的法律服务需求特点。不仅如此，通过案件代理，还进一步熟悉了该领域的法律服务业务。因此，从团队业务发展的角度来说，在此基础上，还需要充分利用个案代理取得的经验，发挥律师团队的优势，对特定法律服务市场进行研究，完善原有的法律服务产品，适时开发出新的法律服务产品，推动团队业务的进一步发展。

第 55 步 工作总结

（一）工作总结概述

如前所述，案件总结阶段的 8 个步骤中大部分步骤都可以理解为对相应工作的总结。本步骤是案件流程管理的最后一个步骤，它是从流程管理的角度对整个案件代理工作的总结，它是从流程管理的角度对律师团队工作的总结。

本步骤的工作总结既包括个人总结，也包括律师团队总结。

（二）个人总结

个人总结侧重于律师个人专业化提升，侧重于律师个人经验积累，侧重于律师个人业务能力提升。

律师可以通过撰写工作日记、办案手记、办案体会、专业文章和案例报道，将隐性知识显性化，对个案中的宝贵经验和领悟进行归纳、整理和提升。律师是利用其知识和经验为当事人提供服务，经验的积累非常重要。律师个人正是在实践、总结、实践的不断循环中提升自己的业务能力。

律师可以对每一起案件中的专业化素材和专业化进步进行总结。如证据业务方面的总结、法律文书方面的总结、庭审方面的总结、与当事人交流方面的总结等等，通过总结和积累，确定自己的专业定位，快速提升自己的专业能力。

个人总结不仅只限于主办律师个人，每一个参与案件代理工作的团队成员，包括辅办律师、律师助理、案件秘书，都应当进行总结。

个人总结也不应只限于个案本身。律师可以利用 PDCA 循环工具，对其某一段时间内工作进行总结，对其在某一领域内业务发展进行总结。

总结是一种工作习惯，是一种思维方式。它能助推我们每一个人的进步。

（三）团队总结

团队总结不仅是流程管理的要求，也是团队管理工作的重要组成部分。团队总结常常包括以下几个方面：

1. 流程管理总结

回顾案件代理的全过程，比照 55 个步骤及相应的要求，总结案件流程管理得失。应注意：团队在哪一个步骤中的工作应当加强；这起案件的代理中哪一个步骤发挥了关键作用；对这类诉讼业务，先前的流程步骤设置有哪方面调整的必要；哪一个流程步骤应当进一步细化；哪一个流程步骤在哪些方面应当有更加明确的要求；等等。

2. 专业化提升总结

应注意：通过个案的代理，专业化的素材有哪些有益的积累；法律文书模板有哪些改进和细化之处；律师团队在法律检索、法律思维、证据和文书、庭审技巧等方面有哪些提升；等等。

3. 团队建设总结

应注意：团队协作的效果如何；团队协作对案件代理质量发挥了哪些实质性作用；如何提升团队协作的效率；青年律师和律师助理在案件代理中是否得到了很好的锻炼和提升；青年律师和律师助理是否可以分担更多的工作；团队负责人有没有纵向向下越权；等等。

4. 团队考核总结

应注意：团队成员的责权利是否统一；主办律师、辅办律师、案件秘书的业绩考核是否兑现；工作组成员优秀的付出是否得到了肯定和嘉奖；团队成员工作中的失误是否被善意地提醒；等等。

5. 客户关系总结

应注意：与客户交流的方式是否妥当；与客户交流是否及时和充分；代理服务是否取得了客户的认同；客户对团队的专业认同度是否提升；客户是否成为律师团队品牌的宣讲者；等等。

6. 市场发展总结

应注意：客户本身是否有同类型法律服务需求；客户是否有其他法律服务需求；市场是否有同类法律服务需求；案例业绩是否在该特定客户群中介绍；案例业绩是否在该特定行业中介绍；案例业绩是否在律师同行中介绍；市场需求是否有新的变化；法律服务产品是否需要作相应的改进；等等。

参考文献

1. 王玉荣、葛新红：《流程管理》，北京大学出版社 2016 年版。

2. 杨平：《流程的力量——流程管理六步法》，中国财政经济出版社 2013 年版。

3. ［美］彼得·弗朗茨、马赛厄斯·柯克莫：《埃森哲顾问教你做流程管理》，谭静、叶硕、贾俊岩译，机械工业出版社 2016 年版。

4. 姚丽娜主编：《新编现代企业管理》，北京大学出版社 2012 年版。

5. 王潇、赵茂辰主编：《现代企业管理》，上海交通大学出版社 2013 年版。

6. 邹碧华：《要件审判九步法》，法律出版社 2010 年版。

7. 张群力：《最高人民法院新证据规定与证据实务——民事证据制度的完善与阐释》，法律出版社 2020 年版。

8. 江伟主编：《民事诉讼法》，高等教育出版社 2013 年版。

9. 何家弘、张卫平主编：《简明证据法学》，中国人民大学出版社 2013 年版。

10. 江伟、邵明主编：《民事证据法学》，中国人民大学出版社 2015 年版。

11. 法律应用研究中心编：《最高人民法院民事诉讼文书样式制作规范与法律依据（律师与当事人卷）》，中国法制出版社 2016 年版。

12. 陈卫东、刘计划编著：《法律文书写作》，中国人民大学出版社 2016 年版。

13. 郭林虎主编：《法律文书情境写作教程》，法律出版社 2018 年版。

14. 蒋勇主编：《诉讼可视化》，法律出版社 2017 年版。

15. 刘艳：《你一学就会的思维导图》，文化发展出版社 2017 年版。

16. 贺菊中编著:《思维导图——职场高效能人士实用工具》，人民邮电出版社 2018 年版。

17. 廖美珍:《法庭语言技巧》，法律出版社 2009 年版。

18. 陶虹、代旭辉主编:《庭审实务》，中国政法大学出版社 2012 年版。

19. 刘晓霞主编:《模拟法庭》，科学出版社 2013 年版。

20. 高健、黄福玲编著:《民事诉讼模拟法庭训练》，中国政法大学出版社 2015 年版。

21. 林正编著:《庭审制胜》，中国法制出版社 2016 年版。

22. [美] 托马斯 · A. 马沃特:《庭审制胜》，郭烁译，中国人民大学出版社 2012 年版。

23. [美] 丹尼尔 · 艾 · 斯默:《走向法庭》，国立波译，法律出版社 2005 年版。

24. [英] 尼克 · 米尔顿、帕特里克 · 拉姆:《知识管理》，吴庆海、张丽娜译，人民邮电出版社 2018 年版。

图书在版编目(CIP)数据

诉讼代理55步：案件流程管理／张群力著. -- 北京：法律出版社，2021(2024.1重印)
ISBN 978-7-5197-5656-7

Ⅰ. ①诉… Ⅱ. ①张… Ⅲ. ①民事诉讼—代理(法律)—中国 Ⅳ. ①D925.1

中国版本图书馆CIP数据核字(2021)第102275号

诉讼代理55步
——案件流程管理
SUSONG DAILI 55 BU
— ANJIAN LIUCHENG GUANLI

张群力 著

责任编辑 周 洁 林 蕊
装帧设计 李 瞻

出版发行 法律出版社
编辑统筹 司法实务出版分社
责任校对 王晓萍
责任印制 胡晓雅
经　　销 新华书店

开本 710毫米×1000毫米 1/16
印张 25.5 **字数** 364千
版本 2021年6月第1版
印次 2024年1月第5次印刷
印刷 固安华明印业有限公司

地址：北京市丰台区莲花池西里7号(100073)
网址：www.lawpress.com.cn
投稿邮箱：info@lawpress.com.cn
举报盗版邮箱：jbwq@lawpress.com.cn

销售电话：010-83938349
客服电话：010-83938350
咨询电话：010-63939796

书号：ISBN 978-7-5197-5656-7
定价：78.00元

凡购买本社图书，如有印装错误，我社负责退换。电话：010-83938349